Agnes Leu

Einfluss der SwissDRG auf die vulnerablen Patientengruppen in der Schweiz

Agnes Leu

Einfluss der SwissDRG auf die vulnerablen Patientengruppen in der Schweiz

Ethische Kriterien und rechtliches Korrelat

DE GRUYTER

Autor
Dr. iur. Agnes Leu
Grütstraße 8, 8625 Gossau/Schweiz
E-Mail: agnes.leu@careum.ch

ISBN 978-3-11-041591-9
e-ISBN (PDF) 978-3-11-041594-0
e-ISBN (EPUB) 978-3-11-041598-8

Das Buch enthält 7 Tabellen.

Library of Congress Cataloging-in-Publication Data
A CIP catalog record for this book has been applied for at the Library of Congress.

Bibliografische Information der Deutschen Nationalbibliothek
Die Deutsche Nationalbibliothek verzeichnet diese Publikation in der Deutschen Nationalbibliografie; detaillierte bibliografische Daten sind im Internet über
http://dnb.dnb.de abrufbar.

Umschlagabbildung: © nanuvision – Fotolia.com
Satz: le-tex publishing services GmbH, Leipzig
Druck und Bindung: Hubert & Co. GmbH Co. KG, Göttingen
♾ Gedruckt auf säurefreiem Papier
Printed in Germany

www.degruyter.com

Geleitwort

Umstellungen im Vergütungssystem wirken sich in der Regel erheblich auf die medizinische Versorgung aus. Dies trifft in besonderer Weise auf die Einführung eines pauschalierenden Tarifsystems wie der Diagnosis Related Groups (DRGs) zu, erhöht sie doch den Druck auf eine wirtschaftliche Leistungserbringung. Dies gehört ohne Zweifel zu den erwünschten Effekten eines jeden DRGs-Systems, bietet es doch die Möglichkeit, den Anstieg der Ausgaben für die stationäre Versorgung zumindest etwas zu bremsen. Allerdings kann der zunehmende ökonomische Druck auch dazu führen, dass die Versorgungsqualität in weniger rentablen Bereichen sinkt, während es bei profitablen DRGs zu medizinisch nicht indizierten Leistungsausweitungen kommt. Dies berührt nicht nur ökonomische, sondern auch ethische Fragen, da das Wohlergehen der Patienten und die Versorgungsgerechtigkeit betroffen sind.

Es erscheint folglich dringend geboten, die Folgen der Einführung eines DRG-basierten Vergütungssystems begleitend zu untersuchen, um unerwünschten Entwicklungen frühzeitig gegensteuern zu können. Genau hier setzt die Arbeit von Agnes Leu an: Auf der Grundlage einer klar definierten ethischen Kriteriologie beurteilt sie die Auswirkungen der SwissDRG, insbesondere auf vulnerable Patientengruppen. Der Blick nach Deutschland, wo seit 2004 Erfahrungen mit dem G-DRG-System vorliegen, erlaubt dabei eine evidenzbasierte, antizipierende Folgenabschätzung: Die Aufmerksamkeit kann frühzeitig auf mögliche ethisch problematische Auswirkungen der SwissDRG gerichtet werden.

Es gehört zu den herausragenden Merkmalen der Arbeit von Agnes Leu, dass sie nicht bei der ethischen Analyse der Swiss-DRGs stehen bleibt, sondern konkrete Perspektiven für die Umsetzung der ethischen Anforderungen an das Tarifsystem entwickelt. Hier ist das Rechtssystem gefragt, das die praktisch wirksamen normativen Regeln für die medizinische Versorgung definiert. Ausgehend vom Status quo der rechtlichen Schutzbestimmungen entwickelt Agnes Leu eine Vielzahl konkreter Handlungsempfehlungen für die verschiedenen Ebenen des Gesundheitssystems. Bleibt zu hoffen, dass diese empirisch wie normativ gleichermaßen hervorragend fundierte Analyse auch von denjenigen Personen reichhaltig rezipiert wird, die Verantwortung für die Gestaltung der medizinisch-pflegerischen Versorgung in der Schweiz tragen im Interesse der Patientinnen und Patienten!

München, im März 2015 — Georg Marckmann

Vorwort und Dank

Rechtliche und ethische Fragen in Zusammenhang mit der Einführung der neuen Tarifstruktur SwissDRG in der Schweiz wurden bis anhin nur in begrenztem Umfang untersucht und rechtliche sowie ethische Analysen dazu fehlen nahezu gänzlich. Das Ziel der vorliegenden wissenschaftlichen Arbeit ist eine Differenzierung der in ethischer und rechtstechnischer Hinsicht hoch komplexen Materie der Spitalfinanzierung in der Weise, dass zu sehr konkreten Fragestellungen, die in der Praxis von großer Bedeutung sein werden, Stellung genommen werden kann. Eine in Ansätzen vergleichbare Abhandlung existiert in der Schweiz zum heutigen Zeitpunkt nicht, weshalb ich mit dem Buch *Einfluss der SwissDRG auf die vulnerablen Patientengruppen in der Schweiz: ethische Kriterien und rechtliches Korrelat* versuche, diese Lücke zu schließen. Das Buch soll zudem ein Brückenschlag sein zwischen Recht und Ethik oder zwischen ethischer Reflexion und Rechtssystem, was wiederum eine Brücke schlägt zwischen der philosophischen Reflexion und der Gestaltung der Gesundheitsversorgung in der Schweiz. Die sehr aktuelle und praktische Ausrichtung der Publikation wird durch die Aufnahme konkreter Handlungsempfehlungen am Ende noch verstärkt. Die Monographie soll möglichst auf allen Ebenen der Rechtssetzung und Rechtsanwendung den Diskurs beeinflussen.

Die bis im November 2014 publizierte Literatur und Praxis wurde in die Druckfassung eingearbeitet.

Verschiedene Personen haben maßgeblich zu dieser Arbeit beigetragen: Frau Prof. Dr. med. Bernice Elger und Herr Prof. Dr. iur. Thomas Gächter haben mir ermöglicht, im Rahmen der Begleitforschung DRG Schweiz wertvolle interdisziplinäre Forschungserfahrung zu sammeln, die in dieses Buch und weitere wissenschaftliche Publikationen eingeflossen sind. Beide haben die vorliegende Arbeit von Anfang an umsichtig und wohlwollend gefördert und betreut. Herr Prof. Dr. med. Georg Marckmann hat mich inspiriert, unterstützt und mir ermöglicht, mehrere Monate an der Ludwig-Maximilian-Universität in München weitere Forschungserfahrung im internationalen Kontext zu sammeln sowie die Auswirkungen der Einführung von G-DRG in Deutschland zu analysieren und in einem wissenschaftlich hochstehenden Umfeld zu diskutieren. Frau Dr. Corinna Jung, Frau Christine Marhold, Herr Dr. Andreas Gattiker, Herr Dr. Daniel Grob und Herr Jörg Kündig haben mit ihren fachlichen Inputs ebenfalls zum guten Gelingen des Werkes beigetragen. Finanziell unterstützt wurde die Publikation mit einem Beitrag des Schweizerischen Nationalfonds, durch Fördergelder der Max Geldner-Stiftung sowie über den Forschungsfonds der Universität Basel. In diesem Zusammenhang danke ich Prof. Dr. iur. Markus Schefer und Frau Agnes Hess für ihre geschätzte Unterstützung und das in mich gesetzte Vertrauen. Die Betreuung durch den De Gruyter Verlag (Frau Simone Witzel, Frau Britta Nagl und Frau Kathleen Prüfer) war speditiv, professionell und äußerst angenehm.

Allen genannten Personen und Institutionen sei an dieser Stelle von Herzen gedankt. Die wichtigste Hilfe war jedoch meine Familie, die mich von Anfang an in meinen Plänen unterstützt hat. Für ihre Geduld, ihr großes Vertrauen in das Gelingen des Vorhabens sowie alle weiteren Hilfestellungen gebührt ihr der größte Dank.

Zürich, im Mai 2015 Agnes Leu

Inhalt

Teil 3: Handlungsempfehlungen

Teil 1: **Veränderungen in der Spitallandschaft Schweiz seit 1994**

1 Das methodische Vorgehen im Überblick

Rechtliche und ethische Fragen in Zusammenhang mit der Einführung der neuen Tarifstruktur SwissDRG in der Schweiz wurden bis anhin nur in begrenztem Umfang untersucht und rechtliche sowie ethische Analysen dazu fehlen nahezu gänzlich.

Die vorliegende Arbeit befasst sich in einem ersten Teil mit den Veränderungen in der schweizerischen Spitallandschaft seit 1994 unter Berücksichtigung der aktuellsten Revision des Krankenversicherungsrechts im Jahr 2007 einschliesslich der Einführung des neuen pauschalisierten Tarifsystems SwissDRG für akutstationäre Spitalleistungen in der Schweiz im Jahr 2012 (Kapitel 3). Da SwissDRG als ein wichtiger Bestandteil der neuen Spitalfinanzierung Auswirkungen auf besonders verletzliche Patientengruppen haben kann, untersucht der zweite Teil die Auswirkungen von SwissDRG auf diese Patientengruppen und zeigt Chancen und Risiken des neuen Tarifsystems sowie massgebliche Schutzbestimmungen in Form einer ethisch-rechtlichen Kriteriologie-Matrix auf (Kapitel 4 und 6).

Die vorliegende Arbeit beschränkt sich nicht auf die Analyse und die Beschreibung ethischer und rechtlicher Entwicklungen, die mit der Einführung des neuen Tarifsystems SwissDRG in der Schweiz verbunden sind, sondern soll auch zu einer normativen Orientierung im Anwendungsbereich beitragen. Entsprechend umfasst der übergreifende Ansatz deskriptive und normative Anteile: Die Identifizierung ethischer und rechtlicher Fragestellungen im Bereich *Auswirkungen von SwissDRG*, die Analyse ethischer und rechtlicher Problemfelder im Bereich *Auswirkungen von SwissDRG*, die Bewertung verschiedener Handlungsmöglichkeiten zur Lösung von Problemen im genannten Bereich und die Umsetzung von begründeten Empfehlungen in der Praxis. Dabei werden zur ethischen Bewertung der Auswirkungen von SwissDRG auch die Erfahrungen aus Deutschland miteinbezogen (Kapitel 5), und anhand aktueller Studien und Literatur wird geprüft, welche Auswirkungen die Einführung von G-DRG auf die Qualität der Patientenversorgung in Deutschland hatte. Unterdessen liegen auch in der Schweiz erste empirische Untersuchungsergebnisse zu den Auswirkungen der Einführung von SwissDRG vor [1]. In der qualitativen Teilstudie „DRGs in Switzerland: critical analysis of the legal aspects and their perception by experts and hospital managers“ wurden in der ersten Jahreshälfte 2012 Verantwortliche in Spitälern u. a. danach gefragt, was aus ihrer Sicht vulnerable Gruppen im Spitalalltag sind, was sich mit der Einführung von SwissDRG für diese verändert hat und ob diese Veränderungen für die vulnerablen Gruppen mit der Einführung der Fallpauschalen zusammenhängen. Diese Umfrageergebnisse aus qualitativen Experteninterviews [2] im Rahmen der DRG-Begleitforschung in der Schweiz lassen verschiedene Tendenzen erkennen: Es findet eine schnellere Verschiebung von stationären zu ambulanten [3] Behandlungen statt und die neuen gesetzlichen Instrumente wie beispielsweise die Akut- und Übergangspflege (AüP), welche der Gesetzgeber explizit zur Abfederung allfälliger nachteiliger Konsequenzen rascherer Spitalentlassungen eingeführt hat, sind den befragten Experten im Jahr 2012 noch wenig bekannt und werden folglich in der Praxis nicht umgesetzt (S. 80). Dies hat wiederum Konsequenzen für die ambulanten Nachversorger bzw. die gesamte ambulante Versorgungskette (Rehabilitationskliniken, Hausärzte, Spitex, Heime). Aufgrund derzeit noch bestehender struktureller Unzulänglichkeiten der SwissDRG-Tarifstruktur (S. 101, Ziffer 8.3.1) sind insbesondere die vulnerablen Patientengruppen (u. a. ältere, chronisch kranke, multimorbide und an Demenz erkrankte Patientinnen und Patienten sowie Kinder) im System ungenügend differenziert abgebildet und entsprechend zu tief entschädigt, was den Druck auf die Spitäler erhöht, diese Patientinnen und Patienten aus Kostengründen rascher zu entlassen. Erfahrungen und Studien aus den USA, wo die Fallpauschalen in den frühen 80er-Jahren eingeführt wurden, bestätigen, dass mit der Einführung der Fallpauschalen im stationären Bereich vermehrt Behandlungen ambulant vorgenommen werden [4–6] und zu vorzeitigen Verlegungen in die Pflegeheime führen [7]. Der Grund für diese Entwicklung liegt darin, dass jene DRGs mit niedrigen Kostengewichten und kurzer Liegedauer aus Kostengründen in den ambulanten Behandlungsbereich verschoben werden. Verschiebungen dieser Art sind sinnvoll, soweit die Patienten ihren Bedürfnissen gerecht und adäquat behandelt werden. Wenn die Spitäler indessen Patienten aus Kostengründen schneller in den ambulanten Bereich verlegen und damit riskieren, dass die Qualität der Behandlung sich verschlechtert (bspw. durch mangelhafte Betreuung oder vermehrt eingriffsbedingte Zwischenfälle wie Blutungen und Infektionen), ist eine Verschiebung aus ethischer Sicht problematisch. Es besteht die Gefahr, dass gewisse Patientengruppen diskriminiert und ihnen Leistungen vorenthalten werden. Verstärkt zeigt sich diese Problematik bei der Versorgung chronisch kranker Patienten. Hier manifestiert sich der sog. „Drehtüreffekt", weil der chronisch kranke oder multimorbide Patient nach der Entlassung aus dem stationären Sektor in die langfristige Nachsorge des Hausarztes übertritt, welcher nach dem Auftreten von Komplikationen den Patienten erneut stationär einweist usw. Soweit der betreuende Hausarzt oder die spitalexternen Dienste (Spitex, Heime) die ambulante Behandlung nicht mit dem Spitalspezialisten abstimmen können oder selbst nicht optimal für die Übernahme des Patienten vorbereitet sind, führt dies mit einer gewissen Wahrscheinlichkeit zu Qualitätseinbussen und im Endergebnis zu höheren Kosten. Um diesem Effekt entgegenzuwirken, braucht es effektive Schutzbestimmungen und neue Ansätze in der schweizerischen Gesundheitsversorgung. Dazu befasst sich die vorliegende Arbeit einerseits mit der Frage, wo die ethischen Kriterien ihr Korrelat in rechtlichen Schutzbestimmungen finden und andererseits damit, wie allfällige durch den Schweizer Gesetzgeber eingeführte Schutzbestimmungen zwecks Vermeidung potenzieller negativer Konsequenzen der Auswirkungen von SwissDRG umgesetzt worden sind (Kapitel 7). Der dritte Teil formuliert konkrete Handlungsempfehlungen zur optimalen Nutzung der positiven Auswirkungen und zur grösstmöglichen Reduktion der negativen Auswirkungen der Einführung von SwissDRG sowie zu einer möglichen Gestaltung des zukünftigen Gesundheitswesens (Kapitel 8). Dabei geht die vorliegende Arbeit bewusst auf die Umsetzungsebene ein und beantwortet die Frage, wie die ethische Analyse in die Versorgung übertragen werden kann mit dem Ziel, eine Brücke zwischen Ethik und Recht oder zwischen ethischer Reflexion und dem Rechtssystem zu schlagen.

2 Die Einführung von SwissDRG in der Schweiz

2.1 SwissDRG als Adaption von G-DRG

Die Entwicklung von Patientenklassifikationssystemen nach dem Vorbild von Diagnoses Related Groups (DRGs) begann 1967 in den USA an der Yale-Universität und wurde erstmals 1983 im Medicare [8] Bereich verwendet [9–11]. Die weitere Entwicklung des amerikanischen HCFA-DRG-Systems wurde von verschiedenen Ländern interessiert verfolgt und auch kritisiert. Im Mittelpunkt der Kritik stand die klinische und ökonomische Homogenität [12] der Patientenkategorien. Die Schweiz entschied sich im Dezember 2005 zur Einführung eines Fallpauschalen-Systems auf der Grundlage des deutschen Modells (G-DRG). Die Verwaltungsorgane des deutschen Gesundheitswesens waren im Jahr 2000 durch die Politik aufgefordert, ein bereits existierendes DRG-System als Grundlage des aufzubauenden deutschen Systems auszuwählen. Die Entscheidung fiel auf das System des australischen Bundesstaates Victoria, genannt „Australian Refined Diagnosis Related Groups" (AR-DRG), welches einen Teilbereich medizinischer Leistungen nach dem Fallpauschalen-Prinzip abrechnete. Das deutsche G-DRG-Modell war ursprünglich eine reine Übersetzung des australischen DRG-Systems (AR-DRG-System 4.1) und das schweizerische DRG-System (SwissDRG) wiederum ist eine Adaption des G-DRG-Systems 2006 [13].

2.2 Fallpauschale als Instrument zur Steuerung der Kosten im Gesundheitswesen

Mit der Einführung der Fallpauschalen verfolgte der Bundesrat insbesondere das Ziel, die Kosten im Spitalbereich zu dämmen. „Fallpauschale" definiert eine bestimmte Vergütungsform von Gesundheitsleistungen. Im Gegensatz zu zeitraumbezogenen Vergütungsformen (Anzahl Tage in der Klinik) oder einer Vergütung einzelner Leistungen während einer Hospitalisation erfolgt bei Fallpauschalen die Vergütung von medizinischen Leistungen pro Behandlungsfall. Im Fallpauschalen-System, auch Diagnosis Related Groups (DRGs) genannt, werden Patienten anhand medizinischer und demographischer Daten in Fallgruppen eingeteilt. Die Fallgruppen dienen jedoch nicht der medizinischen Unterscheidung, sondern der Differenzierung des ökonomischen Aufwandes.

Die Pauschalen sind eines der Instrumente zur Steuerung der Kosten. Der Botschaft des Bundesrates lässt sich dazu im Detail entnehmen, dass eines der Ziele der breit angelegten Gesetzesrevision des Krankenversicherungsgesetzes [14] in den Jahren 1996 bis 2001, nämlich die Eindämmung der Kostenentwicklung, nicht erreicht wurde [15]: Seit Inkrafttreten des KVG im Jahr 1996 wiesen sowohl die Gesamtausgaben der Krankenversicherung wie auch die Krankenversicherungskosten für den

Pflegebereich jährliche Steigerungsraten aus, die deutlich über der durchschnittlichen Lohn- und Preisentwicklung lagen [16]. Bei der Zerlegung der Kostenentwicklung in ihre Komponenten (Kosten = Menge × Preis) wurde festgestellt, dass die Preise wegen der bestehenden Rahmentarife im Pflegebereich generell eine untergeordnete Rolle spielen und die Kostenzunahme mehrheitlich auf der Mengenentwicklung beruht [17]. Durch die Verstärkung Kosten steuernder Elemente soll nun versucht werden, sowohl auf den Faktor Preis als auch auf den Faktor Menge einzuwirken mit dem Ziel, die Kostenentwicklung positiv zu beeinflussen. Mit der Einführung von Art. 49 Abs. 2 KVG wurde die Möglichkeit einer Einzelleistungstarifierung explizit ausgeschlossen, und die Tarifpartner sind neu seit 1. Januar 2011 gesetzlich verpflichtet, für die Behandlungspflege eine pauschale Vergütung zu vereinbaren. Im bisher (bis zum 31. Dezember 2010) geltenden Recht war die pauschale Vergütung lediglich in einer deklaratorischen Kann-Vorschrift erwähnt [18].

2.3 Keine isolierte Betrachtung der Einführung von SwissDRG

Es ist entscheidend, dass die Einführung der Fallpauschale als Teil der neuen Spitalfinanzierung nicht isoliert betrachtet wird, weil es im schweizerischen Gesundheitswesen viele Entwicklungen gibt, die *parallel* zur Einführung der Fallpauschale verlaufen, nicht aber auf die Einführung von SwissDRG zurückzuführen sind. Dabei sind aus Expertinnen- und Expertensicht [19] vor allem die nachfolgend genannten Veränderungen bedeutend, welche unabhängig von der Einführung der Fallpauschalen im schweizerischen Gesundheitswesen stattfinden: Es sind dies die demographische und epidemiologische Entwicklung, der steigende Anteil chronischer Erkrankungen sowie Polymorbidität, der technische Fortschritt und die Innovation in der Medizin, weiter die Spezialisierung der ärztlichen, therapeutischen oder pflegerischen Leistungen. Zudem haben die Apparate heute eine steigende Bedeutung bei der Behandlung zulasten der persönlichen Leistung (mehr „high-tech" und weniger „high-touch"). Die Spitäler müssen sich der Herausforderung von knappen Personalressourcen stellen, weil zu wenig ausgebildet wurde, und es findet eine Zentralisierung der (Grund-)Versorgung sowie eine verstärkte interdisziplinäre Zusammenarbeit statt. Die Patienten wünschen sich mehr und teilweise massgeschneiderte Gesundheitsleistungen. Die Chronifizierung von gewissen Krankheiten (zum Beispiel Aids) führt heute oft zu lebenslangen therapeutischen und medikamentösen Behandlungen. Auch die Verknappung von Ressourcen in der Gesundheitsversorgung, die Verlegung gewisser Behandlungen in den ambulanten Bereich aufgrund des technischen Fortschritts (minimalinvasive Eingriffe), steigende Qualitätsanforderungen des Patienten, des Auftraggebers, des Kantons und der Fachgesellschaften sowie die Verkürzung der Aufenthaltsdauer im stationären Bereich spielen eine wesentliche Rolle.

3 Die Rechtslage gemäss KVG 1994 und KVG 2007

3.1 Die Rechtslage gemäss KVG 1994

3.1.1 Staatliche Leistungsregulierung mittels Spitalplanung

1994 entschied sich der Bundesgesetzgeber mit Blick auf die Tätigkeit von Spitälern zulasten der obligatorischen Krankenpflege (OKP) für ein staatliches Planungssystem und gegen ein Wettbewerbssystem [20]. Das Ziel dieses staatlichen Systems war die Schaffung eines Instrumentariums zwecks Eindämmung des Kostenanstiegs im Bereich der stationären Gesundheitsversorgung. Der Bund verpflichtete die Kantone, im genannten Bereich mittels Spitalplanung die Versorgung aller Kantonseinwohner sicherzustellen [21]. Explizite Kriterien in Bezug auf die Auswahl der Leistungserbringer und ihrer Angebote fanden sich im KVG 1994 nicht, den Kantonen stand bei der Spitalplanung ein erheblicher Ermessensspielraum zu. Die Kantone mussten in ihren Leistungsaufträgen an die Spitäler, deren Angebote für die Spitalliste ausgewählt wurden, bestimmte Kapazitäten zuweisen. Diese Zuweisung erfolgte mittels Festlegung von Bettenzahlen, wobei die Kantone im Interesse der Kosteneindämmung im Gesundheitswesen verpflichtet waren, Überkapazitäten abzubauen bzw. zu verhindern [22].

3.1.2 Vertragliche Aushandlung der Tarife

Die Regulierung der Tarife wurde durch das KVG-System (1994) – im Gegensatz zur staatlichen Regulierung der Leistungen mittels Spitalplanung – grundsätzlich der vertraglichen Aushandlung zwischen Leistungserbringern und Versicherern bzw. deren Verbänden überlassen (Art. 46 Abs. 1 KVG) [23–26]. Im Rahmen der inhaltlichen Ausgestaltung der Tarifverträge statuierte das KVG Tarifgestaltungsgrundsätze, wonach unter anderem eine qualitativ hoch stehende und zweckmässige gesundheitliche Versorgung zu möglichst günstigen Kosten erbracht werden sollte [27–29]. Dabei beliess das Gesetz den Tarifpartnern einen weiten Spielraum in Bezug auf die Tarifart. Gestützt auf Art. 43 Abs. 2 KVG (1994) waren Zeittarife, Einzelleistungstarife oder Pauschaltarife zulässig. Das KVG 1994 sah für Tarifverträge mit Spitälern bereits Pauschalen vor, wobei das Gesetz zum damaligen Zeitpunkt offen liess, ob diese Pauschalen als Tagespauschalen oder als leistungsbezogene Pauschalen auszugestalten waren. Dementsprechend wurden in verschiedenen Kantonen [30] bereits unter dem alten KVG leistungsbezogene Pauschalen eingeführt, entweder als diagnosebezogene Fallpauschalen (AP-DRG [31]), als Abteilungspauschalen oder als Vergütung für den Behandlungspfad [32].

Unter dem KVG 1994 wurde die Höhe der Spitalpauschalen in öffentlichen und öffentlich subventionierten Spitälern allerdings begrenzt: Gemäss Art. 49 Abs. 1 Satz 2 KVG (1994) durften die Pauschalen höchstens 50 % der anrechenbaren Kosten je Patient oder Versichertengruppe in der allgemeinen Abteilung decken. Die genannten Pauschalen waren im Gegensatz zu den Investitionskosten, den Kosten aus Überkapazitäten [33] sowie den Kosten für Lehre und Forschung [34] ein Teil der Betriebskosten [35]. Mit Blick auf die Privatspitäler präsentierte sich die Sachlage 1994 dahingehend, dass diese nicht unter Art. 49 Abs. 1 Satz 2 KVG fielen, weshalb die Tarife für die KVG-Leistungen in den Privatspitälern die Anteile an den Betriebskosten wie auch an den Investitionskosten decken mussten. Ausgenommen davon waren die Kosten aus Überkapazitäten und für Lehre und Forschung.

3.1.3 Spitalfinanzierung

Die Finanzierung der stationären Leistungen im Bereich der obligatorischen Krankenpflege (OKP) erfolgte unter dem alten KVG durch die Krankenversicherer und die Kantone sowie teilweise subsidiär durch die Gemeinden. Die Krankenversicherer finanzierten auch die Leistungen von Privatspitälern, die auf der Spitalliste eines Kantons und im Rahmen von Leistungsaufträgen tätig waren. Die Privatspitäler und die Versicherer vereinbarten dabei im Rahmen der gesetzlichen Tarifgestaltungsgrundsätze die Vergütung der Tarife frei, wobei es den Privatspitälern oblag, bei nicht kostendeckenden Tarifen weitere Finanzierungsquellen zu erschliessen. Die Kantone subventionierten die stationären Leistungen im Bereich der obligatorischen Krankenpflege (OKP), wobei die Ausgestaltung dieser Subventionsbeiträge und deren Ausrichtung an die Leistungserbringer eigenständig durch die Kantone bestimmt wurden.

Gestützt auf Art. 41 Abs. 3 KVG (1994) mussten die Kantone auch für ausserkantonale Patienten einen Beitrag an die stationäre Behandlung übernehmen, soweit die versicherte Person aus medizinischen Gründen die Dienste eines öffentlichen oder öffentlich subventionierten Spitals in Anspruch nahm und dieses Spital als Leistungserbringer nach Art. 39 Abs. 1 KVG zugelassen war. Die Kantone hatten zudem gestützt auf die bundesgerichtliche Praxis die von der Pauschale nach Art. 49 Abs. 1 KVG (1994) nicht abgedeckten Kosten für die Behandlung von Privatpatienten in der Privat- und Halbprivatabteilung eines öffentlichen oder öffentlich-subventionierten Spitals abzugelten, weil nach Ansicht des Bundesgerichts der Kantonsbeitrag unabhängig von der Art der Abteilung zu entrichten war [36].

3.1.4 Spitalwahl

Art. 41 Abs. 1 KVG (1994) sah die freie Wahl unter den zugelassenen geeigneten Leistungserbringern vor. Fiel die Wahl der versicherten Person aus persönlichen Gründen auf ein ausserkantonales Spital, hatte die Krankenversicherung die Kosten in dem Umfang zu übernehmen, die im Wohnkanton angefallen wären. Entsprechend galt der vollumfängliche Tarifschutz nur innerhalb des Wohnkantons [37]. Allfällige Mehrkosten waren vom Patienten bzw. von seiner Zusatzversicherung zu tragen. Damit war die Spitalwahl im KVG 1994 auf die Listenspitäler des Wohnkantons beschränkt. Bei ausserkantonalen Listenspitälern war die freie Spitalwahl zulasten des KVG dann gewährleistet, wenn und soweit eine Behandlung im Listenspital des Wohnkantons nicht angeboten wurde.

3.2 Die Rechtslage gemäss KVG 2007

3.2.1 Leistungsorientierte Spitalplanung: bedeutende Neuerungen

Die am 1. Januar 2009 in Kraft getretene KVG-Revision 2007 nimmt die Kantone wie schon unter altem Recht in die Pflicht, eine bedarfsgerechte Spitalplanung durchzuführen sowie eine nach Leistungsaufträgen in Kategorien gegliederte Spitalliste zu erstellen [38]. Neu verpflichtet das Gesetz die Kantone zur Zusammenarbeit und Koordination im Bereich der Spitalplanung sowie im Bereich der hochspezialisierten Medizin zur gesamtschweizerischen Planung [39]. Da mit dem Inkrafttreten der KVG-Revision 2007 am 1. Januar 2009 die Gefahr der Mengenausweitung im Sinne einer medizinisch nicht gerechtfertigten Erhöhung der stationären Fallzahlen in den Spitälern einhergehen kann [40], ist – wegen der Möglichkeit der Mengensteuerung – aus meiner Sicht die Festlegung von bundesrechtlichen Planungskriterien die bedeutendste Neuerung im Rahmen der KVG-Revision 2007. Dazu ermächtigt Art. 39 Abs. 2ter KVG den Bundesrat, einheitliche Planungskriterien auf der Grundlage von Qualität und Wirtschaftlichkeit zu erlassen. Im Rahmen dieser Kompetenzvorgabe hat der Bundesrat mit der Änderung der Krankenversicherungsverordnung (KVV) am 22. Oktober 2008 [41] die Art. 58*a* ff. KVV erlassen und insbesondere die Kriterien für die Spitalplanung in den Art. 58*a* bis 58*e* KVV näher umschrieben.

3.2.1.1 Grundsatz

Bereits unter altem Recht musste die kantonale Spitalplanung die stationäre Behandlung für die gesamte Wohnbevölkerung sicherstellen, wobei die Kantone diese Vorgabe periodisch prüften. Heute ist dieser Grundsatz in Art. 58*a* KVV verankert.

3.2.1.2 Versorgungsplanung

Die Versorgungsplanung, d. h. die Ermittlung von Bedarf und Angebot sowie die Auswahl des Angebots für die kantonale Spitalliste, ist in Art. 58*b* Abs. 1–3 KVV verankert. Danach ermitteln die Kantone den Bedarf in nachvollziehbaren Schritten und stützen sich dabei namentlich auf statistisch ausgewiesene Daten und Vergleiche (Abs. 1), sie ermitteln das Angebot, das in Einrichtungen beansprucht wird, die nicht auf der von ihnen erlassenen Liste aufgeführt sind (Abs. 2) [42], und sie bestimmen das Angebot, das durch die Aufführung von inner- und ausserkantonalen Einrichtungen auf der Liste nach Art. 58*e* KVV zu sichern ist, damit die Versorgung gewährleistet ist. Art. 58*e* Abs. 1 KVV wiederholt diese Pflicht ohne die Festlegung von Ausnahmen, woraus zu schliessen ist, dass offene Spitallisten nicht mehr zulässig sind, um den Bedarf der Wohnbevölkerung an stationären Leistungen zu decken [43–45]. In diesem Zusammenhang bleibt allerdings zu beachten, dass die Versicherten sowohl die freie Wahl unter allen Listenspitälern ihres Wohnkantons als auch unter jenen jedes Standortkantons haben und der Wohnkanton entsprechend auch bei der Wahl eines solchen Spitals vergütungspflichtig wird [46]. Die Spitalliste kann deshalb nicht als geschlossen im Sinne der bisherigen Rechtsprechung bezeichnet werden [47].

Bei der Beurteilung und Auswahl des auf der Liste zu sichernden Angebotes berücksichtigen die Kantone gestützt auf Art. 58*b* Abs. 4 KVV insbesondere die Wirtschaftlichkeit und Qualität der Leistungserbringung (lit. a), den Zugang der Patientinnen und Patienten zur Behandlung innert nützlicher Frist (lit. b) und die Bereitschaft und Fähigkeit der Einrichtung zur Erfüllung des Leistungsauftrages nach Art. 58*e* KVV (lit. c).

Die Kantone beachten zudem bei der Prüfung der Wirtschaftlichkeit und Qualität insbesondere die Effizienz der Leistungserbringung und den Nachweis der notwendigen Qualität. Die beiden Kriterien „Effizienz der Leistungserbringung“ und „Nachweis der erforderlichen Qualität“ sind gleichwertig, was bedeutet, dass nicht immer die kostengünstigste Leistung ausschlaggebend sein kann [48]. Die Verordnung führt in Art. 58*b* Abs. 5 KVV ausdrücklich aus, dass die Kantone insbesondere Mindestfallzahlen und die Nutzung von Synergien berücksichtigen können. Diese Aufzählung ist folglich nicht abschliessend.

3.2.1.3 Art der Planung

Die Vorgaben zur Art der Planung finden sich in Art. 58*c* lit. a–c KVV. Nach Art. 58*c* lit. a KVV hat die Planung für die Versorgung der versicherten Personen in den Spitälern zur Behandlung von akutsomatischen Krankheiten sowie in Geburtshäusern leistungsorientiert („liés aux prestations“, „riferita alle prestazioni“) zu erfolgen. „Leistungsorientiert“ bedeutet dasselbe wie „leistungsbezogen“ im Sinne von Art. 49 Abs. 1 KVG, was sich einerseits aus den Erläuterungen des Bundesamtes für Gesundheit (BAG) zu Art. 58*c* KVV [49] und andererseits aus dem Wortlaut des französischen und italienischen Gesetzestexts ergibt, welcher in Art. 58*c* KVV und Art. 49 Abs. 1 KVG die gleichen Ausdrücke verwendet.

3.2.1.4 Interkantonale Koordination der Planungen

Die neue Bestimmung von Art. 39 Abs. 2 KVG verpflichtet die Kantone zur Koordination ihrer Planungen. Die Bedeutung dieser Bestimmung wird im Gesetz nicht näher erläutert. Aus Art. 58*d* KVV ergibt sich, dass die Kantone insbesondere verpflichtet sind, die nötigen Informationen über die Patientenströme auszuwerten und mit den betroffenen Kantonen auszutauschen (lit. a.). Die Kantone sind demnach zur Erhebung von Daten über die Patientenströme verpflichtet. Im Weiteren müssen die Kantone ihre Planungsmassnahmen „mit davon in ihrer Versorgungssituation betroffenen Kantonen koordinieren“ (lit. b). Im Gegensatz zu Art. 39 Abs. 2bis KVG, der die Kantone im Bereich der Spitzenmedizin zum Erlass einer gemeinsamen gesamtschweizerischen Planung verpflichtet und dem Bundesrat die Kompetenz einräumt, anstelle der Kantone zu handeln, wenn diese ihrer Aufgabe nicht „zeitgerecht“ nachkommen, sieht Art. 39 Abs. 2 KVG keine Sanktion für den Fall vor, dass die Kantone ihrer Koordinationspflicht nicht genügend nachkommen.

3.2.2 Spitaltarife und Tarifstruktur

3.2.2.1 Regelfall leistungsbezogene Pauschale

Die Einführung leistungsbezogener Spitaltarife war ein zentraler Revisionspunkt im KVG 2007. Mit Inkrafttreten des Bundesgesetzes über die Neuordnung der Pflegefinanzierung am 1. Januar 2011 sind die Vertragsparteien nach Art. 49 Abs. 1 Satz 1 KVG [50] verpflichtet, für die Vergütung der stationären Behandlung einschliesslich Aufenthalt und Pflegeleistungen in einem Spital (Art. 39 Abs. 1 KVG) oder in einem Geburtshaus (Art. 29 KVG) leistungsbezogene Pauschalen zu vereinbaren. Dabei sind in der Regel Fallpauschalen festzulegen. Diese beruhen auf gesamtschweizerisch einheitlichen Strukturen. Mit der Einführung der Fallpauschalen verfolgte der Bundesrat insbesondere das Ziel, Anreize zur Eindämmung der Kostenentwicklung im Gesundheitswesen in der Schweiz zu setzen [51]. Das neue Tarifsystem SwissDRG bildet dabei eines der Instrumente zur Steuerung der Kosten. Durch die Verstärkung kostensteuernder Elemente soll versucht werden, sowohl auf den Faktor Preis als auch auf den Faktor Menge einzuwirken, um damit die Kostenentwicklung im Gesundheitswesen in der Schweiz positiv zu beeinflussen.

Mit Einführung der neuen Tarifstruktur SwissDRG steht bei der Tarifierung das Preis-Leistungs-Verhältnis im Vordergrund und nicht mehr die Abgeltung der spitalindividuellen Kosten. Auf die anrechenbaren Kosten kann nach dem Übergang zur Leistungsfinanzierung kein Bezug mehr genommen werden, da einzig die Vergütung der jeweiligen Leistung massgebend ist [52]. Mit den heutigen neuen Spitalfinanzierungsregelungen werden Leistungen finanziert und nicht Kosten gedeckt [53]. Neu haben sich die Preise an denjenigen Spitälern zu orientieren, die effizient und günstig arbeiten [54].

Für die Entwicklung dieser Tarifstrukturen haben die Tarifpartner und die Kantone gestützt auf Art. 49 Abs. 2 KVG [55] die SwissDRG AG eingesetzt. Die gemeinnützige Aktiengesellschaft wurde am 18. Januar 2008 gegründet und ist eine gemeinsame Institution der Leistungserbringer, der Versicherer und der Kantone. Die SwissDRG AG hat dem Bundesrat im Juli 2009 ein Gesuch um die Genehmigung des Vertrages betreffend

Tarifstruktur SwissDRG Version 2.0 für den akutsomatischen Bereich unterbreitet [56]. Der Bundesrat hat den Vertrag über die Einführung der Tarifstruktur SwissDRG Version 2.0 im Bereich der obligatorischen Krankenpflegeversicherung (OKP) im Juni 2010 genehmigt [57]. Am 1. Januar 2014 wurde die Version 2.0 nach entsprechender Genehmigung durch den Bundesrat durch die weiterentwickelte Tarifstruktur SwissDRG Version 3.0 ersetzt. Ab 1. Januar 2015 tritt die Tarifstruktur SwissDRG Version 4.0 in Kraft.

Der Vertrag [58] umfasst die einheitliche Tarifstruktur, die Anwendungsmodalitäten, das Kodierungshandbuch und ein Konzept zur Prüfung der Qualität der Kodierung. Weiter muss der Vertrag die erforderlichen Begleitmassnahmen, namentlich Instrumente zur Überwachung der Entwicklung der Kosten und der Leistungsmengen (Monitoring) sowie die Korrekturmassnahmen enthalten. Vertragspartner sind der Verband der Krankenversicherer „santésuisse“, der Verband der Spitäler „H+“ und die Schweizerische Konferenz der kantonalen Gesundheitsdirektorinnen und -direktoren.

Die Anwendungsmodalitäten des Tarifs schliessen nach Art. 59*d* Abs. 1 KVV sämtliche Regeln zur Ermittlung des Tarifs und die Geltendmachung der Vergütungen ein. Insbesondere müssen die Anwendungsmodalitäten Regeln zur Vermeidung potenzieller negativer Anreize in Zusammenhang mit der Anwendung der Fallpauschalen enthalten. Genannt werden in diesem Zusammenhang beispielsweise die künstliche Erhöhung der Fallzahlen, durch verfrühte Spitalentlassungen bedingte Rehospitalisationen und ungerechtfertigte Leistungsverschiebungen zwischen stationärer und ambulanter Behandlung [59].

Damit die unterschiedlichen stationären Leistungen der Spitäler in der Schweiz miteinander verglichen werden können, braucht es ein einheitliches Klassifikationssystem. Im neuen DRG-System werden Behandlungsfälle zu Gruppen zusammengefasst (beispielsweise Blinddarmoperation bei Kindern), die hinsichtlich medizinischer und ökonomischer Kriterien möglichst homogen sind. Jede Hospitalisation wird aufgrund der Diagnose und Behandlungen einer Fallgruppe zugeordnet. Im Definitionshandbuch SwissDRG ist das Zuordnungsverfahren der Falldaten zu einer DRG beschrieben. Sämtliche bewerteten DRGs werden mit sogenannten Kostengewichten (CW) miteinander in eine Relation gesetzt. Der Fallpauschalenkatalog gibt Auskunft über die relativen Bewertungen der DRGs (Kostengewichte) sowie über allfällige Zu- und Abschläge [60]. Bei der Anwendung des Fallpauschalenkatalogs sind die „Regeln und Definitionen zur Fallabrechnung unter SwissDRG“ sowie weitere Tarifdokumente zu beachten [61]. Durch Multiplikation des Kostengewichts mit einem Basispreis (= Basisfallwert, Baserate oder in der Terminologie des Krankenversicherungsgesetzes als Tarif bezeichnet) erhält man die leistungsbezogene Fallpauschale zu jeder DRG. Mit dem Basispreis ist die Höhe der Fallpauschale gemeint. Diese Basispreise werden nicht durch die SwissDRG AG, sondern durch die Tarifpartner (Krankenversicherungen und Spitäler) individuell ausgehandelt und in Verträgen festgelegt. Die Genehmigung dieser Verträge obliegt den jeweiligen Kantonsregierungen.

Beispiel: Die Baserate beträgt CHF 9'500 und das Kostengewicht der DRG 0,534 (z. B. ein kleinerer chirurgischer Eingriff). Der Ertrag errechnet sich aus 0,534×CHF 9'500 = CHF 5'073. Bei einem grossen chirurgischen Eingriff mit einem CW der DRG von 1,680 errechnet sich der Ertrag 1,680 × CHF 9'500 = CHF 15'960.

Diagnosen und Behandlungen werden nach internationalen Klassifikationen verschlüsselt. Um die einheitliche Regelung der Verschlüsselung zu gewährleisten, ist durch das Bundesamt für Statistik (BFS) ein Kodierungshandbuch [62] erstellt worden. Während Deutschland eine „Spital*eintritts*kodierung" kennt, wird in der Schweiz nach erfolgtem Eingriff und Abschluss der Behandlung kodiert, d. h. der Arzt fertigt nach Abschluss der Behandlung einen Austrittsbericht [63] an und lässt diesen der Kodierungsstelle elektronisch zugehen. Der Kodierer sichtet den Arztbericht und weist den ärztlichen Diagnosen und Behandlungen verschiedene sechsstellige Codes zu. Die Kodierungsregeln finden sich im Kodierungshandbuch. Die Diagnosecodes sind in einem 900-seitigen Buch des Deutschen Instituts für Medizinische Dokumentation und Information (DIMDI) erfasst, und für die etwa 10.000 Codes für Eingriffe und Behandlungen existiert ein zusätzliches Nachschlagewerk für die Kodierfachpersonen.

3.2.2.2 Ausnahmefall versorgungsbezogene Pauschale

Die Vertragsparteien können vereinbaren, dass besondere diagnostische oder therapeutische Leistungen nicht in der Pauschale enthalten sind, sondern getrennt in Rechnung gestellt werden [64]. Der Bundesrat hat diese „Kann-Vorschrift" in der Botschaft betreffend die Änderung des Bundesgesetzes über die Krankenversicherung (Spitalfinanzierung) vom 15. September 2004 näher ausgeführt: Insbesondere bei Dauerbehandlungen wie beispielsweise in der Psychiatrie bleibt damit trotz des grundsätzlichen Wechsels zu leistungsbezogenen Pauschalen die Anwendung von Tagespauschalen in gewissen Bereichen sinnvoll [65]. Derzeit sind die Bereiche stationäre Psychiatrie und Rehabilitation (noch) nicht von der SwissDRG-Tarifstruktur erfasst. Weil der Gesetzgeber ein national einheitliches leistungsorientiertes Tarifsystem für die Abgeltung sämtlicher stationärer Leistungen vorschreibt, müssen die Tarifentwicklungspartner [66] dem Bundesrat ein entsprechendes Tarifmodell für die Bereiche stationäre Psychiatrie und Rehabilitation vorlegen. Ein entsprechendes Modell, welches bereits erfolgreich eingesetzt wird, liegt jedoch für die beiden genannten Bereiche nicht vor, weshalb die SwissDRG AG mit Inkrafttreten der neuen Spitalfinanzierung per 1.1.2012 weder für die Psychiatrie noch für die Rehabilitation ein national einheitliches Tarifierungssystem zur Verfügung stellen konnte.

Aktuelle Entwicklungen zeigen, dass der Verband der Spitäler der Schweiz „H+" und die Gesundheitsdirektion des Kantons Zürich je ein Projekt zur Entwicklung eines leistungsbezogenen Tarifsystems für die Psychiatrie gestartet haben. Diese bisher separaten Projekte wurden im Projekt TARPSY (Tarifsystem Psychiatrie) fusioniert und im

Auftrag von SwissDRG AG gemeinsam weitergeführt. Mit TARPSY soll ein schweizweit einheitliches leistungsorientiertes Tarifsystem für die Psychiatrie entwickelt und im Jahr 2018 eingeführt werden. Dabei stellen insbesondere die regional unterschiedlichen Versorgungsstrukturen und Behandlungskonzepte eine grosse Herausforderung dar. Die Umstellung auf das neue Modell wird momentan von verschiedenen Akteuren kritisiert [67]. Die Schweizerische Vereinigung Psychiatrischer Chefärztinnen und Chefärzte (SVPC) ist nicht grundsätzlich gegen eine Anpassung des derzeit in der Psychiatrie anwendbaren Systems der Tagespauschale. Dennoch ist aus ihrer Sicht TARPSY nicht das geeignete Tarifsystem, weil sich in der Psychiatrie in vielen Fällen trotz diagnostiziertem Krankheitsbild die Länge des Aufenthalts im Spital nicht voraussagen lässt. Auch die Schweizerische Stiftung „Pro Mente Sana“ und die Gewerkschaft VPOD kritisieren die geplante Einführung von SwissDRG im Bereich Psychiatrie. Sie sehen – neben der Schwierigkeit, die Behandlungskosten von psychiatrischen Erkrankungen in Fallpauschalen abzubilden – auch die Gefahr von Fehlanreizen wie bspw. den Ausbau der stationären Psychiatrie. Kritisch zum neuen System äusserte sich ferner der Klinikdirektor des Sanatoriums Kilchberg, der an der Entwicklung des neuen Systems beteiligt ist [68]. Er befürchtet insbesondere, dass Patientinnen und Patienten vermehrt mit Medikamenten statt mit zeitaufwändigen Gesprächen therapiert werden. Diese Besorgnis deckt sich durchaus mit Erfahrungen aus Deutschland, wo nach der Einführung von G-DRG aufgrund fehlender Zeitressourcen eine adäquate psychosoziale Betreuung fehlt oder anstelle von der Beobachtung verwirrter Patienten eine Fixation tritt [69].

Im Bereich Rehabilitation fiel die Wahl der SwissDRG AG auf das Tarifprojekt STM Reha MTK als Grundlage für den neuen nationalen Tarif [70]. Der neue Tarif der schweizerischen Rehabilitationskliniken soll 2015 in Kraft treten.

3.2.3 Spitalfinanzierung

Im Unterschied zum bisherigen System wurden die Kantone ab 1. Januar 2012 verpflichtet, sämtlichen öffentlichen *und* privaten Spitälern auf der Spitalliste ihren kantonalen Anteil an den medizinischen Behandlungen der Patienten zu bezahlen. Mit der neuen Spitalfinanzierung wurde zudem ein anderer Kostenteiler zwischen Kantonen und Krankenversicherungen festgelegt: Neu übernehmen die Kantone gemäss Art. 49*a* Abs. 2 KVG mindestens 55 % der Kosten, die Krankenversicherungen höchstens 45 % der Kosten (sog. dual-fixe Abgeltung) [71]. Es handelt sich dabei um gebundene Kosten mit der Folge, dass Leistungsvereinbarungen über die Finanzierung von stationären Leistungen der OKP entfallen, d. h. die Kantone haben entsprechend keinen Spielraum mehr [72]. Ebenfalls neu müssen die Preise der Spitäler die berufliche Aus- und Weiterbildung der nicht-universitären Berufe finanziell abdecken, was bis anhin durch Steuergelder der Kantone finanziert wurde (S. 27, Ziffer 4.6.2 und S. 81, Ziffer 7.3.7). Seit 1. Januar 2012 sind zudem neu die Investitionen und Anlagenutzungskosten in den Basispreisen enthalten, d. h. die Preise für Operationen, Therapien und die stationäre Pflege in Spitälern beinhalten auch die Finanzierung von Investitionen für Operationstische, Geräte, Medikamente und Immobilien (S. 110, Ziffer 8.3.10).

3.2.4 Spitalwahl

Bereits nach dem KVG (1994) konnten die Versicherten für stationäre Behandlungen unter den Spitälern auf der Spitalliste ihres Wohnkantons und unter sämtlichen auf der Spitalliste eines Standortkantons aufgeführten Spitälern (Listenspital) frei wählen. Neu wurde die auf die Listenspitäler des Wohnkantons begrenzte Spitalwahl auf die Listenspitäler aller Kantone ausgedehnt. Mit dieser Änderung trifft die Vergütungspflicht bei stationärer Behandlung in einem Listenspital nicht nur den Krankenversicherer, sondern auch den Wohnkanton. Die Vergütung entspricht gemäss Art. 41 Abs. 1bis KVG höchstens dem Tarif, der in einem Listenspital des Wohnkantons für die betreffende Behandlung gilt. Weil eine allfällige Differenz zwischen der vom Spital in Rechnung gestellten Leistung und der Vergütung durch die Versicherung und den Wohnkanton von der versicherten Person zu übernehmen ist, wird die Wahlfreiheit beschränkt. Diese Beschränkung der Wahlfreiheit war jedoch nach Auffassung des Gesetzgebers nötig zur Entlastung der Kantone, deren Spitäler die Leistungen zu günstigen Konditionen anbieten [73]. Die Regelung zur freien Spitalwahl gilt gemäss Abs. 6 der Übergangsbestimmungen zur Änderung vom 21. Dezember 2007 (Spitalfinanzierung) [74] seit 1. Januar 2012.

3.2.5 Aufnahmepflicht

Anlässlich der KVG-Revision 2007 verankerte der Bundesgesetzgeber eine generelle Aufnahmepflicht für Listenspitäler in Art. 41*a* Abs. 1 KVG [75]. Bis anhin oblag es den Kantonen, ihre Listenspitäler im Rahmen der Leistungsaufträge zur Aufnahme von Patienten zu verpflichten. Die Botschaft des Bundesrats zur Spitalfinanzierung sah eine analoge Regelung im Rahmen der KVG-Revision 2007 vor [76]. Der Ständerat sprach sich dem ungeachtet gegen den Vorschlag des Bundesrats aus. Die Bestimmung von Art. 41*a* KVG wurde erst im Differenzbereinigungsverfahren vom Ständerat in die Gesetzesvorlage aufgenommen und als Präzisierung in Zusammenhang mit der Einführung der freien Spitalwahl verstanden (AB 2007 S. 759 f.). Die Verankerung der Aufnahmepflicht neu auf Bundesebene drückt insbesondere den Willen des Gesetzgebers aus, alle Listenspitäler stärker in die Pflicht zu nehmen, sämtliche versicherten Patienten mit Wohnsitz im Standortkanton des Listenspitals und unabhängig vom Versicherungsstatus aufzunehmen. Zudem spiegelt die Aufnahme von Art. 41*a* auf Bundesgesetzebene die hohe Bedeutung wider, die der Aufnahmeverpflichtung zugemessen wird.

Die Verpflichtung der Listenspitäler, alle versicherten Personen mit Wohnsitz im Standortkanton aufzunehmen, gilt im Rahmen des Leistungsauftrags und der Kapazität des Spitals (Art. 41*a* Abs. 1 KVG). Für versicherte Personen mit Wohnsitz ausserhalb des Standortkantons des Listenspitals gilt die Aufnahmepflicht gestützt auf Art. 41*a* Abs. 2 KVG nur aufgrund von Leistungsaufträgen sowie in Notfällen. Im Gegensatz zum Begriff „Kapazität" ist der Begriff „im Rahmen des Leistungsauftrags" messbar und entsprechend überprüfbar. Um zu verhindern, dass ab 1. Januar 2012 versicherte Personen aufgrund einer schweren Diagnose, die gegebenenfalls einen überlangen stationären Aufenthalt mit wirtschaftlich negativen Folgen für das Listenspital mit sich bringt, mit der Begründung fehlender Kapazität abgelehnt werden, ist es notwendig, ein Kontrollinstrument in Bezug auf die Kapazitätsfrage einzuführen.

Es stellt sich zudem in Zusammenhang mit der Aufnahmepflicht der Spitäler im Rahmen ihrer Kapazitäten die Frage, ob es zulässig ist, die Kapazitäten entsprechend dem Standard der allgemeinen Abteilung nach Art. 25 Abs. 2 lit. e KVG und einer Kapazität zur Aufnahme mit einem höheren Standard zu unterscheiden? Oder anders formuliert: Kann ein Spital die Aufnahme eines Patienten mit der Begründung verweigern, es seien keine Kapazitäten nach dem Standard der allgemeinen Abteilung verfügbar? Dies widerspricht aus meiner Sicht dem klaren Wortlaut der Gesetzesbestimmung von Art 41*a* Abs. 1 KVG, wonach die Listenspitäler im Rahmen ihrer Leistungsaufträge und ihrer Kapazitäten verpflichtet sind, für alle versicherten Personen mit Wohnsitz im Standortkanton des Listenspitals eine Aufnahmebereitschaft (Aufnahmepflicht) zu gewährleisten. Die Folge eines solchen Vorgehens bedeutet meines Erachtens eine Änderung des Status vom Listenspital zum Vertragsspital.

In Zusammenhang mit der in Art. 41*a* Abs. 1 KVG geregelten Aufnahmepflicht vertritt die GDK (Schweizerische Konferenz der kantonalen Gesundheitsdirektorinnen und -direktoren) in ihren Empfehlungen [77] den Standpunkt, die Aufnahmepflicht für *ausschliesslich allgemein versicherte Patienten* könne im Leistungsauftrag eingeschränkt werden, sofern mindestens ein bestimmter Prozentsatz solcher Patienten aufgenommen wird. Diese Auffassung widerspricht dem klaren Wortlaut der Gesetzesbestimmung von Art 41*a* Abs. 1 KVG, wonach die Listenspitäler im Rahmen ihrer Leistungsaufträge und ihrer Kapazitäten verpflichtet sind, für alle versicherten Personen mit Wohnsitz im Standortkanton eine Aufnahmebereitschaft (Aufnahmepflicht) zu gewährleisten und kann – entgegen den Ausführungen der GDK in ihren Empfehlungen – auch nicht damit begründet werden, der BAG-Kommentar lasse eine Unterscheidung nach Versichertenstatus zu, weshalb Ausnahmen von der Aufnahmepflicht zulässig seien. Dem vollständigen Wortlaut des Kommentars lässt sich entnehmen, dass es sich bei den dort erwähnten Zusatzkosten um Kosten handelt, welche sich aus der eingeschränkten Vergütungspflicht nach Art. 41 Abs. 1bis KVG bei der Wahl eines ausserkantonalen Spitals ergeben können [78]. Daraus eine Ausnahme von der Aufnahmepflicht für „allgemein versicherte Patienten" ableiten zu wollen, widerspricht dem KVG und verletzt den Gleichbehandlungsgrundsatz, soweit bestimmten Spitälern im Leistungsauftrag für ein festgelegtes Leistungsspektrum Ausnahmen von der Aufnahmepflicht eingeräumt würden. Im Übrigen kennt das KVG auch den Begriff des „allgemein versicherten Patienten" nicht, sondern garantiert allen versicherten Personen die Vergütung der „obligatorisch versicherten Leistungen".

Die Pflicht zur Überprüfung der Einhaltung der Aufnahmepflicht obliegt gemäss Art. 41*a* Abs. 3 KVG den Kantonen. In Zürich beispielsweise betreibt die kantonale Ärztegesellschaft im Auftrag der Gesundheitsdirektion seit 1. Januar 2012 eine Beschwerdestelle, bei welcher sich Zürcher Patienten beschweren können, wenn ihnen Listenspitäler die Aufnahme verweigern. Werden dem Kanton durch die versicherte Person oder die Krankenversicherung Verletzungen der gesetzlich verankerten Aufnahmepflicht gemeldet, prüft der Kanton eine Aufhebung oder Änderung des Leistungsauftrags. Der Kanton bzw. die Gesundheitsdirektion muss dem fehlbaren Spital indessen den Verstoss nachweisen, d. h. die Beweislast liegt bei den Kantonen.

3.2.6 Übergangsbestimmungen

Gestützt auf die Übergangsbestimmungen zur Änderung des Krankenversicherungsgesetzes vom 21. Dezember 2007 (Spitalfinanzierung) muss die Einführung der leistungsbezogenen Pauschalen nach Art. 49 Abs. 1 KVG spätestens am 31. Dezember 2011 abgeschlossen sein. Die Umsetzung der Regelung zur freien Spitalwahl [79] erfolgte ebenfalls per Ende 2011. Bis spätestens 31. Dezember 2014 müssen die Kantone im Rahmen der Spitalplanungen die Anforderungen nach Art. 39 KVG erfüllen, d. h. die Kantone müssen die Spitalplanungen interkantonal koordinieren und die Planungen müssen den Planungskriterien nach Art. 39 Abs. 2ter KVG [80] sowie Art. 58*a* ff. KVV entsprechen. Von besonderem Interesse sind diesbezüglich die Anwendungsmodalitäten des Tarifs nach Art. 59*d* Abs. 1 KVV zur Vermeidung potenzieller Anreize in Zusammenhang mit der Anwendung der Fallpauschalen.

3.3 Überblick der Veränderungen in der Spitallandschaft 1994–2007

Tab. 3.1. Veränderungen in der Spitallandschaft Schweiz.

	KVG 1994	KVG 2007
Regulierung der Leistung	Staatliche Leistungsregulierung mittels Spitalplanung	Leistungsorientierte Spitalplanung; einheitliche bundesrechtliche Planungskriterien auf der Grundlage von Qualität und Wirtschaftlichkeit; gesamtschweizerische Spitalplanung im Bereich hochspezialisierte Medizin
Regulierung des Preises	Vertragliche Aushandlung zwischen Spital und Krankenversicherung	Vertragliche Aushandlung zwischen Spital und Krankenversicherung
Tarifart	Zeittarife, Einzelleistungstarife, Pauschaltarife	Regelfall: leistungsbezogene Pauschale (SwissDRG) Ausnahme: versorgungsbezogene Pauschale
Spitalwahl	Freie Spitalwahl beschränkt auf Listenspitäler des Wohnkantons; freie Spitalwahl ausserkantonal soweit kein Behandlungsangebot im Listenspital des Wohnkantons.	Freie Spitalwahl Listenspitäler Wohnkanton und Standortkanton
Spital-finanzierung	Krankenversicherung und Kantone; kantonale Subventionen im OKP-Bereich: Kantone bestimmen eigenständig über die Ausgestaltung und Ausrichtung der Subventionsbeiträge an die Spitäler.	Krankenversicherung und Kantone mit dual-fixer Abgeltung: Kanton 55 %*, Krankenversicherung 45 % der Kosten; Ausrichtung des kantonalen Anteils neu auch an private Listenspitäler. *zu beachten bleibt hier die Übergangsphase bis 2017 bspw. im Kanton ZH, d. h. der kantonale Anteil wird bis 2017 schrittweise auf 55 % erhöht.

3.4 Abschließende Gedanken

Im Rahmen der 3. KVG-Revision 2007 zielte der schweizerische Gesetzgeber auf eine je etwa hälftige Leistungsfinanzierung von den Krankenversicherungen und den Kantonen, einen verstärkten Wettbewerb, die Gleichstellung von privaten und öffentlichen Leistungserbringern und eine effizientere Gestaltung der Ressourcenallokation ab [81]. Insbesondere betreffend des politischen Ziels der „Wettbewerbsstärkung“ muss

Beachtung finden, dass im Spitalbereich nur ein bedingt freier Markt bzw. ein freier Wettbewerb herrscht, weil das neue Krankenversicherungsgesetz (2007)

- auch weiterhin Planungs- und Regulierungselemente enthält (S. 9 ff., Ziffer 3.2) [82],
- die Listenspitäler bei fehlender Einigung über die Preise (Tarife) wegen der gesetzlich geregelten Aufnahmepflicht in Art. 41*a* KVG nicht auf die Erbringung von Behandlungsleistungen verzichten können und
- die Spitäler aufgrund des Tarifschutzes (Art. 44 KVG) nach bestimmten Tarifen abrechnen müssen.

Die neue Spitalfinanzierung sowie die Spitalwahlrechte der versicherten Personen werden den Preis- und Qualitätswettbewerb zwischen den Spitälern verstärken und die Krankenhäuser werden gezwungen sein, ihren Aufwand für den Betrieb und die Investitionen den Einnahmen aus den leistungsbezogenen Pauschalen anzupassen. Nur wenn ihnen das gelingt, werden sie langfristig existieren können. Damit ihnen das gelingt, werden die Schweizer Spitäler mit Blick auf das neue Tarifsystem SwissDRG den betriebswirtschaftlichen Fokus verstärken. Dadurch können Vor- und Nachteile für besonders verletzliche Patientengruppen entstehen. Aus diesem Grund untersucht der zweite Teil des Buches die Auswirkungen von SwissDRG auf die vulnerablen Patientengruppen und zeigt Chancen und Risiken des neuen Tarifsystems SwissDRG sowie die essenziellen Schutzbestimmungen auf der Grundlage einer ethisch-rechtlichen Kriteriologie-Matrix auf.

Teil 2: Ethische Kriteriologie und rechtliches Korrelat für die Bewertung der Auswirkungen von SwissDRG

4 Beschreibung der normativen Grundlagen und der normativen Matrix

4.1 Normative Grundlagen

Wie eingangs erwähnt beschränken sich die nachfolgenden Ausführungen nicht auf die Analyse und die Beschreibung ethischer und rechtlicher Entwicklungen, die mit der Einführung der neuen Tarifstruktur SwissDRG in der Schweiz verbunden sind, sondern sollen auch zu einer normativen Orientierung im Anwendungsbereich beitragen. Entsprechend umfasst der übergreifende Ansatz deskriptive und normative Anteile: Die Identifizierung ethischer und rechtlicher Fragestellungen im Bereich Auswirkungen von SwissDRG, die Analyse ethischer und rechtlicher Problemfelder im Bereich Auswirkungen von SwissDRG, die Bewertung verschiedener Handlungsmöglichkeiten zur Lösung von Problemen im genannten Bereich und die Umsetzung von begründeten Empfehlungen in der Praxis [83]. Mit Blick auf das angestrebte Ziel der normativen Orientierung stellt sich die Frage, auf welchen Grundannahmen sich die zu erarbeitenden Empfehlungen begründen [84–86] lassen? Da sich in der Praxis bis anhin noch keine der ethischen Theorien als allgemein verbindliche normative Orientierung durchgesetzt hat und das primäre Interesse des kohärentistischen [87] Begründungsverfahrens gemäss Birnbacher (1993) der „Anwendung weitgehend konsensfähiger Prinzipien und weniger der Begründung dieser Prinzipien durch ihrerseits umstrittene Basisprinzipien gilt“, ist deren Anwendung der deskriptiven und normativen Komplexität des konkreten Praxisfelds *Auswirkungen von SwissDRG* angemessen.

4.2 Normative Matrix

Die Zusammenstellung der massgeblichen Kriterien (Tabelle 4.1) für die Bewertung der Auswirkungen der neuen Tarifstruktur SwissDRG in der Schweiz erfolgt kraft des kohärentistischen Begründungsverfahrens. Das hier vorgestellte Rahmengerüst soll immer wieder auf seine Angemessenheit überprüft und gegebenenfalls stattfindenden Veränderungen angepasst werden, wobei entsprechende Anpassungen im Sinne des Kohärentismus ausdrücklich durch ethische Überlegungen begründet werden müssen.

4.3 Arbeitsschritte im Rahmen der ethischen Bewertung

Die einzelnen Arbeitsschritte zur ethischen Bewertung der Auswirkungen von SwissDRG werden in Tabelle 4.2 dargestellt und nachfolgend näher erläutert.

Tab. 4.1. Kriterien zur ethischen und rechtlichen Beurteilung von Auswirkungen der Einführung von SwissDRG.

Bewertungskriterien	Ethische Begründung	Schutzbestimmungen
(1) Qualität der Patientenversorgung – Kontinuität der Versorgungsqualität	– Prinzip des Wohltuns – Prinzip des Nichtschadens	– Akut- und Übergangspflege; Art. 25*a* Abs. 2 KVG – Qualitätssicherungssysteme; Art. 58 KVG i. V. m. Art. 77 KVV – Mindestfallzahlen; Art. 58*b* Abs. 5 lit. c KVV – Sanktionen; Art. 59 Abs. 1 lit. a–d KVG – Transparenz; Art. 49 Abs. 8 KVG – Fachpersonal; Art. 39 Abs. 1 lit. b KVG
(2) Gerechtigkeit 1. Zugangsgerechtigkeit – Nichtdiskriminierender Zugang zur Gesundheitsversorgung 2. Verteilungsgerechtigkeit – Allokation von Gesundheitsleistungen – Transparenz: Vergütungsformen nach einheitlichen Klassifizierungssystemen; Vergleichbarkeit – Legitimität: Mindeststandards; Fairness im Prozess der Entscheidungsfindung (Partizipation, Transparenz, Begründung, Revisionsmöglichkeit, Prüfung der Umsetzung) – Risikoselektion durch Datenerhebung; Schutz der Privatsphäre	– Prinzip der Gerechtigkeit – Verhältnismässigkeitsprinzip – Prinzip des geringstmöglichen Eingriffs – Prinzip des Nichtschadens – Respekt der Autonomie	– Aufnahmepflicht; Art. 41*a* Abs. 1 KV – Zugang zur Behandlung; Art. 58*b* Abs. 4 lit. b KVV – Transparenz; Art. 49 Abs. 8 KVG – Regeln und Definitionen zur Fallabrechnung; Art. 59*d* Abs. 1 KVV – Verfassungsmässigkeit; Art. 117 BV – Vollzug; Art. 96 KVG – Tarifverträge mit Spitälern; Art. 49 Abs. 1 KVG; Art. 49 Abs. 2 KVG – Schutz der Patientendaten; Art. 42 Abs. 3bis KVG i. V. m. Art. 59 KVV
(3) Effizienz/Wirtschaftlichkeit – Mengenausweitung – Minderversorgung – Erlösmaximierung	– Prinzip der Nutzenmaximierung – Prinzip der Gerechtigkeit – Prinzip des Nichtschadens	– Kodierrevision; Art. 59*d* Abs. 2 KVV – Richtlinien und Standards

Tab. 4.2. Methodisches Vorgehen [83, 88].

1.	Beschreibung	– Was waren die Hintergründe für die Einführung von SwissDRG? – Welche Ziele wurden damit verfolgt? – Welche Veränderungen haben sich im Versorgungssystem dadurch ergeben?
2.	Spezifizierung	– Welche ethischen Implikationen hat die Einführung der Tarifstruktur SwissDRG in der Schweiz? – Welche praktische Relevanz haben die einzelnen ethischen Kriterien bei der Beurteilung der Auswirkungen von SwissDRG (Konkretisierung des Inhalts und der Reichweite der Kriterien für den konkreten Anwendungsbereich)?
3.	Bewertung	– Welche konkreten Chancen und Risiken sind mit der Einführung von SwissDRG verbunden? – Welche konkreten Auswirkungen hat die Einführung von SwissDRG auf den Zugang zur Gesundheitsversorgung und die Versorgungsqualität der Zielpopulation? – Was haben die Sichtung der Situation in Deutschland und die Interviews mit den Expertinnen und Experten [2] in der Schweiz ergeben?
4.	Schutz-bestimmungen	– Wo finden die ethischen Kriterien ihr Korrelat in rechtlichen Schutzbestimmungen? – Wie sind allfällige durch den Gesetzgeber eingeführte Schutzbestimmungen zwecks Vermeidung potenzieller negativer Konsequenzen der Auswirkungen von SwissDRG umgesetzt worden?
5.	Erarbeitung von Empfehlungen	– Formulierung von Handlungsempfehlungen zur optimalen Nutzung der positiven Auswirkungen sowie zur grösstmöglichen Reduktion der negativen Auswirkungen der Einführung von SwissDRG.

4.4 Hintergründe und Ziele der Einführung von SwissDRG (Beschreibung)

Mit der Einführung der Fallpauschalen im Rahmen der KVG-Teilrevision 2007 verfolgte der Bundesrat insbesondere das Ziel, Anreize zur Eindämmung der Kostenentwicklung im Gesundheitswesen in der Schweiz zu setzen [89]. Die neue Tarifstruktur SwissDRG bildet dabei eines der Instrumente zur Steuerung der Kosten. Durch die Verstärkung kostensteuernder Elemente soll versucht werden, sowohl auf den Faktor Preis als auch auf den Faktor Menge einzuwirken, um damit die Kostenentwicklung im schweizerischen Gesundheitswesen positiv zu beeinflussen. Wie oben ausgeführt will der Gesetzgeber neben der genannten einheitlichen Klassifikation (SwissDRG) einen Spitalbinnenmarkt mit freier Spitalwahl, unternehmerische Freiheit für die Spitäler, Preise statt Kostendeckung und Qualitätssicherung. Dies eröffnet neue Chancen, birgt aber auch Risiken für die schweizerische Gesundheitsversorgung im Allgemeinen sowie für bestimmte Patientengruppen (besonders verletzliche Gruppen) im Besonderen. Zu diesen vulnerablen Patientengruppen, die aufgrund sozialer oder gesundheitsbedingter Faktoren längere oder aufwändigere Behandlungen [90] benötigen als andere, zählen insbesondere ältere Menschen [91–94], Kinder (v. a. Neugeborene) [95, 96], Personen mit vielschichtigen Behandlungssymptomen [97] und Menschen ohne soziales Netz wie beispielsweise Drogenabhängige und Häftlinge [98–100].

4.5 Identifikation von ethischen Implikationen mit der Einführung von SwissDRG (Spezifizierung)

Die systematische und transparente Identifizierung ethischer Probleme, die in Zusammenhang mit der Einführung von SwissDRG entstanden sind, ergibt sich durch die schrittweise Prüfung der in der ethischen Matrix (Tabelle 3.1) genannten Kriterien. Es ist für jedes einzelne Bewertungskriterium festzuhalten, welche praktische Relevanz dieses bei der Beurteilung der Auswirkungen von SwissDRG hat. Dazu müssen vorab der Inhalt und die Reichweite des Kriteriums für die jeweils vorliegende Problematik konkretisiert werden. Für das Kriterium der Qualität der Patientenversorgung ist beispielsweise zu klären, was sich für die besonders verletzlichen Patientengruppen seit der Einführung von SwissDRG verändert hat und welche Konsequenzen diese Veränderungen für die genannten Patientengruppen haben.

4.6 Qualität der Patientenversorgung [101]

Mit der Teilrevision des KVG zur Spitalfinanzierung (2007) verfolgte der Gesetzgeber neben der Einführung kostensteuernder Instrumente insbesondere auch das Ziel, die Qualität der medizinischen Versorgung zu gewährleisten. In Zusammenhang mit dem Übergang zur Leistungsfinanzierung im Rahmen der neuen Spitalfinanzierung wurden von Patientenorganisationen und Organisationen der Ärzteschaft Befürchtungen zu einer möglichen Verschlechterung der Versorgungsqualität sowie zu einer möglichen Patientenselektion geäussert [102]. Gemäss dem Prinzip des Wohltuns müssen die Patienten bestmöglich versorgt werden, d. h. es wird die Versorgungsqualität geleistet, die im Rahmen der verfügbaren Ressourcen geleistet werden kann.

4.6.1 Verschlechterung der Versorgungsqualität durch raschere Patientenverlegung stationär-ambulant?

Erfahrungen aus den USA und Deutschland zeigen, dass mit der Einführung der Fallpauschalen im stationären Bereich vermehrt Behandlungen ambulant vorgenommen werden [92, 97, 103, 104]. Der Grund für diese Entwicklung liegt darin, dass die Analyse der DRGs dazu führt, jene DRGs mit niedrigen Kostengewichten (CW) und kurzer Liegedauer aus Kostengründen in den ambulanten Behandlungsbereich zu verschieben. Die Abrechnung der ambulanten Leistungen erfolgt in diesem Fall in der Schweiz über das Tarifwerk TARMED [105]. Verschiebungen dieser Art sind aus Qualitätsgründen sinnvoll, soweit die Patienten ihren Bedürfnissen gerecht und adäquat behandelt werden. Verlegen die Spitäler die Patienten aber lediglich aus Kostengründen schneller in den ambulanten Bereich, besteht die Gefahr, dass sich die Versorgungsqualität durch vermehrt eingriffsbedingte Zwischenfälle wie Blutungen und Infektionen verschlechtert. In diesem Fall ist eine Verschiebung problematisch, weil durch die veränderte Patientenbetreuung die Fallzahlen im stationären Bereich wieder steigen. Verstärkt zeigt sich die Problematik der Verlagerung von stationär zu ambulant bei der Versorgung chronisch kranker Patienten: Hier manifestiert sich der sogenannte „Drehtüreffekt“, weil der chronisch kranke Patient nach der Entlassung aus dem stationären Sektor in die langfristige Nachsorge des Haus- oder Facharztes übertritt, welcher nach dem Auftreten von Komplikationen den chronisch kranken Patienten erneut stationär einweist usw. Soweit der betreuende Hausarzt oder die spitalexternen Dienste die ambulante Behandlung nicht mit dem Spitalspezialisten abstimmen können, kann dies zu Qualitätseinbussen in der medizinischen Versorgung und im Endergebnis zu höheren Kosten führen.

4.6.2 Verschlechterung der Versorgungsqualität durch weniger gut ausgebildetes Personal?

Seit Einführung der neuen Spitalfinanzierung am 1. Januar 2012 stellen die Kosten für die Ausbildung nicht-universitärer Berufe anrechenbare Kosten der obligatorischen Krankenversicherung dar, d. h. diese betriebsrelevanten Ausgaben für die Ausbildung und die Löhne der Auszubildenden fliessen neu in die Baserate ein. Bis anhin wurden diese Ausbildungskosten in der Schweiz durch Steuergelder der Kantone finanziert [106]. Bei einem Absinken des Basispreises (das KVG spricht von Tarif) kann nicht ausgeschlossen werden, dass die Spitäler aus Kostengründen weniger in die Ausbildung des Personals investieren, weniger Personal auf den Stationen einsetzen oder aus wirtschaftlichen Gründen zwar quantitativ mehr Personal einsetzen, dieses aber qualitativ weniger gut ausgebildet ist. Dies kann den Leistungsdruck auf das Personal erhöhen: es wird – oft gezwungen durch den genannten Druck – weniger Zeit für die Betreuung der Patienten einsetzen [107–109]. Befürchtet wird zudem die Gefährdung der Patientensicherheit durch die kostenbedingte Reduktion von Personal auf den Stationen [110].

4.6.3 Verschlechterung der Versorgungsqualität durch Verdichtung der Arbeitszeit?

Die Einführung der Fallpauschalen kann zur Beschleunigung der Abläufe bei der Patientenaufnahme, der Behandlung der Patienten und deren Entlassung führen, weil die Behandlungsabläufe strukturiert und standardisiert werden. Die Verbesserung der spitalinternen Prozesse führt auf der anderen Seite zu mehr Patienten in kürzerer Zeit und damit zu einer Verdichtung der Arbeitszeit für das Personal. Dies wiederum kann dazu führen, dass das Personal sich „ausgepresst" fühlt, ausgelaugt ist und die Begeisterung für den Beruf verliert oder sich gegebenenfalls für einen Berufswechsel entscheidet. Damit verlieren die Krankenhäuser Know-how und jahrelange Erfahrung verschiedener Berufsgruppen.

4.7 Gerechtigkeit [101]

4.7.1 Zugangsgerechtigkeit: Nichtdiskriminierender Zugang zur Gesundheitsversorgung

Das Prinzip der Gerechtigkeit verlangt einen gleichen und angemessenen Zugang zur Gesundheitsversorgung für alle Patientengruppen. Gestützt auf die ethische Begründung, dass vulnerable Patientengruppen aus gerechtigkeitsethischer Sicht als benachteiligte Gruppen schlechtere Gesundheitschancen haben, sollten sie jedenfalls gleichwertigen Zugang zur Gesundheitsversorgung haben. Entsprechend stellt sich die Frage, ob mit der Einführung von SwissDRG die Bedürfnisse vulnerabler Patientengruppen berücksichtigt wurden. Das per 1. Januar 2012 in der Schweiz neu eingeführte Tarifsystem für die Abgeltung akutstationärer Spitalleistungen baut auf der Tarifstruktur SwissDRG auf und ordnet den Spitalaufenthalt des Patienten unter Berücksichtigung verschiedener Kriterien (Hauptdiagnose, Nebendiagnose, Behandlungen) einer bestimmten Fallgruppe (DRG) zu. Jeder Fallgruppe ist ein relativer Wert, das sogenannte Kostengewicht (CW) zugeordnet. Das Kostengewicht entspricht dem durchschnittlichen Behandlungsaufwand der betreffenden Fallgruppe und wird in der Regel jährlich gestützt auf aktualisierte Daten ausgewählter, repräsentativer Referenzspitäler neu berechnet [111]. Dieses schweizweit identische Kostengewicht wird mit der für das Spital geltenden Baserate (= Basispreis, Basisfallwert oder in der Terminologie des KVG als Tarif bezeichnet) multipliziert. Daraus ergibt sich die Entschädigung, welche das Spital für die stationäre Behandlung erhält. Die Baserate wird zwischen den Spitälern und den Krankenversicherungen vereinbart und kann unterschiedlich hoch sein. Die Entschädigung erfolgt leistungsorientiert, d. h. das Spital erhält ein bestimmtes, vorher festgelegtes Entgelt. Reicht nun dieses Entgelt im Einzelfall nicht aus, beispielsweise weil ein Patient aufgrund besonderer gesundheitsbedingter oder sozialer Faktoren eine längere oder aufwändigere Behandlung benötigt, erleidet das

Spital einen finanziellen Nachteil (Langlieger oder High Outlier [112]). Befürchtet ein Krankenhaus, dass der Basispreis den zu erwartenden Behandlungsaufwand nicht oder nur unzureichend deckt, besteht die Gefahr, dass sich der Zugang zur akutstationären Versorgung insbesondere für Patientengruppen mit chronischen oder schweren Erkrankungen verschlechtert [104, 113, 114].

4.7.2 Verteilungsgerechtigkeit: Faire Allokation von Gesundheitsleistungen

Mit Einführung der Tarifstruktur SwissDRG in der Schweiz wurden in der Bevölkerung und insbesondere unter der Ärzteschaft Befürchtungen laut, dass das neue Tarifsystem zu einer Rationierung der Patientenleistungen führen könnte. Eine Rationierung wäre beispielsweise dann gegeben, wenn eine raschere Verlegung von Patientinnen und Patienten vom stationären in das ambulante Setting einzig aus Kostengründen geschieht und die ambulanten Leistungen betreffend Qualität und Quantität nicht den stationären Leistungen entsprechen. Damit fände eine explizite [115] Rationierung (in der Struktur) und implizit [116, 117] innerhalb der individuellen Arzt-Patienten-Beziehung statt. Aus ethischer Sicht besteht damit die Gefahr, dass medizinische Leistungen nach von Patient zu Patient und von Arzt zu Arzt wechselnden Kriterien und damit intransparenten (ethisch unzureichend begründeten) Kriterien zugeteilt würden.

Fragen bezüglich expliziter und impliziter Rationierung sind in der Schweiz unter anderem aus gesundheitspolitischer Sicht wichtig, weil verschiedene Studien einerseits aufgezeigt haben, dass in der Schweiz Patientinnen und Patienten in gewissen Situationen nützliche Leistungen nicht erhalten [118–121] und andererseits *Domenighetti & Maggi* festgestellt haben, dass sich die Meinung der Schweizer Bevölkerung in Bezug auf zentrale Fragen der Rationierung signifikant von der Meinung von Experten unterscheidet: Während die Bevölkerung in Bezug auf die Frage einer grundsätzlichen Limitierung der Ausgaben im Gesundheitswesen eher von einem „nein“ ausgeht, gehen die Experten in der Tendenz eher von einem „ja“ aus. Die Entscheidung über eine allfällige Rationierung sollen gemäss Meinung der Schweizer Bevölkerung die Fachleute (Ärzte, aber auch Bürgerinnen und Bürger) fällen. Die Experten wünschen sich politische Instanzen als Entscheidungsträger. Die Autoren schliessen aus den Ergebnissen u. a., dass es den Einbezug von Gruppierungen, die das Vertrauen der Bevölkerung geniessen (Ärzteschaft, Patientenorganisationen), braucht, um ein gesamtgesellschaftlich getragenes Rationierungskonzept zu tragen [122, 123].

4.7.3 Rationierung versus Rationalisierung von Gesundheitsleistungen

Von der Rationierung zu unterscheiden ist die Rationalisierung. Die Rationalisierung zielt auf eine Effizienzerhöhung in der medizinischen Versorgung, d. h. mit weniger Mitteln wird derselbe medizinische Effekt oder mit denselben Mitteln wird ein grösserer medizinischer Effekt erzielt. Dabei gebietet das Prinzip des Nichtschadens, einen bestimmten Gesundheitszustand mit möglichst geringem diagnostischem und therapeutischem Aufwand zu erlangen.

4.7.4 Transparenz

Im Bereich der stationären Gesundheitsversorgung gibt es begrenzte Mittel, weshalb es ein System braucht, in dem diese verteilt werden. Entsprechend stellt sich die Frage, welches die ethischen Anforderungen an dieses System sind? Eine dieser Anforderungen ist die Transparenz. Sie verlangt, dass der Öffentlichkeit bekannt ist, nach welchen Kriterien und nach welchen Verfahren Mittel im Gesundheitswesen zugeteilt oder Verteilungsentscheide getroffen werden. Es braucht demnach Transparenz im Hinblick auf diese allokationsethisch relevanten Entscheidungen bzw. im Hinblick auf Zuteilungsentscheidungen. Mit Einführung der Tarifstruktur SwissDRG verfolgte der schweizerische Gesetzgeber u. a. das Ziel, die Transparenz im stationären Bereich zu erhöhen, um die tatsächlichen Kosten und Verantwortlichkeiten besser zu erfassen. Vor Einführung von SwissDRG war die Vergütung von stationären Spitalbehandlungen in der Schweiz nicht einheitlich geregelt. Gleiche Leistungen wurden von den Krankenversicherungen je nach Kanton unterschiedlich vergütet und die Kantone leisteten gesetzlich geregelte Defizitdeckungen aus Steuergeldern. Die Schaffung vermehrter Transparenz sollte insbesondere durch die Einführung einer leistungsorientierten Fallpauschale erreicht werden [124–126]. Die von den Krankenhäusern im Rahmen der Tarifverhandlungen unterbreiteten Unterlagen wiesen vor Einführung von SwissDRG die Kosten der KVG-Leistungen oft nicht genügend transparent aus, was die Ermittlung der Betriebskosten erschwerte. Zudem war der von den Krankenversicherungen zu übernehmende Teil der anrechenbaren Betriebskosten nicht fixiert. Beides führte dazu, dass die Finanzierungspartner auf den eigenen Vorteil fokussiert waren [127]. Der Gesetzgeber verspricht sich durch die erhöhte Transparenz im stationären Bereich die tatsächlichen Kosten und Verantwortlichkeiten besser zu erfassen. Das Erreichen einer verbesserten Rechenschaftspflicht der Spitäler eröffnet die durchaus erwünschte Wirkung, allfällige Diskriminierungen, die durch die Umstellung der Vergütung auf SwissDRG entstehen können, besser zu erkennen. Die Prinzipien der Gerechtigkeit und des Nichtschadens verlangen auch nach der Einführung der Tarifstruktur SwissDRG eine angemessene Patientenversorgung ohne schädigende Einwirkung. Mit der Aufnahme oder Übernahme der Patienten verpflichten sich die Krankenhäuser, diese angemessen zu versorgen. Da im Gegensatz zur Einzelleistungsvergütung, die tendenziell einen Anreiz zur Überversorgung bietet, bei den leistungsbezogenen Fallpauschalen eher das Risiko einer möglichen Unterversorgung [128–130] besteht, muss dem Aspekt der Qualitätssicherung und dem Zugang zur Gesundheitsversorgung hohe Bedeutung beigemessen werden.

4.7.5 Legitimität

Die Legitimität soll sicherstellen, dass die Entscheidung über die Einführung einer neuen Tarifstruktur von einer dafür legitimierten Institution erfolgt. Und das auf zwei unterschiedlichen Ebenen, nämlich erstens auf Systemebene, d. h. die Institution, die die Entscheidungsregeln erlässt, sollte dafür auch explizit legitimiert sein. Auf dieser Ebene wird das Kriterium der Legitimität dahingehend geprüft, ob das Tarifsystem SwissDRG auf legitime Weise entstanden ist. Auf der zweiten Ebene, der Ebene des Einzelfalls, geht es darum zu untersuchen, ob und inwieweit die Tarifstruktur SwissDRG diesbezüglich verteilungsethisch relevante Entscheide produziert. Verteilungsethisch relevant wäre, wenn es beispielweise DRGs gibt, die vom Kostengewicht her zu niedrig kalkuliert sind, und es damit für die Spitäler finanziell unattraktiv ist, diese Patienten zu versorgen. Im Spitalalltag kann das dazu führen, dass das Krankenhaus beginnt, die Patientenströme zu steuern, um zu verhindern, dass es zu viele Patienten in den nicht lukrativen DRGs behandeln muss. Allerdings handelt es sich hierbei eher nicht um eine bewusste Entscheidung, sondern es sind Folgewirkungen oder Ausweichreaktionen von Spitälern, die das SwissDRG für die eigenen Vorteile möglichst gut nutzen wollen.

4.7.6 Risikoselektion durch Datenerhebung

Gestützt auf das Krankenversicherungsgesetz muss das Spital der Krankenversicherung eine detaillierte und verständliche Rechnung erstellen. Der Krankenversicherung müssen sämtliche Angaben mitgeteilt werden, die sie benötigt, um die Berechnung der Vergütung und die Wirtschaftlichkeit der Leistung überprüfen zu können (Art. 42 Abs. 3 KVG). Die Frage, welche Angaben dafür notwendig sind, wurde mit Einführung der Fallpauschalen in der Schweiz kontrovers diskutiert [131]. Die Krankenversicherer verlangten von den Spitälern eine umfassende Datenweitergabe einschliesslich Eingriffcodes gemäss ICD-9 (CHOP-2) und ICD-10 [132] und drohten bei Nichteinhaltung mit Sanktionen wie beispielsweise dem Nichtbezahlen der eingereichten Rechnungen. Einzelne Krankenversicherer setzten diese Sanktionen im Sommer 2012 um.

In der Öffentlichkeit und bei Patientenorganisationen wurden Befürchtungen laut, dass mit dieser detaillierten Datenweitergabe den Bestimmungen des Datenschutzes und den Rechten der Patienten zu wenig Rechnung getragen wird. Die Verbände der Spitäler äusserten zudem Vorbehalte in Bezug auf die Weitergabe betrieblicher Daten [133]. Das Verhältnismässigkeitsprinzip [134] und das Prinzip des geringstmöglichen Eingriffs verlangen, dass nur diejenigen Daten bearbeitet werden dürfen, die für die konkrete Aufgabenerfüllung geeignet und notwendig sind, und es darf kein Instrument vorhanden sein, das mit einem weniger weit gehenden Eingriff zum gleichen Ziel führt [135–142]. Entsprechend muss geregelt sein, welche Daten ausschliesslich dem Vertrauensarzt zur Verfügung stehen und nicht in die Hände der Verwaltung der Krankenversicherung gehören. Damit kann verhindert werden, dass bei der Weitergabe von zu detaillierten Methoden, welche Rückschlüsse auf die soziale Situation des Patienten erlauben oder bestimmte Verhaltensweisen kennzeichnen bzw. von einem Teil der Bevölkerung als stigmatisierend empfunden werden, das Verhältnismässigkeitsprinzip verletzt wird und/oder eine Risikoselektion durch die Krankenversicherer stattfinden kann. Je nachdem, wie sich die soziale Situation einer Patientin gestaltet, gelangt die Rechnung des Leistungserbringers (i.c. Spital) auch noch in die Hände der Sozialhilfe-, Erwachsenenschutz- oder Steuerbehörden. Diese Behörden haben kein Anrecht zu erfahren, welche Infektion eine Person hat, oder aufgrund welcher Diagnose sie in psychiatrischer Behandlung ist. Da die ICD-Kodierungen Angaben über Einflüsse aus dem familiären und beruflichen Umfeld enthalten, ist die Weitergabe des Eingriffscodes gemäss ICD-9 (CHOP-2) und ICD-10 nur insoweit zulässig, als damit die Grundrechte auf informationelle Selbstbestimmung und die Privatsphäre des Versicherten, die datenschutzrechtlichen Bestimmungen und die Schutzbestimmungen im Krankenversicherungsgesetz [143] nicht verletzt werden [144].

4.8 Effizienz/Wirtschaftlichkeit [101]

4.8.1 Mengenausweitung

1994 entschied sich der Bundesgesetzgeber mit Blick auf die Tätigkeit von Spitälern zulasten der obligatorischen Krankenpflege (OKP) für ein staatliches Planungssystem und gegen ein Wettbewerbssystem [145]. Da im Laufe der darauffolgenden Jahre die Kosten im Gesundheitswesen in der Schweiz stetig anstiegen [16], änderte der Gesetzgeber seinen ursprünglichen Kurs und führte im Rahmen der 3. KVG-Revision (2007) unter anderem eine leistungsorientierte Spitalplanung und leistungsbezogene Fallpauschalen ein. Durch die neu leistungsorientierte Entschädigung für die Spitäler können Anreize entstehen, möglichst viele Fälle abzurechnen und diese möglichst effizient zu behandeln [146, 147]. Dies kann zu medizinisch nicht indizierten Behandlungen, zu stationären statt ambulanten Behandlungen und gegebenenfalls zu verfrühten Spitalentlassungen, welche Rehospitalisationen erfordern, führen [148–150].

4.8.2 Minderversorgung

Benötigt ein Patient beispielsweise aufgrund besonderer gesundheitsbedingter oder sozialer Faktoren eine längere oder aufwändigere Behandlung, ergibt sich daraus ein höherer Ressourcenverbrauch und das Spital kann unter Umständen einen finanziellen Nachteil erleiden, weil die Aufwendungen durch den erhöhten Bedarf an Ressourcen nicht mehr gedeckt sind. Möglicherweise verfügt das Spital über eine Patientenstruktur, die diese finanzielle Einbusse auffangen kann, beispielsweise wenn es viele jüngere Patienten mit medizinisch wenig komplexen Beschwerdebildern behandelt. Andernfalls stellt sich die Frage, wie das Spital mit dem Patienten, der einen längeren Aufenthalt benötigt, umgeht. Es kann der Anreiz entstehen, den Ressourcenverbrauch für diesen Patienten möglichst klein zu halten, was mit Qualitätsverlusten einhergehen kann [152]. Das Prinzip der Gerechtigkeit und der Gleichbehandlungsgrundsatz verlangen, dass der Patient mit einem höheren Versorgungsbedarf qualitativ ebenso angemessen versorgt wird wie der Patient mit geringerem Bedarf. Daneben verlangt das ethische Prinzip der Nutzenmaximierung einen Einsatz der begrenzt verfügbaren Ressourcen dahingehend, dass insgesamt ein möglichst grosser Zugewinn an Gesundheit erzielt werden kann [151]. Soweit demnach dem Patienten mit einem höheren Ressourcenverbrauch aus einer Verlegung vom stationären in das ambulante, kostengünstigere Setting kein Schaden entsteht und er eine qualitativ angemessene Behandlung erhält, entspräche dies dem Grundsatz der Verteilungsgerechtigkeit. Ethisch problematisch wäre es, wenn der Patient einzig aus Kostengründen rasch vom stationären in das ambulante Setting verlegt wird und da keine seinem Gesundheitszustand angemessene Behandlung erfährt.

4.8.3 Erlösmaximierung

Neben der Gefahr einer Mengenausweitung oder einer Minderversorgung durch die Einführung von SwissDRG sind auch wirtschaftliche Aspekte denkbar wie beispielsweise die Erlösmaximierung durch Falschkodierung oder Abrechnung einer unbegründeten Leistung, medizinisch nicht angezeigtes Fallsplitting als Mittel, um künstlich höhere Fallzahlen zu erzeugen [152], eine Überkodierung durch Einführung zusätzlicher Nebendiagnosen, Vertauschen der Haupt- und Nebendiagnosen oder ein Downcoding, bei dem durch die Wahl einer niedriger zu bewertenden DRG durch die Berücksichtigungsfähigkeit von Zusatzprozeduren ein Mehrerlös erreichbar ist.

5 Die Auswirkungen der Einführung von G-DRG in Deutschland

5.1 Einleitung

In der Schweiz sind die empirischen Erkenntnisse zu den Auswirkungen von SwissDRG auf die Patientenversorgung derzeit noch unzureichend, weshalb es sich lohnt, auf die Erfahrungen in Deutschland mit einem ähnlichen System zurückzugreifen und gestützt auf aktuelle Studien und Literatur zu prüfen, welche Auswirkungen die Einführung von G-DRG auf die Qualität der Patientenversorgung in Deutschland hatte. Daraus können Implikationen für die Schweiz abgeleitet und der Bedarf an Schutzbestimmungen abgeschätzt werden, um negative Auswirkungen der Einführung von SwissDRG zu minimieren oder zu verhindern.

Die Tarifstruktur SwissDRG basiert auf dem deutschen Preissystem G-DRG. Nach der Evaluation von sechs Patientenklassifikationssystemen hat Deutschland im Jahr 2004 das G-DRG-System eingeführt. Der Begründung des Deutschen Bundestages lässt sich entnehmen, dass mit der Einführung des fallpauschalisierenden Entgeltsystems das Leistungsgeschehen im Krankenhausbereich transparenter gemacht werden sollte. Weitere Ziele waren die Förderung der Wirtschaftlichkeit und die Beseitigung der im System tagesgleicher Pflegesätze angelegten Fehlanreize, insbesondere die Verlängerung der Verweildauer [153]. Bis zur Einführung von SwissDRG am 1. Januar 2012 verfügten die Krankenhäuser in Deutschland bereits über mehrere Jahre Erfahrung mit dem leistungsbezogenen Preissystem, entsprechend interessant gestaltet sich ein Blick über die Landesgrenze um zu erfahren, ob die mit der Einführung von SwissDRG in der Schweiz befürchteten möglichen Auswirkungen in Deutschland tatsächlich eingetreten sind.

Zu beachten ist allerdings, dass der Gesetzgeber in Deutschland eine Übergangsphase (Konvergenzphase) für die Einführung von G-DRG vorgesehen hatte [154, 155]: Bis 2009 bzw. bis zum 31.12.2010 [156] wurden die krankenhausindividuellen Basisfallwerte („Preise") in verschiedenen Stufen an einen landesweiten Fallwert angepasst, weshalb die einzelnen Krankenhäuser die Auswirkungen von G-DRG mit einer gewissen zeitlichen Verzögerung spüren [157]. Mittlerweile ist das Preissystem G-DRG in Deutschland etabliert und hat die Krankenhauslandschaft im Nachbarland verändert: Unabhängig von ihrem Versorgungsauftrag haben die Kliniken den betriebswirtschaftlichen Fokus verstärkt, das Erkennen lohnenswerter Leistungen hat an Bedeutung gewonnen und die Krankenhäuser reagieren flexibler auf Nachfrageveränderungen [158]. Kritisiert werden der hohe Dokumentationsaufwand und die erhöhte Komplexität des Systems [159].

5.2 Unterschiede in den Krankenhausfinanzierungssystemen

Ein Blick zurück zeigt, dass sich in der deutschen Politik zu Beginn der 1970er-Jahre die Überzeugung durchsetzte, dass der Staat die Investitionskosten und die Krankenkassen die laufenden Betriebskosten der Spitäler zu tragen haben. 1972 fand diese Überzeugung Eingang in das Krankenhausfinanzierungsgesetz. Trotz dieses dualistischen Ansatzes ist das Spitalfinanzierungssystem Deutschlands von jenem der Schweiz zu unterscheiden. Wie oben ausgeführt verfügt die Schweiz seit der Einführung der neuen Spitalfinanzierung über ein dual-fixes Finanzierungssystem: es wurde ein neuer Kostenteiler zwischen Kantonen und Krankenversicherungen festgelegt. Neu übernehmen die Kantone mindestens 55 % der Kosten [160], die Krankenversicherungen höchstens 45 % der Kosten (sog. dual-fixe Abgeltung, S. 14 Ziffer 3.2.3). Zudem sind in der Schweiz die Investitionskosten Teil der Fallpauschale. In Deutschland ist das Tragen der Investitionskosten Sache der Bundesländer (10 %, variabel). Die Betriebskosten (90 %) der Krankenhäuser müssen von den Krankenkassen finanziert werden. Schon in den 70er-Jahren des letzten Jahrhunderts waren die Träger der Krankenhäuser gegen diese dualistische Finanzierung, weil sie befürchteten, dass eine staatliche Teilfinanzierung der Krankenhausleistungen mit Eingriffen des Staates einhergeht. Dies entsprach damals auch dem tatsächlichen Ziel des Gesetzgebers, nämlich dem Einbezug der Krankenhäuser in eine landesweite Krankenhausplanung ohne die Häuser dem Wettbewerb auszusetzen. Dies sollte mit der Finanzierung der Investitionskosten durch die öffentliche Hand mit dem Endziel erreicht werden, in der Praxis eine bedarfsorientierte Krankenhausplanung durchzusetzen [161].

Tab. 5.1. Unterschiedliche Betriebs- und Investitionskostenfinanzierung.

	Betriebskosten	**Investitionskosten**
Deutschland	90 % Krankenversicherung fix	Bundesländer variabel
Schweiz	55 % Kantone 45 % Krankenversicherung dual-fix	Teil der Fallpauschale fix

5.3 Mehr Wettbewerb im deutschen Gesundheitssystem

Rund 20 Jahre später entschied sich der deutsche Gesetzgeber mit dem sogenannten „Lahnstein-Kompromiss“ [162] für mehr Wettbewerb im Gesundheitssystem, um den steigenden Kosten in der gesetzlichen Krankenversicherung (GKV) entgegenzuwirken. Dazu wurde u. a. im Jahr 2004 das Preissystem G-DRG eingeführt. Ein Blick nach Nordrhein-Westfalen (NRW), wo derzeit ein neuer Krankenhausplan entsteht, zeigt, dass die erwähnte Verstärkung des betriebswirtschaftlichen Fokus nicht unproblematisch ist: Die Konzentration auf lukrative Leistungen kann die bedarfsgerechte Versorgung gefährden, weil die Krankenhäuser sich aus unattraktiven Versorgungsbereichen zurückziehen. Diese Tendenz wird verstärkt durch den parallel stattfindenden Rückzug der Bundesländer aus weiten Teilen der Detailplanung. Gestützt auf den Krankenhausplan NRW 2015 soll deshalb beispielsweise im Bundesland NRW die Qualität der Krankenhausversorgung über definierte Strukturvorgaben für die Erbringung von stationären Leistungen gesteuert und gleichzeitig der Gefahr eines Qualitätsverlustes vorgebeugt werden. Erreicht werden soll dies konkret mit detaillierten Strukturvorgaben für die ausgewählten Bereiche Geriatrie, Psychiatrie und Psychosomatik, Perinatalzentren, Herzchirurgie, Stroke Units, Brustzentren, Transplantationszentren und Palliativmedizin sowie mit generellen Strukturvorgaben für alle Bereiche. Bei den allgemeinen Vorgaben sieht der Krankenhausplan die fachärztliche Mindestbesetzung in den einzelnen Abteilungen vor und verlangt bestimmte Stellen- und Bettenzahlen auf Intensivstationen [163]. Die Festlegung von Qualitätskriterien im Rahmen der Krankenhausplanung ist in Deutschland nicht unbestritten. Die Krankenhausgesellschaft von Nordrhein-Westfalen (KGNW) beispielsweise führte aus, die Festlegung von Qualitätsvorgaben falle nicht in das Kerngeschäft der Krankenhausplanung auf Landesebene, sondern sei Aufgabe des Gemeinsamen Bundesausschusses. Dieser Argumentation widersprechen die Präsidenten der Ärztekammer NRW und Westfalen-Lippe: beide beurteilen Vorgaben zur Strukturqualität positiv, insbesondere das Verlangen einer fachärztlichen Mindestbesetzung in den Abteilungen [158].

In der Schweiz wurde der Bundesrat im Rahmen der KVG-Revision 2007 ermächtigt, bundesrechtliche Planungskriterien auf der Grundlage von Wirtschaftlichkeit und *Qualität* festzulegen [164], d. h. die Festlegung der Kriterien ist auf Bundesebene geregelt [165]. Im Rahmen dieser Kompetenzvorgabe [166] hat der Bundesrat mit der Änderung der Krankenversicherungsverordnung am 22. Oktober 2008 die Art. 58*a* ff. KVV [167] erlassen und insbesondere die Kriterien für die Spitalplanung näher umschrieben [168]. Neben der Sicherstellung einer bedarfsgerechten Spitalversorgung der gesamten Wohnbevölkerung, müssen die Kantone (das wären in Deutschland die Bundesländer) den Bedarf in nachvollziehbaren Schritten ermitteln [169]. Bei der Beurteilung und der Auswahl des auf der Liste zu sichernden Angebotes berücksichtigen die Kantone insbesondere die Wirtschaftlichkeit und die *Qualität* der Leistungserbringung, den Zugang der Patientinnen und Patienten zur Behandlung innert nützlicher Frist und die Bereitschaft und Fähigkeit der Einrichtung zur Erfüllung des Leistungsauftrags nach Art. 58*e* KVV [170]. Die Kantone beachten bei der Prüfung der Wirtschaftlichkeit und Qualität zudem insbesondere die Effizienz der Leistungserbringung und den Nachweis der notwendigen Qualität. Die beiden Kriterien „Effizienz der Leistungserbringung" und „Nachweis der erforderlichen Qualität" sind gleichwertig. Die Kantone in der Schweiz prüfen demnach im Rahmen der Vergabe der Leistungsaufträge, ob der Leistungserbringer die vom kantonalen Spitalplanungsgesetz vorgegebenen Qualitätskriterien erfüllt (S. 75, Ziffer 7.3.1). Ein vertiefter Blick in die generellen und die leistungsspezifischen Anforderungen an Spitäler zur Aufnahme auf die Spitalliste zeigt, dass die Kantone bemüht sind, die Umsetzung des revidierten Krankenversicherungsgesetzes voranzutreiben. Der Kanton Zürich beispielsweise hat dazu im Mai 2011 das neue Spitalplanungs- und Finanzierungsgesetz (SPFG) [171] verabschiedet, welches am 1. Januar 2012 in Kraft getreten ist. Dem SPFG lässt sich entnehmen, dass betreffend den generellen Anforderungen zur Aufnahme auf die Spitalliste neben der Aufnahmepflicht für alle Zürcher Patienten (unabhängig vom Versicherungsstatus), der Aus- und Weiterbildung, der Wirtschaftlichkeitsprüfung und der Erreichbarkeit insbesondere auch generelle Qualitätsanforderungen wie bspw. ein Qualitätssicherungskonzept, ein CIRS (Critical Incident Reporting System), ein Hygienekonzept und die Teilnahme an etablierten Qualitätsmessungen [172] gehören. Zu den leistungsspezifischen Anforderungen zählt der Facharzt (spezifischer Facharzt, oft auch Belegarzt möglich), die Erreichbarkeit (drei Erreichbarkeiten je nach Dringlichkeit der Behandlungen), die Notfallstation, die Intensivstation, die verknüpften Leistungen (d. h. medizinisch eng verknüpfte Leistungen müssen am selben Standort erbracht werden; teilweise auch in Kooperation möglich), das Tumorboard sowie die Mindestfallzahlen [173].

5.4 Entwicklungen in der deutschen Krankenhauslandschaft

Die Entwicklungen in der deutschen Krankenhauslandschaft verliefen seit Mitte der 1990er-Jahre ähnlich wie jene einige Jahre später in der Schweiz: Das Gesundheitsstrukturgesetz von 1993 hob das seit 1972 geltende Selbstkostendeckungsprinzip auf, die Krankenhausbudgets wurden begrenzt und pauschalisierte Vergütungsformen für die chirurgischen Disziplinen sowie einige diagnostische Massnahmen eingeführt [174]. Die Folgen dieser Deckelung des Budgets waren bereits in den 1990er-Jahren ein Personalabbau, die Zusammenlegung von Abteilungen sowie der Ausbau von Kooperationsbeziehungen zwecks Einhaltung des Krankenhausbudgets [175]. Diese mehr wirtschaftlich orientierte Entwicklung, welche bereits vor Einführung von G-DRG im Jahr 2004 bemerkbar war, wird sich durch die Einführung der Fallpauschalen noch verstärken – so die Befürchtung vieler in Deutschland. Dies deshalb, weil der Druck auf die Krankenhäuser steigt, möglichst kostengünstig zu arbeiten. Ob dies tatsächlich eingetroffen ist und welche Auswirkungen die Einführung von G-DRG auf die Qualität der Patientenversorgung in Deutschland hatte, wird in den nachfolgenden Abschnitten gestützt auf aktuelle Studien und Literatur aufgezeigt.

5.5 Auswirkungen von G-DRG auf die Qualität der Patientenversorgung

5.5.1 Verschlechterung der Versorgungsqualität durch raschere Verlegung stationär – ambulant?

Auch in Deutschland wurden in Zusammenhang mit der Einführung von G-DRG mögliche Fehlanreize u. a. für zu frühe („blutige") Entlassungen befürchtet [176] und entsprechend Begleitforschung zur DRG-Einführung gefordert. Das Krankenhausfinanzierungsgesetz (KHG) enthielt in § 17b Abs. 8 die Vorgabe, diese durchzuführen. Zu diesem Zweck wurde das von der Deutschen Krankenhausgesellschaft und dem GKV-Spitzenverband getragene Institut für das Entgeltsystem im Krankenhaus (InEK) beauftragt, die Begleitforschung europaweit öffentlich auszuschreiben. Die Auftragserteilung dafür erfolgte am 18. Dezember 2008 an das IGES Institut GmbH [177]. Das Forschungsziel war insbesondere die Betrachtung von Veränderungen in der Versorgungsstruktur und der Qualität der stationären Versorgung, die Auswirkungen auf die anderen Versorgungsbereiche sowie die Art und der Umfang von Leistungsverlagerungen. Die G-DRG-Begleitforschung wurde in drei Zyklen durchgeführt: Die Ergebnisse des ersten Begleitforschungszyklus wurden im April 2010 veröffentlicht und bezogen sich einzig auf die Jahre 2004 bis 2006 (Einführungsphase G-DRG). Der zweite Zyklus umfasste die Jahre 2006 bis 2008 (Kern der Konvergenzphase) und der Endbericht vom März 2013 die Jahre 2008 bis 2010 (Ende der Konvergenzphase). Da G-DRG einen wirtschaftlichen Anreiz zur Fallkostenreduzierung setzen kann und die Krankenhäuser eine entsprechende Senkung auf verschiedene Arten (effizienter Ressourceneinsatz, Leistungsverlagerung in den ambulanten Sektor) erreichen können, wurde im Rahmen der G-DRG-Begleitforschung u. a. die Veränderung der Verweildauer untersucht. Dies auch deshalb, weil eines der Ziele der G-DRG-Einführung die Reduktion der Verweildauer ohne eine Verschlechterung der Qualität war. Die Ergebnisse im Endbericht der IGES zeigen auf, dass die durchschnittliche Verweildauer im Beobachtungszeitraum von 2004 bis 2010 von 7,77 auf 6,82 Tage [178] gesunken ist [179]. Ob mit dem Sinken der Verweildauer auch die Qualität der Patientenversorgung gelitten hat, ist gestützt auf den Endbericht nicht abschliessend geklärt. Bezüglich der Auswirkungen von G-DRG auf die Qualität wurde im Bericht festgestellt, dass gestützt auf die erhobenen Daten nur ein begrenzter Rückschluss auf die Ergebnisqualität der gesamten stationären Versorgung gezogen werden kann, weil das Verfahren ausschliesslich ausgewählte Bereiche der Krankenhausversorgung und auch innerhalb dieser Bereiche nur einzelne Aspekte der Ergebnisqualität abdeckt: „In Bezug auf die betrachteten Parameter haben die Veränderungen des Vergütungssystems überwiegend eindeutig nicht zu einer Verschlechterung der betrachteten Ergebnisse geführt" [180].

Eine erste qualitative Erhebung des Zentrums für Qualitätsmanagement im Gesundheitswesen stellte 2009 fest, dass sich die unmittelbare Qualität der Patientenversorgung nach der Einführung von G-DRG nicht verschlechtert hat, allerdings konnten auch die Erwartungen des Bundesgesundheitsministeriums hinsichtlich einer mittelfristigen Qualitätsverbesserung nicht erreicht werden. Bei der expliziten Darstellung von Problemen nach der Einführung von G-DRG wurde von 23 % der zuweisenden Ärzte die zu frühe Entlassung oder die Entlassung am Wochenende, auf welche weder der Patient noch der ambulante Sektor vorbereitet sind, genannt. Das Schreckgespenst „blutige Entlassungen“ konnte hingegen in dieser Studie nicht belegt werden [181]. *Jauss et al* (2010) untersuchten bei 37’396 Schlaganfallpatienten aus den Jahren 2003 bis 2006 [182], ob mit der Einführung von DRG eine Reduktion der Verweildauer und eine Entlassung in schlechterem klinischen Zustand aufgetreten ist. Die Daten der Studie bestätigten die Verkürzung der Verweildauer, nicht aber eine zu frühe Verlegung von Patienten in instabilem Gesundheitszustand („blutige Entlassungen“) durch die Einführung von G-DRG [183]. Die Entwicklungen im Fachbereich der Augenheilkunde zeigen ebenfalls eine Verkürzung der stationären Verweildauer von 2005 bis 2009 (von 3,9 auf 3,4 Tage) sowie einen erhöhten Anteil an Kurzliegern; die Frage, ob mit der Einführung von G-DRG vermehrt medizinisch weniger schwerwiegende Fälle von der stationären in die ambulante Versorgung verschoben werden, konnte gestützt auf die Datenlage nicht abschliessend beurteilt werden, der deutliche Anstieg (im Vergleich zu anderen Fachgebieten) der durchschnittlichen Behandlungsfallkosten lässt gemäss den Autoren vermuten, dass vor allem vergleichsweise teure und komplexe Fälle nach wie vor stationär erbracht werden [184].

5.5.2 Verschlechterung der Versorgungsqualität durch Veränderungen in der Pflege?

5.5.2.1 Arbeitsverdichtung

Die in der Schweiz geäusserten Befürchtungen, die Einführung der Fallpauschalen führe dank verbesserter Prozessqualität zu einer höheren Arbeitsbelastung in der Pflege, wurden in Deutschland untersucht [185]. Bereits 2005 zeigten *Hasselhorn & Müller* sowie *Hasselhorn et al* auf, dass die fortschreitende Arbeitsverdichtung Einfluss auf eine erhöhte Bereitschaft eines Berufsausstiegs haben kann [186, 187]. Im Rahmen des WAMP (Wandel von Medizin und Pflege im DRG-System) Projekts wurden in den Jahren 2003, 2006 und 2008 wiederholt Pflegekräfte, Ärzte und Patienten zu Arbeitsbedingungen, beruflichem Selbstverständnis und Versorgungsqualität befragt sowie zusätzliche mehrwellige qualitative Fallstudien in vier Krankenhäusern und Routinedatenanalysen durchgeführt. Die empirischen Ergebnisse zeigten auf, dass die Arbeitsverdichtung und die Arbeitsbelastung der Pflegekräfte, bedingt durch Personalabbau [188], Verbesserung der Prozessqualität und erhöhter Dokumentationspflicht seit den 1990er-Jahren zunehmen, wobei die Einführung von G-DRG zu einer zusätzlichen Verstärkung und Beschleunigung dieses Prozesses beigetragen hat; beobachtet wurde zudem eine teilweise Verschlechterung von Pflegestandards und eine wachsende Arbeitsunzufriedenheit [189]. Diese Ergebnisse wurden im Rahmen einer Vergleichsanalyse [190] zweier Studien (IHOS [191] und RN4CAST [192]) fünf Jahre vor und fünf Jahre nach Einführung von G-DRG von *Zander et al* [193] bestätigt: Die Arbeitszufriedenheit sank von 83 % in 1998/1999 auf 63 % in 2009/2010 und die Qualität der Patientenversorgung auf der Abteilung sank im Laufe des zehnjährigen Beobachtungszeitraums von 80 auf 65 %. Die Patientensicherheit hingegen verbesserte sich von 69 auf 94 % in den Jahren 1998/1999 bis 2009/2010. Ein möglicher Grund für die Verbesserung liegt in der Standardisierung der Behandlung.

5.5.2.2 Personalabbau

In den Jahren 1998 bis 2008 wurden in deutschen Krankenhäusern 46'000 Vollzeitpflegestellen abgebaut [194]. Dies hat zwischenzeitlich einen direkten Einfluss auf die Patientenversorgung. Bis zu einem Drittel aus medizinischer Sicht notwendige Mobilisationen können von den Pflegekräften aus Zeitgründen nicht mehr vorgenommen werden und es fehlt ihnen vermehrt die Zeit, verwirrte Patienten zu beobachten. An die Stelle der Beobachtung tritt dann aufgrund mangelnder Zeitressourcen eine Fixation [189, S. 16]. In der Vergleichsstudie von *Zander et al* [193, S. 226] wurde festgestellt, dass in den Jahren 1998/1999 etwas mehr als die Hälfte (54 %) der Pflegekräfte fehlende Zeitressourcen für eine adäquate psychosoziale Betreuung der Patienten beklagten. 10 Jahre später waren es bereits 82 % der Pflegekräfte. *Reifferscheid et al* (2014) [195] haben von Januar 2013 bis Juni 2014 untersucht, inwieweit sich aus Sicht von leitenden Ärzten, Geschäftsführung und Pflegedienstleitung der gegenwärtig hohe wirtschaftliche Druck im Krankenhaussektor auf den Umgang mit knappen Ressourcen und Ressourcenentscheidungen und gegebenenfalls auch auf die Patientenversorgung auswirkt. Die Forschergruppe stellte im Rahmen ihrer qualitativ-quantitativen Studie „Umgang mit Mittelknappheit im Krankenhaus: Rationierung und Überversorgung medizinischer Leistungen im Krankenhaus?“ fest, dass der überwiegende Anteil der Berufsgruppen (82 % Pflegedirektoren, 70 % Chefärzte und 66 % Geschäftsführungen) glaubt, dass die knappen Ressourcen sich negativ auf die Patientenversorgung auswirken. Die fehlende Zeit für persönliche Zuwendung wurde von 87 % der Pflegedirektoren und 81 % der Geschäftsführungen und Chefärzte bemängelt.

5.5.3 Verschlechterung der Versorgungsqualität durch Fragmentierung der Behandlung?

Damit mehrere DRGs abgerechnet werden können, werden Behandlungen teilweise fragmentiert. Gestützt auf die Literatur bestand diese Tendenz in Deutschland bereits seit den 1990er-Jahren. Sie hat sich unter DRG-Bedingungen allerdings verstärkt und kann sich negativ auf die Ganzheitlichkeit der Versorgung auswirken, wobei insbesondere die Gefahr besteht, dass dieser Trend zulasten chronisch-kranker oder multimorbider Patienten geht [176, 196–198]. Nach *Buhr & Klinke* (2006) wird unter

DRG-Bedingungen ein Trend zur Fragmentierung der Behandlung sichtbar, weil ein finanzieller Anreiz besteht, aus längeren Krankenhausaufenthalten mehrere kurze zu machen. Gestützt auf die qualitativen Interviews halten die Autoren fest, dass nach der Einführung von DRG Abstriche bei patientenorientierten, ganzheitlichen Behandlungskonzepten gemacht werden müssen:

> „Indizien hierfür sind die mangelnde Berücksichtigung psychosozialer Belange der Patienten, die Vernachlässigung von Nebenerkrankungen, die Fragmentierung von Behandlungen sowie die Verkürzung der Liegezeiten und die damit verbundene Verlagerung von Behandlungen vom stationären in den nachstationären Bereich" [175, S. 18].

Dem Anreiz, aus mehreren Krankenhausaufenthalten mehrere kurze zu machen, wirken verschiedene Schutzbestimmungen entgegen. Gemäss den Regelungen der Fallzusammenführung muss zwischen den kurzen Aufenthalten eine gewisse Zeitdauer eingehalten werden, ansonsten werden die Fälle zusammengeführt [199]. Auch die Fallpauschalen-Verordnung (insbesondere die §§ 2 und 3), welche sich auf das Krankenhausfinanzierungsgesetz (§ 17b KHG) und das Krankenhausentgeltgesetz (§ 9 Abs. 1 Nrn. 1 bis 3 KHEntgG) stützt, kann einer Fragmentierung der Behandlung entgegenwirken [200].

5.6 Gerechtigkeit

5.6.1 Zugangsgerechtigkeit: Nichtdiskriminierender Zugang zur Gesundheitsversorgung

Befürchtet ein Krankenhaus, dass der Basispreis den zu erwartenden Behandlungsaufwand nicht oder nur unzureichend deckt, besteht die Gefahr, dass sich der Zugang zur akutstationären Versorgung für Patientengruppen mit chronischen oder schweren Erkrankungen verschlechtert. Mit anderen Worten: Bilden die DRGs den tatsächlichen Versorgungsaufwand der Patienten im Krankenhaus zu wenig genau ab, hat das Krankenhaus aus wirtschaftlichen Gründen ein geringes Interesse daran, diese Patienten zu behandeln, weil es mit ihnen finanzielle Verluste erleidet. *Müller et al* (2011) [201] haben in einer retrospektiven Studie über einen Zeitraum von 13 Jahren (1993 bis 2006) untersucht, ob im Rahmen der chirurgischen Behandlung die Begleiterkrankung eines Morbus Parkinson (MP) durch das DRG-System ausreichend gewürdigt wird. Den Schlussfolgerungen der Studie lässt sich entnehmen, dass die Behandlungserlöse von chirurgischen Patienten mit einer Nebendiagnose MP unter DRG-Bedingungen markant gesunken sind und sowohl das erhöhte Risikoprofil als auch die verlängerte Liegezeit dieser Patienten unter dem Aspekt der finanziellen Kompensation nicht mehr gewürdigt werden. Damit besteht die Gefahr, dass kostenintensive Parkinsonpatienten eher zurückhaltend aufgenommen werden könnten. Entsprechend erschwert sich ihr Zugang zu einer angemessenen Gesundheitsversorgung. Ohne Angleichung der Behandlungserlöse an den tatsächlichen Versorgungsaufwand besteht gemäss den Studienautoren das Risiko, dass diese Patientengruppe Behandlungsrestriktionen – unter ökonomischen Aspekten und ausserhalb von medizinischen Indikationen – ausgesetzt ist.

Ebenfalls bedenklich ist eine allfällige Diskriminierung von Patienten nach dem jeweiligen Kostenträger: Diesbezüglich hat die REDIA-Studie [202] aufgezeigt, dass Krankenkassen-Patienten weniger intensiv therapiert werden und auch kürzere Liegezeiten haben als Patienten der Rentenversicherung. D. h. die Länge der Reha-Behandlung und die Versorgungsleistung ist abhängig davon, wer die Kosten der Behandlung trägt.

5.6.2 Verteilungsgerechtigkeit: Faire Allokation von Gesundheitsleistungen

Mangelnde Abbildungsgenauigkeit kann, neben dem oben angeführten erschwerten Zugang zur Gesundheitsversorgung bestimmter Patientengruppen, auch zu Rationierung führen. *Strech et al* (2009) stellten im Rahmen einer repräsentativen bundesweiten Fragebogenstudie unter 1'137 Klinikern aus den Bereichen Intensivmedizin und Kardiologie fest, dass 77 % der Befragten den Patienten aus Kostengründen nützliche Massnahmen vorenthalten. 13 % dieser Gruppe berichteten, dies käme einmal pro Woche vor [203]. Mit Blick auf die Pflege führen *Braun et al* (2011) in ihrer Studie aus, dass die in den Abteilungen wahrgenommenen Formen der Rationierung von 2006 bis 2008 tendenziell zugenommen haben [204]. *Reifferscheid et al* (2014) [195] haben untersucht, inwieweit sich aus Sicht von leitenden Ärzten, Geschäftsführungen (GL) und Pflegedienstleitungen (PDL) der gegenwärtig hohe wirtschaftliche Druck im Krankenhaussektor auf den Umgang mit knappen Ressourcen und Ressourcenentscheidungen und ggf. auch auf die Patientenversorgung auswirkt. Die Forschergruppe stellte fest, dass der überwiegende Anteil der Berufsgruppen (82 % PDL, 70 % Chefärzte und 66 % GF) glaubt, dass die knappen Ressourcen sich negativ auf die Patientenversorgung auswirken. 21 % der Chefärzte gaben an, mindestens einmal monatlich „nützliche Leistungen" durch „günstigere" oder „weniger effektive" Massnahmen ersetzen zu müssen. 46 % der Chefärzte äusserten, dass sie Patienten im letzten halben Jahr eine medizinisch nützliche Leistung vorenthielten. Bei der Pflege gaben 70 % der PDL an, dass das Pflegepersonal „eher nicht" alle erforderlichen Pflegeleistungen durchführen kann. 9 % der PDL sehen eine ausreichende Versorgung als „überhaupt nicht" gewährleistet an. Die Studienautoren gehen davon aus, dass die Gründe für diese Aussagen massgeblich auf gekürzte Personalressourcen und die verfügbare Zeit des Personals zurückzuführen sind. Die Studie von *Reifferscheid et al* hat auch aufgezeigt, dass Rationierung in allen Fachabteilungen verbreitet ist und sich nicht auf Hochkostenbereiche (Intensivmedizin und Kardiologie) beschränkt. Ferner wurde festgestellt, dass es in Einrichtungen, die in einem Krankenhausverbund zusammengeschlossen sind, in grossen Krankenhäusern und in Fachabteilungen, die über eine bessere ärztliche Personalbesetzung oder technische Ausstattung verfügen, seltener zu Rationierung kommt.

5.6.3 Transparenz

Damit knapper werdende Gesundheitsleistungen in einem System fair verteilt werden können, braucht es Transparenz. Transparenz unter anderem in Bezug auf die Frage, wer darüber entscheidet, welche Behandlungsleistung ein Patient in welchem Umfang und zu welchem Zeitpunkt erhält. Der Entscheid über die Zuteilung einer Leistung muss demnach klar und offen formuliert und für den Patienten verständlich und nachvollziehbar sein. Erklärtes Ziel des schweizerischen Gesetzgebers im Rahmen der 3. KVG-Revision (Spitalfinanzierung) war es, durch die neu einzuführende Leistungsfinanzierung (= Finanzierung der erbrachten Leistung und nicht des Objekts (= Spitals)) mehr Transparenz und eine Steigerung der Effizienz zu erreichen. Zur Gewährleistung dieser Transparenz und zur gesamtschweizerischen Vergleichbarkeit musste die Vergütungsform einheitlich geregelt werden, was ein einheitliches Klassifizierungssystem erforderte. Entsprechend wurde ein gesamtschweizerisch einheitliches Tarifsystem (SwissDRG) eingeführt. Weil bei der Leistungsfinanzierung die erbrachte Leistung tarifiert wird, steht das Preis-Leistungs-Verhältnis im Vordergrund. Die leistungsbezogene Pauschale ist der „Preis“, der dem Krankenhaus für die erbrachte Leistung vergütet wird. Damit sind die Gesamtmittel des Spitals durch die abgerechneten Fallpauschalen begrenzt. Dennoch hat das Krankenhaus die Möglichkeit, innerhalb dieser Gesamtmittel einen internen Mittelausgleich zwischen Patienten mit hohem Ressourcenverbrauch und Patienten mit tiefem Ressourcenverbrauch vorzunehmen. Im Falle einer starken Zunahme von sehr ressourcenintensiven Patienten besteht die Gefahr, dass diese – ökonomisch gesehen – nicht mehr durch weniger ressourcenintensive Patienten aufgewogen werden können und dadurch ein Kostendruck auf die Spitäler mit dieser Patientengruppe entsteht. Dieser Kostendruck kann zu Leistungseinschränkungen führen. Wird dieser Entscheid für allfällige Leistungseinschränkungen ohne transparente Grundlage im Krankenhaus von der Makro- auf die Mikroebene (zum Beispiel auf die Ärzte) verlagert, können implizite Formen von Leistungseinschränkungen entstehen, weil das Tarifsystem SwissDRG nicht explizit festlegt, welche Behandlungsmassnahmen im Einzelfall durchzuführen sind. Oder anders formuliert, durch das Tarifsystem SwissDRG kann nicht gesteuert werden, wie das Spital den entstandenen Kostendruck im Einzelfall umsetzt. Die Fallpauschale kann den durchaus positiven Anreiz setzen, auf unnötige Diagnostik und Therapien zu verzichten zwecks Erhöhung der Wirtschaftlichkeit der Spitalversorgung. Zur Gefahr für eine angemessene Patientenversorgung wird der Kostendruck dann, wenn er statt zur gewünschten Rationalisierung zu einer Rationierung führt, d. h. wenn den Patienten Massnahmen mit einem Nutzengewinn vorenthalten bleiben. Dadurch kann insbesondere die Mikroebene (Ärzte, Pflege) stark belastet werden. Ob diese in der Schweiz vor Einführung von SwissDRG insbesondere von der Ärzteschaft geäusserte Besorgnis in Deutschland nach Einführung von G-DRG tatsächlich eingetreten ist, haben u. a. *Marckmann & Strech* (2009) untersucht und dabei festgestellt, dass die Ärzteschaft durch Zuteilungsentscheide ohne allgemein verbindliche Kriterien belastet ist [117, 205, 423, 424]. Gestützt auf eine qualitative

Interviewstudie mit Klinikern aus der Kardiologie und der Intensivmedizin ergab sich, dass die betroffenen Ärzte sich explizite Verfahren wie beispielsweise kostensensible Leitlinien, die eine Entscheidungsunterstützung zwecks expliziter Begründung Kosten-Nutzen-Abwägungen wünschen u. a. deshalb, weil die Ärzteschaft explizite Verfahren aufgrund ihrer *höheren Transparenz* der Entscheidungsfindung im Einzelfall vorzieht [206, 207].

5.6.4 Legitimität

Das Kriterium der Legitimität soll sicherstellen, dass die Entscheidung über die Einführung einer neuen Tarifstruktur von einer dafür legitimierten Institution erfolgt, (Systemebene) und auf der Einzelfallebene analysieren, ob das neue Tarifsystem in der Schweiz (SwissDRG) oder in Deutschland (G-DRG) verteilungsethisch relevante Entscheide produziert. Verteilungsethisch relevant wäre, wenn es zum Beispiel DRGs gibt, die vom Kostengewicht her zu niedrig kalkuliert sind und damit für die Spitäler die Versorgung dieses Patientenguts aus finanzieller Sicht unattraktiv ist. Im Krankenhausalltag kann dies dazu führen, dass die Klinik beginnt, die Patientenströme bewusst zu steuern, um zu verhindern, dass sie zu viele Patienten in den nicht lukrativen DRGs behandeln muss. In der Schweiz bestand vor Einführung von SwissDRG die Befürchtung, dass Spitäler „Risikoselektionen" vornehmen, d. h. vermehrt und rascher Risiken wie beispielsweise ressourcenintensive Patienten in andere Spitäler verlegen. Die Legitimität auf der Systemebene wurde in der Schweiz nicht thematisiert. Ob sich die Besorgnis in der Schweiz, das neue Tarifsystem produziere verteilungsethisch problematische Entscheidungen, in Deutschland bestätigt hat, zeigen die nachfolgenden Ausführungen.

In der deutschen Literatur wurde als einer der Fehlanreize nach Einführung von G-DRG die Unterdeckung bestimmter Fallkonstellationen und Leistungen im Preissystem mit der damit einhergehenden Gefahr einer Risikoselektion thematisiert. *Kühn & Simon* (2001) fanden in einer qualitativen Studie zu den Auswirkungen prospektiver Vergütungssysteme bereits in den 1990er-Jahren Belege für eine Risikoselektion, d. h. die selektive Aufnahme oder Verlegung von Patienten mit überdurchschnittlich hohen Behandlungskosten [208]. Mit der Einführung von G-DRG wurde befürchtet, dass sich diese Gefahr verschärft. Die Ergebnisse einer qualitativen Studie von *Buhr & Klinke* (2006) bestätigten diese Besorgnis zum Beispiel bei Patienten, bei denen nur Diagnostik durchzuführen ist. Diese Patienten wurden nach der Einführung von G-DRG eher in den ambulanten Bereich verwiesen, weil diagnostische Massnahmen im Fallpauschalensystem unzureichend abgebildet sind und damit ein Verlustgeschäft für das Krankenhaus darstellen [175, S. 16]. *Hammann* (2007) zeigte auf, dass lediglich 8,9 % der komplexen endoskopischen Leistungen in einem Krankenhaus der Maximalversorgung einer prozedural orientierten DRG zugeordnet werden konnten, was einen direkten Einfluss auf das Entgelt hat. Die Folgen unzureichender Abbildung endoskopischer Leistungen wurden damit nach Einführung von G-DRG eher noch verstärkt: Obwohl die Anzahl der im DRG-System unberücksichtigten endoskopischen Leistungen dramatisch anstieg, kam es in 82,5 % der Fälle trotz erbrachter Prozedur zu keiner Erhöhung des Entgelts, womit aus Sicht der Autorin eine erhebliche Gefahr negativer Leistungsanreize mit nachteiligen Einflüssen auf die Versorgung verbunden ist [209–212]. *Qvick, Buehren & Woltmann* (2012) [213] untersuchten, inwiefern sich die Einführung von G-DRG auf die Erlösstruktur einer Unfallklinik auswirkt und welche Patienten- und Verletzungsstrukturen sich unter der neuen Tarifstruktur ökonomisch besonders günstig bzw. ungünstig darstellen. Sie kamen dabei zum Schluss, dass lediglich 47,8 % aller schwerstverletzten Patienten entsprechend ihrer Verletzungsschwere im DRG-System abgebildet sind und die Einführung des G-DRG-Systems zu einer zusätzlichen Verschlechterung der Vergütung polytraumatisierter Patienten geführt hat. Spiegelt sich die Schwere der Verletzung nicht im G-DRG-System wider, besteht nach Ansicht der Autoren die Gefahr einer Selektion des Patientenguts unter betriebswirtschaftlichen Gesichtspunkten.

5.7 Effizienz/Wirtschaftlichkeit

5.7.1 Mengenausweitung

In der Schweiz wurde vor Einführung von SwissDRG befürchtet, dass durch die neu leistungsorientierte Entschädigung für die Spitäler der Fehlanreiz entsteht, möglichst viele Fälle abzurechnen und diese möglichst effizient zu behandeln, was zu medizinisch nicht indizierten Behandlungen, zu stationären statt ambulanten Behandlungen und gegebenenfalls zu verfrühten Spitalentlassungen, welche Rehospitalisationen erfordern, führen könnte [149, 214]. In Deutschland sind die Fallzahlen in den letzten Jahren kontinuierlich angestiegen. Über die Gründe für den Anstieg wurde in den letzten Jahren heftig debattiert und insbesondere die Frage aufgeworfen, inwieweit der Fallzahlanstieg durch anbieterinduzierte Effekte bedingt ist, wobei diesbezüglich vor allem ökonomische Motive im Mittelpunkt standen, die nach Ansicht der Kritiker eine Mengenausweitung für die Krankenhäuser finanziell attraktiv machen würden. Ein Gutachten des Rheinisch-Westfälischen Instituts für Wirtschaftsforschung Essen (RWI) aus dem Jahr 2012 zeigt jährliche Steigerungsraten von durchschnittlich 2 % auf. Diese relativ hohen Raten lassen sich nach Ansicht der Autoren nicht einzig durch die demographische Entwicklung erklären, sondern sind auch das Ergebnis „fehlgeleiteter und fehlender finanzieller Anreize von Leistungserbringern und Versicherten" [215]. Vor diesem Hintergrund hat die Deutsche Krankenhausgesellschaft (DKG) das Deutsche Krankenhausinstitut (DKI) beauftragt, Einflussfaktoren dieser Fallzahlenanstiege zu analysieren und dabei explizit zu evaluieren, ob und inwieweit andere als ökonomische Faktoren die Mengenentwicklung beeinflussen oder regulieren. Die Untersuchung zeigte, dass die Mengenausweitung hauptsächlich demografisch und medizinisch bedingt ist [216]. Es besteht demnach Einigkeit über die in den letzten Jahren in Deutschland stattfindende Mengenausweitung nach der Einführung von G-DRG, nicht hingegen in Bezug auf die Gründe dieser Ausweitung. Eine aktuelle Studie von *Reifferscheid et al* (2014) [195] hat die Thematik einer in Deutschland möglicherweise durch ökonomische Anreize begründeten Überversorgung aufgenommen und Chefärzte in unterschiedlichen Fachabteilungen danach gefragt, ob sie glauben, dass die wirtschaftlichen Rahmenbedingungen in ihrem Fachgebiet zu überhöhten Eingriffszahlen führen. Den Studienergebnissen lässt sich entnehmen, dass 39 % der Chefärzte tendenziell der Ansicht waren, wirtschaftliche Gründe führten zu nicht erforderlichen Eingriffen. Insbesondere in den Bereichen Kardiologie (25 %) und Unfallchirurgie bzw. Orthopädie (20 %) werden aus ökonomischen Gründen nicht erforderliche Leistungen erbracht. Im Vergleich dazu sind es bei der Gynäkologie bzw. der Inneren Medizin acht bzw. zehn Prozent.

5.7.2 Minderversorgung

Mit Einführung der Fallpauschalen bestand in der Schweiz die Befürchtung, dass Patienten aufgrund von Fehlanreizen der Gefahr einer Minderversorgung ausgesetzt werden, beispielsweise wenn sie eine aufwändige Behandlung benötigen und einzig aus Kostengründen vom stationären in das ambulante Setting verlegt werden und dort keine dem Gesundheitszustand angemessene Behandlung erfahren [90]. Mittels eines multizentrischen und prospektiven Studiendesigns untersuchten *Von Eiff et al* (2011) [202] von 2003 bis 2009 [217] die Sektor übergreifenden Auswirkungen des G-DRG-Systems auf die Qualität und die Kosten in Rehabilitationseinrichtungen. Sie stellten u. a. eine Verschlechterung des Patientenzustands zu Reha-Beginn [218] bei gleichzeitiger Verkürzung der Reha-Verweildauer fest. Die Therapieziele der Rehabilitation konnten gegen Ende des Untersuchungszeitraums (2008/2009) einzig noch mit einem erhöhten Behandlungsaufwand erreicht werden. Dieser medizinische, pflegerische und therapeutische Mehraufwand wurde von den Rehakliniken trotz sinkender Vergütung (noch) kompensiert. Durch eine zusätzliche Verdichtung der Leistungsprozesse sehen die Autoren der Studie indes die medizinische Qualität gefährdet.

5.7.3 Erlösmaximierung

Im Fallpauschalen-System spielt die möglichst genaue und vollständige Dokumentation der Behandlung eine grosse Rolle, weil dem Krankenhaus einzig derjenige Aufwand vergütet wird, der auch dokumentiert ist. Der Qualität der Kodierung kommt dementsprechend eine Schlüsselrolle zur wirtschaftlichen Absicherung der Krankenhäuser zu. Eine mangelhafte Dokumentation, welche die Basis für die Kodierung bildet, kann zu einer Verzerrung aufwändig behandelter Fälle führen, woraus sich finanzielle Verluste für das Krankenhaus ergeben, weil scheinbar wenig aufwändigen Fällen ein hoher Ressourcenverbrauch gegenübersteht [219–221]. Die DRG-Arbeitsgruppe der Chirurgischen Universitätsklinik Heidelberg verglich im Mai 2002 die Auswirkungen von maximaler und geringer Dokumentationstiefe klinischer Patientendaten auf das Ertragsvolumen einer chirurgischen Klinik nach Einführung des DRG-basierten Entgeltsystems: In etwa 34 % der untersuchten Klinik-Fälle wurde der kalkulierte Ertrag durch eine verbesserte und professionalisierte Dokumentation der Diagnosen massgeblich gesteigert. Als Konsequenz dieser Ergebnisse wurde eine spezielle Stelle für das abteilungsinterne DRG-Controlling geschaffen. Die Jahresauswertung für die Daten aus dem Jahr 2004 zur Effizienz dieses DRG-Controlling-Ansatzes zeigten die realisierten Erlösverbesserungen durch korrekte und vollständige Dokumentation und Verschlüsselung noch deutlicher: Bei einem Umsatzvolumen von rund 30 Millionen Euro für die stationären Fälle der Abteilung konnten damit etwa 4,7 Millionen Euro durch die Arbeit des internen DRG-Controllings gesichert werden [222].

Um möglichst hohe Erlöse zu erwirtschaften, könnte ein Krankenhaus bestrebt sein, Patienten systematisch und bewusst in höher bewertete Fallgruppen einzuordnen als es dem tatsächlichen Behandlungsverlauf entspricht. Dieses sogenannte Upcoding ist in Patientenklassifikationssystemen nicht unbekannt: Im Rahmen einer systematischen Literaturrecherche untersuchten *Luengen & Lauterbach* (2000) das Ausmass von Upcoding in Deutschland und stellten fest, dass die Kosten für stationäre Leistungen in Deutschland durch Upcoding um etwa 1 % zunahmen. Nach vier bis fünf Jahren war dann eine Abnahme zu erkennen [223, 224]. *Abler et al* (2011) verglichen im Rahmen ihrer retrospektiven Studie die Verteilung der VLBW (Very Low Birth Weight Infants = sehr tiefes Geburtsgewicht von Neugeborenen) in den Jahren vor und nach der DRG-Implementierung mit dem Ziel, eine Aussage über die Verteilung der sehr tiefen Gewichte in Bezug auf die Einführung von G-DRG zu machen. Über den Zeitraum von 1999–2001 und 2004–2006 wurden insgesamt 11'943 Neugeborene mit einem Geburtsgewicht unter 1500 g in die Studie aufgenommen. Die Studienergebnisse wiesen nach, dass zwischen der DRG-Implementierung und den VLBW-Fallzahlen in den Jahren vor beziehungsweise nach DRG-Einführung eine Abhängigkeit besteht: Eine signifikante Veränderung der VLBW-Verteilung ergab sich insbesondere um die 1500 g-und die 1000 g-Grenze [225]. Einen möglichen Grund für die Veränderung in der Verteilung der VLBW-Zahlen nach der DRG-Implementierung sehen die Studienautoren in der im Jahr 2004 gültigen Gruppierung nach Geburtsgewicht. Diese wurden einzig in fünf DRG-Kategorien eingeteilt: bis 1000 g, bis 1500 g, bis 2000 g, bis 2500 g und über 2500 g Geburtsgewicht. Entsprechend gab es für die Einteilung der VLBW nur die 1000 g-und 1500 g-Stufen [226]. Studien in Norwegen und Schweden zeigten ähnliche Tendenzen. Norwegen führte DRG im Jahr 1997 ein und *Hansen* (2005) beobachtete nach dessen Implementierung eine Zunahme von Diagnosen, welche vor Einführung der DRG nur selten gestellt wurden. Der veränderte Gebrauch bestimmter Diagnosekategorien lässt sich nach Ansicht von Hansen nicht durch biologisch natürliche Veränderungen, sondern eher durch Taktik erklären [227]. Schweden führte DRG Anfang der 1990er-Jahre ein und *Serdén et al* (2003) [228] stellten fest, dass Krankenhäuser mit DRG-Implementierung im Jahr 2000 mit ihren Nebendiagnosen um etwa 50 % höher lagen als

Häuser ohne DRG-System, wobei zu beachten ist, dass andere Ursachen, welche für die Zunahme der Nebendiagnosen verantwortlich sein könnten, in dieser Studie nicht untersucht wurden.

5.8 Fazit

Die Einführung von G-DRG in Deutschland hat unterschiedliche Auswirkungen auf die Qualität und den Zugang zur Versorgung, die Verteilung der vorhandenen Ressourcen und die Effizienz/Wirtschaftlichkeit in der Gesundheitsversorgung. Da G-DRG einen wirtschaftlichen Anreiz zur Fallkostenreduzierung setzen kann und die Krankenhäuser eine entsprechende Senkung auf verschiedene Arten (effizienter Ressourceneinsatz, Leistungsverlagerung in den ambulanten Sektor) erreichen können, wurde im Rahmen der G-DRG-Begleitforschung u. a. die Veränderung der Verweildauer untersucht. Verschiedene Studien bestätigten die Verkürzung der Verweildauer, nicht hingegen eine zu frühe Verlegung von Patienten in instabilem Gesundheitszustand („blutige Entlassungen“) oder eine Verschlechterung der unmittelbaren Qualität der Patientenversorgung durch die Einführung von G-DRG. Allerdings wurden auch die Erwartungen des Bundesgesundheitsministeriums hinsichtlich einer mittelfristigen Qualitätsverbesserung nicht erreicht. Die Frage, ob sich durch Veränderungen in der Pflege wie beispielsweise Arbeitsverdichtung und/oder Personalabbau nach Einführung von G-DRG auch eine Veränderung der Versorgungsqualität ergeben hat, muss mit ja beantwortet werden. Die empirischen Ergebnisse zeigten auf, dass die Arbeitsverdichtung und die Arbeitsbelastung der Pflegekräfte, bedingt durch Personalabbau, Verbesserung der Prozessqualität und erhöhter Dokumentationspflicht seit den 1990er-Jahren zunehmen, wobei die Einführung von G-DRG zu einer zusätzlichen Verstärkung und Beschleunigung dieses Prozesses beigetragen hat. Ebenfalls beobachtet wurde eine teilweise Verschlechterung von Pflegestandards und eine sinkende Arbeitszufriedenheit. Von Pflegekräften und Ärzten wurden insbesondere die *fehlenden Zeitressourcen* für eine *adäquate psychosoziale Betreuung* der Patienten beklagt. Nach Einführung von G-DRG mussten zudem Abstriche in Bezug auf patientenorientierte, ganzheitliche Behandlungskonzepte gemacht werden.

Die Analyse zur Zugangs- und Verteilungsgerechtigkeit nach Einführung von G-DRG hat ergeben, dass in Deutschland seit der Einführung von G-DRG die Gefahr besteht, dass die Krankenhäuser kostenintensive Patienten (z. B. Parkinsonpatienten) eher zurückhaltend aufnehmen, entsprechend erschwert sich für diese Patientengruppe der Zugang zur Gesundheitsversorgung. Diese Patienten sind dem Risiko von Behandlungsrestriktionen unter ökonomischen Aspekten und ausserhalb von medizinischen Indikationen ausgesetzt. Die Unterdeckung bestimmter Fallkonstellationen mit der damit einhergehenden Gefahr einer Risikoselektion wurde in Deutschland bei Patienten bestätigt, bei denen nur Diagnostik durchzuführen war. Diese Patienten wurden nach der Einführung von G-DRG eher in den ambulanten Bereich verwiesen, weil diagnostische Massnahmen im Fallpauschalensystem unzureichend abgebildet sind und sie damit ein Verlustgeschäft für das Krankenhaus darstellen. Eine Studie kam zum Schluss, dass die Einführung des G-DRG-Systems zu einer zusätzlichen Verschlechterung der Vergütung polytraumatisierter Patienten geführt hat.

Ausserordentlich bedenklich ist auch die festgestellte Diskriminierung von Patienten nach dem jeweiligen Kostenträger: Krankenkassen-Patienten werden weniger intensiv therapiert und haben kürzere Liegezeiten als Patienten der Rentenversicherung. D. h. die Länge der Reha-Behandlung und die Versorgungsleistung ist abhängig davon, wer die Kosten der Behandlung trägt.

Bei der Pflege nehmen die in den Abteilungen wahrgenommenen Formen der Rationierung von 2006 bis 2008 tendenziell zu und es können eher nicht alle erforderlichen Pflegeleistungen durchgeführt werden. Nahezu jede zehnte Pflegedienstleitung sieht eine ausreichende Versorgung sogar als überhaupt nicht gewährleistet an.

Die Ärzteschaft enthält den Patienten aus Kostengründen teilweise nützliche Massnahmen vor oder ersetzt nützliche Leistungen durch günstigere oder weniger effektive. Sie ist belastet durch Zuteilungsentscheide ohne allgemein verbindliche Kriterien und wünscht sich aus Transparenzgründen explizite Verfahren wie beispielsweise kostensensible Leitlinien, die als Entscheidungsunterstützung zwecks Begründung der Kosten-Nutzen-Abwägungen dienen.

Mit Blick auf das Kriterium der Effizienz/Wirtschaftlichkeit kann zusammenfassend festgehalten werden, dass die Fallzahlen in Deutschland in den letzten Jahren kontinuierlich angestiegen sind (jährliche Steigerungsraten von durchschnittlich 2 %). Diese relativ hohen Raten lassen sich nicht einzig durch die demographische Entwicklung erklären, sondern sind auch das Ergebnis fehlgeleiteter und fehlender finanzieller Anreize von Leistungserbringern und Versicherten. Studien und Gutachten bestätigen eine Mengenausweitung nach der Einführung von G-DRG, über die Gründe dieser Ausweitung wird aber heftig debattiert. Die in der Schweiz befürchtete Minderversorgung der Patientinnen und Patienten nach Einführung von DRG wurde in Deutschland zumindest noch nicht bestätigt, insbesondere deshalb, weil der medizinische, pflegerische und therapeutische Mehraufwand, der dadurch entsteht, dass die Patienten nach Einführung von G-DRG in einem verschlechterten Zustand in die Rehabilitation eintreten, derzeit von den Rehakliniken trotz sinkender Vergütung kompensiert wird. Es besteht allerdings die Gefahr, dass bei einer zusätzlichen Verdichtung der Leistungsprozesse die medizinische Qualität leidet. Erlösmaximierung durch Upcoding wurde in Deutschland vor und nach Einführung von G-DRG bestätigt: Im Rahmen einer retrospektiven Studie wurde beispielsweise die Verteilung der VLBW in den Jahren vor und nach der DRG-Implementierung verglichen mit dem Ziel, eine Aussage über die Verteilung der sehr tiefen Geburtsgewichte in Bezug auf die Einführung von G-DRG zu machen. Es wurde festgestellt, dass zwischen der DRG-Implementierung und den VLBW-Fallzahlen in den Jahren vor beziehungsweise nach DRG-Einführung eine Abhängigkeit besteht. Studien in anderen europäischen Ländern (Norwegen, Schweden) zeigten nach Einführung von DRG ähnliche Tendenzen: Eine Zunahme von Diagnosen, welche vor Einführung der DRG nur selten gestellt wurden, oder massiv mehr Nebendiagnosen in Häusern mit DRG-System.

6 Chancen und Risiken der Einführung von SwissDRG

6.1 Einleitung

Im Rahmen der Bewertung werden die in Tabelle 4.1 (S. 24) erarbeiteten Kriterien zu den Auswirkungen von SwissDRG auf die Zielpopulation angewendet: Welche konkreten Chancen und Risiken sind mit der Einführung von SwissDRG verbunden? Welche konkreten Auswirkungen hat die Einführung von SwissDRG auf die Patienten und insbesondere auf die besonders verletzlichen (vulnerablen) Patientengruppen? Dazu haben *Leu, Gächter & Elger* [229] ein Jahr nach Einführung von SwissDRG in einem ersten Überblick die Haltung von Spitalexpertinnen und Experten zu den stattfindenden Veränderungen nach der Einführung von SwissDRG beschrieben. Dabei stand die Frage im Zentrum, ob der Systemwechsel bereits auf die Handlungsweisen und Haltungen der Befragten zurückwirkt und ob sich 365 Tage nach Einführung von SwissDRG gewisse Tendenzen erkennen lassen. Um dieser Frage nachzugehen, wurden im Zeitraum Februar bis August 2012 43 Spitalexpertinnen und -experten in 24 Kantonen in der Schweiz interviewt [2]. Bei den Befragten wurde ein ausgeprägtes Bewusstsein darüber festgestellt, dass der Wechsel des Finanzierungssystems und insbesondere auch die Einführung von SwissDRG die Anreizstrukturen in verschiedenen Bereichen (Dauer des Spitalaufenthalts, Ressourcen und Produktivität, Kostenbewusstsein, Qualität, Transparenz) verändert haben. Obwohl grundlegende Haltungs- oder Verhaltensänderungen der befragten Verantwortungsträger ein Jahr nach Einführung von SwissDRG noch nicht festgestellt werden konnten, schärft die Einführung von SwissDRG das Kostenbewusstsein der Verantwortlichen im stationären Spitalbereich erheblich. Die Experten gehen zudem von einer weiteren Verkürzung der durchschnittlichen Spitalaufenthaltsdauer, einer zusätzlichen Optimierung der Prozessabläufe und einer Verbesserung der Schnittstellen zu vor- und nachgelagerten Leistungserbringern (Rehabilitationskliniken, Hausärzte, Spitex, Heime) aus.

Die Problematik, dass der wirtschaftliche Druck insbesondere auf vulnerable Patientengruppen negative Auswirkungen haben kann, wurde von den befragten Spitalverantwortlichen bewusst wahrgenommen und stellt einen ersten Schritt zur Gewährleistung einer fairen Mittelverteilung im Gesundheitswesen dar. Dieses bewusste Wahrnehmen alleine reicht jedoch nicht aus, besonders verletzliche Patientengruppen vor ethisch problematischen Auswirkungen von SwissDRG zu schützen. Es ist deshalb elementar, die Chancen und Risiken der neuen Tarifstruktur für akutstationäre Leistungen in der Schweiz im Detail zu kennen, um entsprechende Massnahmen zwecks Optimierung der SwissDRG-Struktur sowie zur Vermeidung negativer Auswirkungen wie beispielsweise eine allfällige Minderversorgung vulnerabler Patientengruppen zu ergreifen. Entsprechend evaluiert dieses Kapitel die konkreten Auswirkungen von

SwissDRG auf den Zugang zur Gesundheitsversorgung und die Versorgungsqualität der besonders verletzlichen Patientengruppen. Anschliessend werden in Kapitel 7 die vom schweizerischen Gesetzgeber gleichzeitig mit dem Tarifsystem SwissDRG eingeführten Schutzbestimmungen untersucht und es wird, gestützt auf die qualitativen Experteninterviews, geprüft, ob und wie diese in der Schweiz umgesetzt worden sind.

Die folgende Bewertung begründet die Kriterien insbesondere durch die Ergebnisse der qualitativen Experteninterviews, die kurz nach der Einführung von SwissDRG im Rahmen der DRG-Begleitforschung in der Schweiz durchgeführt wurden [2]. Im vorliegenden Kontext stellt sich die Frage, inwieweit die Einführung von SwissDRG gerechtigkeitsethisch problematische oder positive Konsequenzen für die besonders verletzlichen Patientengruppen hat? Aus ethischer Sicht positiv zu bewerten wäre es beispielsweise, wenn es durch die Einführung von SwissDRG gelingt, eine bedarfsgerechtere Versorgung umzusetzen. D. h. diejenigen Patienten, die einen höheren Bedarf haben, erhalten zumindest gleichwertigen Zugang zur Gesundheitsversorgung.

6.2 Vulnerable Patienten aus Sicht der Spitalexperten

Wer diese besonders verletzlichen Patienten aus Sicht der Spitalexperten in den Krankenhäusern in der Schweiz sind, wurde im Rahmen der Experteninterviews erhoben: Bei den besonders verletzlichen Patienten handelt es sich aus Sicht der Experten insbesondere um Patienten mit Mehrfacherkrankungen, sehr alte, chronisch kranke, demenzkranke Patienten, Personen mit sehr seltenen Krankheitsbildern, Patienten, die teure Medikamente benötigen, pflegeintensive Patienten, palliative Patienten, Patienten ohne Anschlusslösung (Heim, Reha, Spitex), Neugeborene, Kinder, Patienten mit Behinderungen, Alkohol- und Drogenkranke, HIV-infizierte Patienten, sozial Schwache, Gefangene, Obdachlose, Migranten, Asylbewerber, Personen ohne geregelten Aufenthaltsstatus (sans-papiers), Personen mit schlechtem Zugang zum schweizerischen Sozialversicherungssystem sowie Patienten mit fehlenden Sprachkenntnissen [230].

6.3 Qualität der Patientenversorgung

Da die Qualität in der medizinischen Versorgung nicht als Ganzes gemessen werden kann, werden in der Regel einzelne Qualitätsaspekte untersucht und ihre Ergebnisse gemeinsam beurteilt. Unterschieden wird dabei insbesondere zwischen Struktur-, Prozess- und Ergebnisqualität [231]. Durch geeignete Strukturen können Prozesse kontrolliert und gute Ergebnisse erzielt werden. Was im Spitalalltag unter diesen drei Elementen verstanden wird, wie die im Rahmen der DRG-Begleitforschung befragten Spitalexpertinnen und -experten [2] die Situation kurz nach Einführung von SwissDRG beurteilen und welche Schlüsse aus den ersten qualitativen Studienergebnissen in der Schweiz gezogen werden können, wird nachfolgend erläutert.

6.3.1 Strukturqualität

Die Strukturqualität bildet die Basis beziehungsweise das Fundament der Qualität. Das Krankenhaus definiert dazu als Grundvoraussetzung die Spitalphilosophie sowie als Teil davon die Qualitätsphilosophie. Eine hohe Strukturqualität bedeutet, dass geeignete Voraussetzungen vorhanden sind, um etwas nach den entsprechenden Vorgaben und in angemessener Qualität zu tun. In der medizinischen Versorgung sind typische Massnahmen zur Sicherung der Strukturqualität beispielsweise Ausbildungs- und Qualifikationsstandards sowie Mindestanforderungen an Spitäler, Arzneimittel und Behandlungsmethoden. Solche Anforderungen können sich auf die Einrichtung und Organisation von Arztpraxen und Kliniken, auf die apparative Ausstattung, die Weiterbildung der Mitarbeitenden oder die Dokumentations- und Finanzierungssysteme beziehen.

Auf die Frage, wie sich aus ihrer Sicht die Strukturqualität nach Einführung von SwissDRG verändert, haben die Spitalexperten ausgeführt, dass sich viele Spitäler nach Einführung von SwissDRG überlegen müssen, was sie anbieten wollen und ob sie über geeignete Strukturen verfügen um das, was sie wollen, auch tatsächlich anzubieten; es braucht Überlegungen dazu, wo die medizinischen Schwerpunkte gesetzt werden sollen und wo investiert wird (Interview 7). Die Veränderung der Strukturqualität hängt sehr von der Weiterentwicklung der DRGs ab. Wenn die Entschädigungen für spezialisierte und hochspezialisierte Eingriffe sich dahingehend entwickeln, dass es sich einzig noch lohnt, im hochspezialisierten Bereich tätig zu sein, wird die Spitallandschaft gemäss Experten in zwei bis drei Jahren Strukturanpassungen erleben (Interview 1). Solche Anpassungen beurteilen sie nicht grundsätzlich als schlecht, weisen aber darauf hin, dass die Strukturqualität sehr stark von politischen Auflagen gegenüber dem Spital gesteuert wird. Die Strukturqualität ist mit Investitionsfragen verbunden, da gibt es gemäss Experten durchaus die Befürchtung, dass durch die heute in der Politik vorherrschende Auffassung, ein Spital dürfe keinen Gewinn erzielen, das Problem der Investitionen und damit von zukünftigen Kosten auf die nächste Generation verlagert wird. Ist der Investitionszuschlag zu hoch, dann zahlt die heutige Gesellschaft zu viel, ist er zu niedrig, dann zahlt die zukünftige Gesellschaft „die Zeche“, weil dann die Infrastruktur verlottert (Interview 4).

6.3.2 Prozessqualität

Die Prozessqualität bildet das Bindeglied zwischen der Strukturqualität und der Ergebnisqualität und bezieht sich auf das Funktionieren von Abläufen: Wird das Richtige rechtzeitig und gut getan, liegt hohe Prozessqualität vor. Im Spital geht es insbesondere um die Qualität von Behandlungs- und Pflegeprozessen. Zur Erreichung hoher Prozessqualität wird vorausgesetzt, dass die diagnostischen und die therapeutischen

Massnahmen den anerkannten Regeln der medizinischen Wissenschaft und den Erfahrungen der ärztlichen Berufspraxis entsprechen. Zwecks Sicherung der Qualität müssen Prozesse laufend überprüft und gegebenenfalls angepasst werden. Dazu dienen die aus der Ergebnisqualität erhobenen Daten.

Die Spitalexpertinnen und -experten beurteilen SwissDRG als Chance für einen Qualitätssprung in Bezug auf die Prozessqualität, weil die Spitäler, wenn sie mit den begrenzten Mitteln zurechtkommen wollen, die Prozesse analysieren müssen. In den Vordergrund rückt, dass die Prozesse genauer, besser, präziser definiert werden (Interview 1). Standardisierte Patientenpfade erhöhen die Prozessqualität und die Patientensicherheit. Durch die Einführung von SwissDRG und die damit verbundenen kürzeren Aufenthaltsdauern im stationären Bereich müssen die Schnittstellen zu den Nachversorgern (Spitex, langzeitstationärer Versorgung, Rehakliniken) optimiert werden, Abläufe werden vereinfacht, es werden gegenseitig bessere Absprachen getroffen, potenzielle Störungen, die einen Prozess behindern können in Bezug auf einen optimalen Ablauf, werden gemessen, um entsprechende Rückmeldungen vornehmen zu können (Interview 2).

> „Bei diesem Tarifdruck werden wir versuchen diese unnötigen Tage zu reduzieren. Aber wir werden auch versuchen, dass der Übergang z. B. zwischen dem Spital und der Rehabilitation oder dem Pflegeheim so schnell wie möglich geschieht. Deshalb werden wir versuchen, den Prozess zu optimieren, sobald der Patient im Krankenhaus betreut wird bis er dann wieder zu Hause oder in einer anderen geeigneten Einrichtung ist“ (Interview 11).

Aus Sicht der Experten wird grundsätzlich fokussierter gehandelt und bezüglich der Diagnostik und der Therapie strukturierter vorgegangen. Weiter wird vermehrt geschaut, dass wichtige Daten am richtigen Ort für die richtige Person rasch und sicher verfügbar sind, dazu braucht es ein gut funktionierendes Klinikinformationssystem. Die Prozess- und Strukturqualität sind gemäss Experten eng miteinander verknüpft: Prozessqualität ohne Strukturqualität funktioniert nicht, die Spitäler brauchen eine angemessene Infrastrukturqualität, sei es baulich oder medizintechnisch. Verfügt ein Spital über einen alten Bettentrakt, kleine Zimmer, Etagenduschen und ist nicht rollstuhlgängig, behindert das die Prozessqualität, und das Krankenhaus benötigt zu viele Personalressourcen, was in der Folge den Prozess verteuert (Interview 40). Viele Experten führen aus, dass die Einführung von SwissDRG die Prozessqualität noch zusätzlich verbessert hat mit dem Ergebnis, dass auch die Behandlungsqualität eher noch besser wird (Interviews 5, 10, 18, 21).

> „Die Prozessqualität wird sich stark verbessern, weil wir gezwungen sein werden, daran zu arbeiten, da gibt es auch noch unendlich viel Potential, (...) was machen wir heute Untersuchungen, die nicht nötig wären, aber sie sind üblich, was warten wir heute X auf Y und das Resultat von dem und dem, tagtäglich in unserem Haus und ich behaupte in jedem Haus gibt es Abläufe, die besser hätten klappen können, nie wird es so sein, dass alle Abläufe perfekt klappen, aber den Anreiz, an den Abläufen zu arbeiten, der ist denke ich sicher gegeben durch unter anderem DRG“ (Interview 33).

6.3.3 Ergebnisqualität

Wird ein erreichbares Behandlungsziel auch tatsächlich erreicht, liegt hohe Ergebnisqualität vor. Damit ist die Ergebnisqualität der wichtigste Beurteilungsmassstab für eine medizinische Leistung. Die Ergebnisqualität bezieht sich auf den Gesundheitszustand, die Lebensqualität, das Befinden und Verhalten sowie die berufliche und soziale Reintegration nach Abschluss einer Therapie. Ebenfalls wesentliche Aspekte der medizinischen Ergebnisqualität bilden die Vermeidungen von Behandlungsfehlern, Komplikationen, Wiederholungseingriffen [232], Schmerzen und vorzeitigen Todesfällen. Die Patientenzufriedenheit und die Kosteneffektivität bilden überdies wichtige Qualitätsindikatoren mit Blick auf die Ergebnisqualität. Es ist wesentlich, die Ergebnisqualität zu messen, weil diese Daten zur Verbesserung der Prozesse verwendet werden. Zudem werden einzig durch das strukturierte Zusammenwirken der „Qualitäts-Trias" die Voraussetzungen für weitere Qualitätsverbesserungen geschaffen.

Die Spitalexpertinnen und Spitalexperten wurden ein halbes Jahr nach Einführung der neuen Tarifstruktur SwissDRG danach gefragt, welche Veränderungen sie mit Blick auf die Behandlungsqualität durch die Einführung der Fallpauschale erwarten. Die Studienergebnisse zeigen die Überzeugung der Spitalexperten, dass mit einer Verbesserung der Prozessqualität auch die Behandlungsqualität steigt.

> „Ich glaube gesamthaft wird die DRG Einführung zu einer Steigerung der Behandlungsqualität führen" (Interview 10). „Die Gefahr blutiger Entlassungen ist nicht gegeben, kein Spital kann es sich unter SwissDRG leisten, einen Patienten zu früh nach Hause zu schicken, weil alle Wiedereintritte innert 18 Tagen [233] unter die gleiche Fallpauschale fallen" (Interview 1). „DRG wird die Qualität steigern, die Transparenz wird erhöht, nur schon wenn ich sehe dass die Leistungsaufträge jetzt differenzierter verteilt werden, früher war es einfach Sache des Arztes, mach, was du Lust hast, jetzt muss er doch klar darlegen, ich kann das und das aus dem und dem Grund und mache das auch, und ich will das machen und wenn er das macht muss er sagen wie oft mache ich das, also da bin ich überzeugt, dass wird die Behandlungsqualität langfristig verbessern" (Interview 33).

Allerdings ist die Beurteilung, wie sich SwissDRG auf die Behandlungsqualität auswirkt, für einige Experten derzeit noch zu früh.

> „Es ist zu früh zu sagen, wie sich DRG auf die schlussendliche Behandlungsqualität, auf den Erfolg oder nicht Erfolg oder auf die Erwartungshaltung der Patienten wie aber auch der Ärzte und Pflegenden auswirken wird, da ist es noch ganz schwierig (...). Sicher ist, dass sich in unserem Spital in Bezug auf die Behandlungsqualität im Moment nichts geändert hat. Wir behandeln mit der gleichen, im positiven Sinn, mit der gleichen Qualität wie vor SwissDRG" (Interview 27).

Vereinzelt wurde die Befürchtung geäussert, dass die Behandlungsqualität sinkt, wenn die Spitäler immer weniger Mittel zur Verfügung haben.

> „Lohnkosten einsparen heisst mit weniger Personal arbeiten, was irgendwann aus Sicherheitsgründen nicht mehr möglich ist. Lohnsenkungen sind aus Sicht der Spitalexperten derzeit aufgrund des Personalmangels auch nicht zu diskutieren" (Interview 13).

Einzelne Kliniken verzichten seit Einführung von SwissDRG teilweise und mit steigender Tendenz auf Konsiliardienste wie Infektiologie oder Ernährungsberatung, weil das intern verrechnet wird.

> „Ob dieser Abbau der Interdisziplinarität die Behandlungsqualität verschlechtern wird, kann aus Sicht der Spitalexperten heute noch nicht beantwortet werden“ (Interview 22).

Bei der Ergebnisqualität sollte gemäss mehreren Experten vermehrt darauf fokussiert werden, was die Behandlung dem Patienten tatsächlich gebracht hat und Therapien, die wenig erfolgsversprechend sind, sollten weggelassen werden (Interview 7). Es ist zudem aus Expertensicht wichtig weiter zu beobachten, wie sich die Ergebnisqualität seit der Einführung von SwissDRG verändert.

> „Ein Indikator ist beispielsweise die Statistik der Wiedereintritte, d. h. wenn es bei den Patientenaustritten mehr Wiedereintritte gibt innerhalb der 18 Tage dann muss man ja eigentlich sagen, ist das negativ“ (Interview 22).

Die Messung der Behandlungsqualität beurteilen die Experten als große Herausforderung.

> „Heute haben wir nur wenige Werkzeuge, um die Behandlungsqualität zu messen. Alle sagen, Hilfe, die Fallpauschalen werden die Versorgungsqualität verringern und gleichzeitig, wenn ich frage, wie die das messen wollen, welche Indikatoren sie haben (…) im besten Fall haben wir eine Zweiterkrankungsquote, gut, Wiederaufnahmequoten versuchen wir gerade erst in den Krankenhäusern einzuführen und da haben wir grosse Schwierigkeiten. Die Quote unerwarteter Todesfälle, weil die Todesrate an sich sagt ja nichts aus, haben wir auch grosse Probleme die einzuführen. Und ich sag halt immer, solange wir es nicht schaffen das zu messen, können wir nicht mit Sicherheit sagen, ob die Fallpauschalen einen Einfluss haben oder nicht“ (Interview 16).

> „An diesen Gedanken müssen sich manche Kollegen noch gewöhnen, dass sie wie Piloten „gemonitort“ werden welche Qualität ihre persönliche Leistung hat im Verhältnis zur Qualität anderer Kollegen (…), bis hin zu der Tatsache, dass bestimmte Operateure ihre Operationen nicht mehr durchführen sollten, weil sie eine deutlich erhöhte, persönliche Rate an Komplikationen haben, nicht aufgrund von Einzelergebnissen, einmal gemessen und beurteilt und weg vom Fenster, so geht das nicht, aber nachdem man mit dem Kollegen gesprochen hat, ihm Nachschulungen anbietet, ihm assistiert und immer noch weiter eine hohe Komplikationsrate bei bestimmten Operationen existiert, dann muss die Frage erlaubt sein, ob es im Sinne der Patienten nicht zu einer Veränderung der Handlungen dieses Kollegen kommen muss“ (Interview 23). „Für die Behandlungsqualität haben wir die ANQ Messungen, heute misst sie Indikatoren wie Patientenzufriedenheit, Rehospitalisationen, Reoperationen, Infektionen, das machen wir schon relativ lange. SwissDRG sieht ja zum Beispiel vor, dass Rehospitalisationen, die innert 18 Tagen stattfinden unter dem gleichen Fall abgerechnet werden müssen. Auch das, ich denke das sind Massnahmen im Verbund mit der Einführung der Fallpauschale oder über das System selber die positiv auf die Behandlungsqualität wirken“ (Interview 31).

Grundsätzlich scheint das Thema Qualität mit der Einführung der neuen Tarifstruktur SwissDRG für die Patienten an Bedeutung gewonnen zu haben.

„Es ist in meiner Wahrnehmung noch nie so intensiv diskutiert worden wie jetzt, das heisst das Qualitätsbewusstsein ist grösser geworden, die Patienten wurden sensibler und das hat mit den Veränderungen im Umfeld zu tun, Patienten akzeptieren nicht mehr, dass sie quasi hilflos in Spitäler gehen und dankbar sind für die kleinste medizinische Leistung, sondern sie kommen mit Qualitätsansprüchen bei denen sie sagen, das muss erfüllt werden" (Interview 19).

6.3.4 Anreize durch die Anwendung von SwissDRG mit Blick auf die Patientenversorgung

Die Spitalexperten wurden kurz nach Einführung von SwissDRG im Jahr 2012 auch danach gefragt, ob aus ihrer Sicht Anreize in Zusammenhang mit der Anwendung von SwissDRG bestehen. Nachfolgend wird auf jene Anreize fokussiert, die in Zusammenhang mit Qualität genannt wurden.

6.3.5 Verhinderung von Komplikationen – Erhöhung der Qualität in der Patientenversorgung

Ein Anreiz in Zusammenhang mit der Anwendung der Fallpauschale liegt gemäss einem Spitalexperten im Wechsel von einer erlösorientierten zu einer patientenorientierten Anreizsituation: Es wird vom System her versucht zu verhindern, dass es zu Wiederaufnahmen kommt, d. h. Wiederaufnahmen innerhalb von 18 Tagen im gleichen Behandlungsfall werden zusammengeführt oder anders ausgedrückt, es wird nur ein Fall bezahlt. Zudem werden Komplikationen innerhalb eines Falles, die von einem Spital verursacht worden sind, wenn überhaupt, nur gering bezahlt, der Anreiz des Spitals liegt also darin, möglichst wenig Komplikationen zu verursachen (Interview 23).

6.3.6 Fokus auf eine Behandlung – Verlust der ganzheitlichen Betrachtung

Gemäss Experten besteht zudem der Anreiz, sich in der Behandlung auf das einzuschränken, wofür der Patient ins Spital eingetreten ist. Entdeckt der Arzt zusätzliche Diagnosen, wird der Patient noch einmal aufgeboten. Damit geht gemäss Experten die Sicht auf die ganzheitliche Betrachtung der Patientenbehandlung verloren. Verstärkt wird dieser Anreiz durch die gleichzeitig stattfindende Spezialisierung.

„Wenn ein Patient kommt, hat er das Recht auf Versorgung. Was sich mit DRG aber grundsätzlich geändert hat im Vergleich zu früher ist, dass wenn man früher im Rahmen einer Behandlung beispielsweise festgestellt hat, dass der Patient noch ein Herzproblem hat, wurde auch das Herz in derselben Hospitalisation mit untersucht. Das DRG-System ist so ausgelegt, dass es fokussiert auf eine Behandlung schaut. Heute wird es so sein, dass man das Herzproblem auch sieht, man wird es dem Patienten mitteilen und ihn neu aufbieten. Das birgt die Gefahr, dass man den Patienten nicht mehr ganzheitlich betrachtet, sondern nur noch fokussiert behandelt, und (...) das Problem, das wir haben, verschärft sich durch die Spezialisten. Jeder betrachtet nur sein Spezialgebiet und sieht die Gesamtheit nicht mehr, diese geht verloren" (Interview 30).

6.3.7 Raschere Diagnosestellung – Effizienzgewinn

Durch die Anwendung der Fallpauschalen besteht in der Medizin auch der Anreiz, schneller zu einer Diagnose zu kommen, d. h. auf unnötige Untersuchungen zugunsten des Patientenwohls zu verzichten, weil jede Untersuchung den Patienten auch gefährden kann. Genannt wurde das Beispiel eines Kindes mit Gehirnerschütterung.

> „Bei der Beurteilung der Frage, ob bei diesem Kind sofort ein CT gemacht wird oder ein normales Röntgenbild mit Überwachung des Kindes muss u. a. berücksichtigt werden, dass bei Kindern, die ein CT erhalten, sich die Wahrscheinlichkeit für einen Hirntumor verdoppelt. Entsprechend sollten die Spitäler nicht alles anbieten, was möglich ist, sondern was sinnvoll ist. Diese Reflexion wird gemäss Experten durch die Einführung der Fallpauschale gefördert" (Interview 30).

6.3.8 Fazit

Die Strukturqualität wird sehr stark von politischen Auflagen gegenüber dem Spital gesteuert und ist mit Investitionsfragen verbunden. Diesbezüglich gibt es durchaus die Befürchtung verschiedener Spitalexpertinnen und -experten in der Schweiz, dass durch die heute in der Politik vorherrschende Auffassung, ein Spital dürfe keinen Gewinn erzielen, das Problem der Investitionen und damit von zukünftigen Kosten auf die nächste Generation verlagert wird. Zudem hängt die Veränderung der Strukturqualität sehr von der Weiterentwicklung der DRGs ab. Sollten sich die Entschädigungen für spezialisierte und hochspezialisierte Eingriffe dahingehend entwickeln, dass es sich einzig noch lohnt, im hochspezialisierten Bereich tätig zu sein, wird die Spitallandschaft mittelfristig Strukturanpassungen erleben.

In Bezug auf die Prozessqualität wird SwissDRG als Chance für einen Qualitätssprung beurteilt, weil die Spitäler, wenn sie mit den begrenzten Mitteln zurechtkommen wollen, die Prozesse analysieren müssen. In den Vordergrund rückt, dass die Prozesse besser und präziser definiert werden. Durch die Einführung von SwissDRG und die damit verbundenen kürzeren Aufenthaltsdauern im stationären Bereich müssen ebenfalls die Schnittstellen zu den Nachversorgern (Hausärzte, Spitex, Rehakliniken und Heime) optimiert werden. Ausserdem sind die Prozess- und Strukturqualität eng miteinander verknüpft. Prozessqualität ohne Strukturqualität funktioniert nicht. Die Spitäler brauchen eine angemessene Infrastrukturqualität, sei es baulich oder medizintechnisch. Die Einführung von SwissDRG hat die Prozessqualität noch zusätzlich verbessert mit der möglichen Folge, dass auch die Behandlungsqualität tendenziell noch besser wird. Einzelne Kliniken verzichten seit Einführung von SwissDRG teilweise und mit steigender Tendenz auf Konsiliardienste wie Infektiologie oder Ernährungsberatung wegen interner Verrechnung. Ob dieser Abbau der Interdisziplinarität die Behandlungsqualität verschlechtern wird, kann zum heutigen Zeitpunkt noch nicht beantwortet werden. Massnahmen wie beispielsweise die 18-Tage-Regelung oder eine schnellere Diagnosestellung wurden als positive Anreize von SwissDRG wahrgenommen. Negativ hingegen wurde beurteilt, dass durch SwissDRG die ganzheitliche Betrachtung der Patientenbehandlung verloren geht und dieser Anreiz durch die gleichzeitig stattfindende Spezialisierung noch zusätzlich verstärkt wird.

6.4 Gerechtigkeit

6.4.1 Zugangsgerechtigkeit: Nichtdiskriminierender Zugang zur Gesundheitsversorgung [234]

Im Rahmen der DRG-Begleitforschung wurden die Spitalexpertinnen und -experten [2] in den qualitativen Interviews danach gefragt, wie der gerechte und angemessene Zugang besonders verletzlicher Patientengruppen [235] nach Einführung von SwissDRG sichergestellt wird und ob das Spital Massnahmen zum Gegensteuern gegen eine allfällige Minderversorgung von vulnerablen Gruppen ergriffen hat.

Die Frage des gerechten und angemessenen Zugangs vulnerabler Patientengruppen ist aus Expertensicht primär eine sozialpolitische, finanzpolitische oder gesundheitspolitische Frage, welche an sich die Politik definieren sollte, heute aber meist auf die Leistungserbringer und damit schlussendlich auf die Ärzte abgewälzt wird (Interview 2).

> „Der gerechte und angemessene Zugang wird sicherlich dadurch sicher gestellt, dass die Fallpauschale und die Kostengewichte so berechnet sind, dass auch solche Patienten in diesem System gerecht bezahlt werden. Es ist wahrscheinlich schon so, dass man an einem Patienten viel, viel mehr verdient als es gerecht wäre und dass man dann dieses Geld umverteilt für Patienten, die uns etwas kosten. Ich denke das muss so gehandhabt werden“ (Interview 38).

Insbesondere die Experten aus den öffentlichen Spitälern betonen ihren Auftrag, den Zugang und die Versorgung für alle Patientengruppen jederzeit sicherzustellen und nicht selektiv zu behandeln. Der Zugang ist einzig für Gefangene erschwert. Dies allerdings unabhängig vom Tarifsystem des Spitals, d. h. aus Sicht des Experten hat die Einführung von SwissDRG am erschwerten Zugang für diese Personengruppe nichts geändert. Der Grund liegt vielmehr darin, dass den Spitälern für diese Patientengruppe nur eine beschränkte Anzahl Zimmer zur Verfügung stehen, welche die sicherheitspolizeilichen Vorgaben erfüllen (Interview 9).

Von einem Experten wurde festgestellt:

> „Wir bewegen uns weg von diesem gerechten und angemessenen Zugang. Das Maximum haben wir meiner Meinung nach bereits überschritten. Es gibt da sehr viele Missbrauchsbereiche, Versicherer, die Möglichkeiten haben unattraktive Patienten von sich fernzuhalten oder sie administrativ etwas ungebührlich zu behandeln (....) das Faktum, dass Leute weniger Bildung und weniger Geld haben, führt automatisch dazu, dass dieser Zugang nach sozialer Schichtung, durch Wohnort (...) es gibt noch mehr Kriterien (...) unterschiedlich ist, und zunehmend unterschiedlicher

> wird. Ich halte die Diskussion um die Zweiklassenmedizin für extrem verlogen, wir haben seit Menschengedenken Zweiklassenmedizin. Das einzige, das man machen kann, ist das, was zur Erhaltung des Lebens oder zur Behandlung von Krankheiten beiträgt, dass das nicht zu tief sinkt für Leute mit dünnem Portemonnaie, es wird immer schlechter sein für die anderen. Wenn man das aus der Welt schaffen will, sind die Kosten dafür derart exorbitant, dass das wieder aus der Sicht der gesamtgesellschaftlich verantwortbaren Optimierung eben nicht geht" (Interview 3).

Angesprochen auf mögliche ergriffene Massnahmen des Krankenhauses zum Gegensteuern gegen eine allfällige Minderversorgung von vulnerablen Gruppen wurde von den Expertinnen und Experten ausgeführt:

> „Das Anstreben von Zertifizierungen wie beispielsweise „migrant friendly hospital" kann dazu beitragen, das Bewusstsein zu stärken, die Eintrittsschwelle im Spital tief zu halten" (Interview 10)

oder

> „Es gibt ein Projekt wo die Patienten gut versorgt werden und spezifisch rehabilitiert werden können, es gibt auch ein Projekt zusammen mit dem Kanton zur Umsetzung der Übergangspflege und dann gibt es die Zusammenarbeit mit einem anderen Spital, wo wir am überlegen sind, wie unsere Patienten im anderen Spital weiter behandelt werden können, weil dieses einen Leistungsauftrag für Akutgeriatrie und Palliativmedizin hat. Aber das ist am Anfang, im Moment gibt es noch sehr viele Patienten, die warten" (Interview 28).

Zentral für den gerechten und angemessenen Zugang vulnerabler Patientengruppen ist aus Expertensicht zudem die Vielfalt und die Niederschwelligkeit der Angebote (Interview 1).

6.4.2 Verteilungsgerechtigkeit: Faire Allokation der Gesundheitsleistungen

Der Begriff Rationierung im Gesundheitswesen hat sich in den letzten Jahren auch in der Schweiz häufig in intensiven Diskussionen wiedergefunden [236–241]. Im Rahmen der DRG-Begleitforschung Schweiz wurden die Spitalexpertinnen und -experten nach ihrem Verständnis von Rationierung gefragt. Und zusätzlich danach, inwieweit aus ihrer Sicht die Fallpauschalen mit Formen der Rationierung einhergehen. Von den Spitalexperten wird unter Rationierung ein limitierter Zugang zu medizinischen Leistungen verstanden:

> „Es gibt eine klassische Definition der Rationierung, die vor allem aus der Ökonomie herauskommt, wo man sagt, Rationierung ist ein Algorithmus für die Zuteilung von knappen Gütern, wenn der Preis diese Funktion nicht wahrnehmen kann (...). Ich verstehe darunter einen limitierten Zugang zu medizinischen Leistungen. Der Zugang zu medizinischen Leistungen wird bewusst oder unbewusst, künstlich oder wie auch immer begrenzt" (Interview 19).

6.4.3 Rationierung versus Rationalisierung

Viele der befragten Expertinnen und Experten unterscheiden bei der Frage zum Verständnis von Rationierung zwischen Rationalisierung und Rationierung. Soweit das Spital den Ablauf rund um die Patientenbehandlung so organisiert, dass diese qualitativ und von der Effizienz her optimal ist, wird rationalisiert, was aus Sicht der Befragten etwas Positives ist und zu den Aufgaben jeder Spitalführung gehört. Rationierung liegt dann vor, wenn dem Patienten aus irgendwelchen Gründen, beispielsweise wegen seines Alters, notwendige Verrichtungen und Behandlungen aus irgendwelchen Gründen, zum Beispiel aus Kostengründen, vorenthalten werden (Interview 4).

> „Es war nie möglich, alle mit allen verfügbaren Mitteln unbesehen irgendwelcher materieller Begrenzung behandeln zu können. Rationierung heisst für mich, dass irgendwelche Stellen, Behörden, politische Institutionen anhand irgendwelcher gesundheitsnaher Kriterien Entscheidungen treffen, dass bestimmte Leistungen bestimmten Patientengruppen vorenthalten sein sollen unabhängig von einer individuellen Behandlung durch den behandelnden Arzt oder unabhängig von einem zwischen dem Arzt und dem Patienten zu erzielenden Konsens, was noch sinnvoll ist und was nicht mehr sinnvoll ist in einer gegebenen Situation“ (Interview 10).

> „Ich sage bewusst rationalisieren, weil ich finde, wir sind noch lange nicht soweit, dass wir rationieren müssen. Und ich glaube, dass uns die Fallpauschale dabei auch helfen kann, dass wir nicht rationieren müssen, weil sie uns hilft, zu rationalisieren und unnötige Sachen, die gemacht worden sind, herauszunehmen“ (Interview 8).

6.4.4 Explizite und implizite Rationierung

Aus der Sicht der befragten Expertinnen und Experten muss zudem bei der Rationierung zwischen impliziter und expliziter Rationierung unterschieden werden. In der Schweiz existiert bislang mit Ausnahme von Einzelfällen beispielsweise bei sehr teuren, terminalen Behandlungen von Patienten in der Onkologie keine explizite Rationierung, „implizit haben wir Rationierung in der Schweiz, das ist ganz klar, wir haben sie in einzelnen Spitälern aufgrund von Kapazitätsengpässen, es gibt immer wieder Situationen, dass IPS-Stationen überlastet sind und die Grenze zwischen IPS-Bedürftigkeit oder Nichtbedürftigkeit ist fliessend. Und wenn man voll ist, dann ist die Pflege nicht so gut (...)“ (Interview 3).

6.4.5 Rationierung über Einsparungen beim nicht-universitären Spitalpersonal

Wie oben in Abschnitt 4.6.2 ausgeführt sind seit 1.1.2012 die Kosten der beruflichen Aus- und Weiterbildung der nicht-universitären Berufe Teil der Fallpauschale und werden nicht mehr durch Steuergelder der Kantone finanziert. Es wurde befürchtet, dass die Spitäler dadurch aus Kostengründen weniger in die Ausbildung des Personals investieren oder weniger Personal auf den Stationen einsetzen. Diese Besorgnis wurde in den Interviews teilweise bestätigt. Der heute bestehende Kostendruck kann aus Expertensicht dazu führen, weniger Personal auszubilden oder das Personal weniger gut auszubilden, wodurch das Risiko impliziter Rationierung begünstigt wird.

> „Wir denken auch, dass wir mit anderen Kräften, mit billigeren Kräften (...) jetzt sagen wir es einmal (...) die Arbeit auch erledigt werden kann und dadurch sollten auch noch Reserven möglich sein" (Interview 9).

> „Aber beim Personal, da könnten wir in einen Druck kommen, dass wir zu wenig qualifiziertes Personal haben, dass dadurch dann wahrscheinlich eine implizite Rationierung stattfindet" (Interview 29).

> „Wenn wir finanziell darauf legen müssen, dann werden wir gezwungen mit diesem Kostendruck die Ausbildung herunter zu fahren. Die Ausbildung muss sich lohnen im Sinne von wir sollten nicht darauf legen müssen als Spital" (Interview 5).

> „Wenn aber der Kanton sich jetzt aus der Zusatzfinanzierung der nicht-ärztlichen Ausbildung – zu der er nicht verpflichtet ist, weil sie eben über DRG finanziert wird – stark zurückzieht, werden wir mittelfristig unsere Ausbildungsbestände reduzieren müssen" (Interview 39).

Einige Experten führten aus, dass sie trotz der Änderung nicht weniger Personal ausbilden, teilweise sogar im Gegenteil. Dies ist bedingt einerseits durch die Gegenregulierung der Kantone, andererseits durch die Haltung der Spitalexperten, dass die Aus- und Weiterbildung grundsätzlich im Interesse jedes Unternehmens liegen muss (Interview 4). Obwohl ein Kostenfaktor, stärkt die Ausbildung die Qualität.

> „Ich denke im nicht-universitären Bereich passiert nichts, weil die meisten Kantone gegenregulieren, konkret in unserem Kanton, wir müssen sogar noch mehr ausbilden als vorher, und wir machen das auch, ansonsten müssen wir einen Penalty zahlen" (Interview 14).

> „Im Moment haben wir nichts geändert, weil wir sehen wollten, wie das System sich entwickelt und was für Tarife wir bekommen und ich glaube wir haben uns in den letzten fünf Jahren finanziell so ausgerichtet, dass diese Änderung mit Ruhe angegangen werden kann" (Interview 34).

> „Die Aus- und Weiterbildung ist ein Kostenfaktor, gleichzeitig stärkt sie aber auch die Qualität: Lehrlinge oder Assistenten haben ein Lehrbuchwissen, in einer OP fragen sie nach, wieso man dieses so und nicht anders macht. Das fehlt in Systemen, die keine Ausbildung haben, jene sind aber hocheffizient, finanziell gesehen. Und das ist das Problem, dass niemand die Aus- und Weiterbildung bezahlen will, langfristig ist da natürlich die Gefahr, dass wir keinen Nachwuchs mehr haben, wir haben auch jetzt gesehen, wir haben den deutschen Markt abgeschöpft, die ersten gehen wieder zurück, wir können nicht immer andere Länder für die Ausbildung bezahlen lassen, das ist ein Problem, dass das System noch nicht gelöst hat, und das ist natürlich etwas, das natürlich nicht kantonal, sondern das müsste national gelöst werden" (Interview 30).

6.4.6 Rationierung über den Preis

Die Frage, ob Fallpauschalen mit Formen von Rationierung einhergehen, wurde von den Expertinnen und Experten mehrheitlich dahingehend beantwortet, dass jede Änderung eines Tarifsystems zu einer Rationierung führen kann, unabhängig davon, ob das mit Fallpauschalen, mit Tagespauschalen, mit Globalbudgets oder mit anderen Finanzierungsinstrumenten geschieht. Die Tarifstruktur SwissDRG an sich hat keine Rationierung zur Folge, sicher aber die Preisdiskussion.

> „Durch den Preis kann rationiert werden, wenn ein Krankenhaus statt 10'000 lediglich 9'000 Franken pro DRG-Punkt erhält, dann muss es irgendwo sparen; vielleicht kann es primär rationalisieren soweit es noch möglich ist, das heisst ein paar Stellen weniger bei der Pflege, beim Reinigungspersonal, bei der Ärzteschaft und das kann schlussendlich Rationierung zur Folge haben" (Interview 27).

6.4.7 Rationierung infolge inadäquater Abbildung der tatsächlichen Behandlungskosten

In der Schweiz könnte die Fallpauschale aus Sicht mehrerer Experten zudem dann zu einer Rationierung führen, wenn die DRGs nicht adäquat die wirklichen Kosten reflektieren, welche für die Behandlung der Patienten notwendig sind.

> „Die DRGs sind nicht immer ausreichend, um die Patienten anhand der Kosten zu unterscheiden. Spitalinterne Analysen von orthopädischen DRGs haben gezeigt, dass innerhalb eines DRGs ganz unterschiedliche Problematiken bestehen. In einem speziellen DRG, der DRG Nummer 209 (Hüftprothesen und Knieprothesen) wurde festgestellt, dass dies zwei ganz unterschiedliche Patientengruppen sind, die kaum Gemeinsamkeiten haben. Auf der einen Seite sind es Patienten, die ein Knochenleiden haben, durchschnittlich alt sind, bei denen die OP elektiv ist, die eine künstliche Hüfte haben, die relativ überschaubare Aufenthaltsdauern und Kosten haben. Dann haben wir die andere Patientengruppe, die über die Notfallaufnahmen kommen, wo die Ursache ein Trauma ist, eine Fraktur, die nicht auf eine Knochenkrankheit zurück zu führen ist, keine elektive Operation, sondern eine Notoperation, es sind ältere Patienten, sie werden länger bleiben und auch höhere Kosten verursachen. Da kann man sich natürlich fragen: sollte es dafür nicht zwei DRGs geben? Die Tatsache, dass man eine Fraktur behandeln muss, bedeutet, dass man die Fraktur verkleinern muss, dass man nicht gleich operieren kann, dass man die Prothese nicht gleich einsetzen kann, was auch den Klinikaufenthalt verlängern wird. Kann das als ein und dieselbe Gruppe mit gleichem Ressourcenverbrauch gesehen werden?" (Interview 16).

6.4.8 Rationierung über Patientenverlegungen

> „Es ist sicher auch so, dass ein Spital, das die Möglichkeit zur Verlegung hat, versucht sein könnte unter DRG schwerere Fälle abzuschieben und wenn das mehrere machen und dieser Effekt noch kombiniert ist mit gezielter aber gut getarnter Risikoselektion durch die Versicherer, dann haben wir bestimmte Gruppen von Leuten die (...) nicht ethisch adäquat behandelt werden" (Interview 3).

Möglich ist gemäss Experten ebenfalls, dass die Spitäler nach Einführung von Swiss-DRG gewisse Fallgruppen abgeben, weil sie zu wenig Fälle in dieser Gruppe haben und so nicht effizient arbeiten können,

> „...was auch die politische Absicht des neuen Systems und keine Rationierung darstellt, weil die Eingriffe trotzdem durchgeführt werden, einfach an einem anderen Ort und/oder in einem anderen Setting, bspw. ambulant. Auch Angebote, die bislang in der Behandlung mitgelaufen sind wie zum Beispiel die Ernährungsberatung, werden aus finanziellen Gründen gestrichen. Die betroffenen Patienten werden dann bei Bedarf eher ambulant aufgeboten, aber nicht im Sinne der Rationierung, sondern es werden mit Einführung der DRG Behandlungen ambulant angeboten, die bis jetzt grosszügig stationär durchgeführt wurden“ (Interview 5).

6.4.9 Rationierung und Verantwortlichkeiten

Vereinzelt haben Experten ausgeführt, dass sie sich in ihren Entscheiden und mit ihrer Verantwortung alleingelassen fühlen. Es ist für sie wichtig, dass die Frage der Rationierung von den Leistungserbringern und den Versicherungen angesprochen und offen darüber diskutiert wird.

> „Was mir Sorgen macht ist die Makroebene. Dadurch, dass das Gesundheitswesen in der Schweiz so stark an die öffentliche Hand gebunden ist und die öffentliche Hand immer mehr sparen muss und die Kantone gleichzeitig Eigner der Spitäler sind, denke ich, die Rationierung wird vor allem darüber geführt. D. h. den Spitälern werden weniger Mittel zugesprochen. Und dann steht man automatisch vor dem Problem, was machen wir noch, wechseln wir die Leintücher noch jeden Tag oder nur noch jede Woche? Oder wir nehmen nur noch Herzschrittmacher die 14’000 Franken kosten und nicht mehr 19’000? Das könnte ich mir durchaus vorstellen, dass das ein Trend ist. Wir leiden ziemlich darunter, dass dieser Entscheid uns, der Spitalleitung überlassen wird, und wir jedes Jahr weniger zur Verfügung haben und schauen müssen, wie wir damit zurechtkommen. Die Ärzte bei uns sind weniger betroffen als die Spitalleitung, weil sie ihren Lohn fix haben, sie haben ihre Risikoabsicherung, es ist die Spitalleitung, die für die Finanzen verantwortlich ist, die es mehr trifft„ (Interview 21).

> „Die Frage für mich ist, wer diese Frage der Rationierung beantworten kann, oder wer entscheidet, es ist eine Frage, welche die Mediziner, die Krankenversicherung und die Spitäler auf den Tisch bringen sollten, das ist meine Meinung, aber die Antwort ist schwierig, vielleicht zu früh für die Schweiz, zuerst kommt die Rationalisierung und vielleicht später die Rationierung“ (Interview 26).

Für die Expertinnen und Experten braucht es in der Schweiz keine Rationierung der Gesundheitsleistungen, gefordert wird aber eine klarere Erfassung und Kontrolle der Behandlungsqualität. Die Frage, was eine Behandlung einem Patienten tatsächlich gebracht hat, muss in jedem Einzelfall beantwortet werden und auf Therapien, von denen bekannt ist, dass sie wenig Erfolg versprechend sind, soll verzichtet werden (Interview 7). Die Mehrheit der Experten führte aus, dass allfällige Rationierungsentscheide nur von Politik und Gesellschaft getroffen werden können. Es ist nicht die Aufgabe der Spitäler bzw. der Spitalleitungen und des Spitalpersonals, diese zu beantworten, es besteht aber der Wunsch, dass sich stellende Rationierungsfragen offen diskutiert werden, es braucht einen gesellschaftspolitischen Diskurs über die Setzung von Prioritäten im Gesundheitswesen.

6.4.10 Transparenz

Vor der Einführung von SwissDRG war die Vergütung von stationären Spitalbehandlungen in der Schweiz nicht einheitlich geregelt. Gleiche Leistungen wurden von den Krankenversicherungen je nach Kanton unterschiedlich vergütet und die Kantone leisteten gesetzlich geregelte Defizitdeckungen aus Steuergeldern. Die von den Krankenhäusern im Rahmen der Tarifverhandlungen unterbreiteten Unterlagen wiesen vor der Einführung leistungsbezogener Pauschalen die Kosten der Leistungen nach dem KVG vielfach nicht genügend transparent aus, was die Ermittlung der Betriebskosten erschwerte. Durch die Einführung von SwissDRG verspricht sich der Gesetzgeber eine erhöhte Transparenz im stationären Bereich und damit einhergehend eine bessere Erfassung der tatsächlichen Kosten und Verantwortlichkeiten [242]. Das Erreichen einer verbesserten Rechenschaftspflicht der Spitäler kann durchaus die Wirkung haben, allfällige Diskriminierungen, die durch die Umstellung der Vergütung auf SwissDRG entstehen können, besser zu erkennen. Die Prinzipien der Gerechtigkeit und des Nichtschadens verlangen auch nach der Einführung der Tarifstruktur SwissDRG eine angemessene Patientenversorgung ohne schädigende Einwirkung. Mit der Aufnahme oder Übernahme der Patienten verpflichten sich die Krankenhäuser, diese angemessen zu versorgen.

6.4.10.1 Grundsätzliche Bejahung der Transparenz

Grundsätzlich schafft das neue Tarifsystem gemäss mehreren befragten Spitalexpertinnen und -experten [2] eine höhere Transparenz.

> „Das DRG-System selber trägt dazu bei, Leistungen transparent zu machen und auch Preise von Leistungen vergleichen zu können, auch wenn es im Moment noch nicht gut funktioniert und damit auch Ineffizienzen transparent macht. Das ist sicher ein Punkt, der hilft, Sparentscheide politischer Art zu fällen, ein Stichwort ist die Schliessung von unrentablen, sehr kleinen Spitälern, und das ist sicherlich eine Möglichkeit, da über die DRG-Abrechnung Transparenz zu schaffen" (Interview 23).

Weiter führen sie aus:

> „Die Fallpauschalen schaffen mehr Transparenz und damit auch eine Gesprächsgrundlage zwischen Spitaldirektion und Ärzteschaft, ich spreche endlich mit den Ärzten einmal über dasselbe. Bis anhin habe ich mit den Ärzten über Kosten gesprochen, die in einer Kostenstelle gesammelt wurden und über die Gründe gesprochen, wenn sie über dem Budget waren. Die Ärzte konnten es auch nicht begründen und nachweisen und wir kommen hier in eine Diskussion, wo wir einmal

über dasselbe sprechen. Die Ärzte sprechen über kranke Personen mit gewissen Krankheitsphänomenen und wir sprechen darüber, was für Ressourcen dafür benötigt werden. Und dadurch sind uns auch, weil wir sie nach Kriterien bündeln, Vergleichsmöglichkeiten gegeben. Wir haben eine Diskussionsgrundlage, die Diskussion über die Kosten im Gesundheitswesen in den Spitälern, im stationären Bereich, erhält eine gewisse Transparenz (...) dann gibt es die Seite der Vergleichbarkeit und der Transparenz. Ich meine, das ist auch gewünscht, dass wir endlich einmal Transparenz darüber erhalten, was wir eigentlich gemacht haben. Auch im Vergleich mit anderen" (Interviews 9, 12, 33).

6.4.10.2 Verneinung der Transparenz bezüglich Vergleichbarkeit der Preise

Ob durch eine erhöhte Transparenz allerdings eine verbesserte Vergleichbarkeit in Bezug auf die Preise (Tarife) entsteht, ist aus Sicht mehrerer Experten fraglich. Deutlich wurde die Unzufriedenheit der Befragten insbesondere in Bezug auf die unterschiedliche Handhabung der Kantone in Bezug auf die Finanzierung von Investitionen und den Umgang mit den Kosten von Spitälern, die einen Notfall betreiben [243].

„Für den rein medizinischen Teil ist es eine Baserate, mit der wir soweit arbeiten können, aber die Infrastruktur ist nicht genügend abgedeckt, das fehlt noch, wir sind bis jetzt Immobilienmieterin, zur Zeit wird die Immobilienübertragung an uns diskutiert, und unsere Bauprojekte sind tatsächlich in einer Übergangsphase, ein Teil ist schon finanziert, wobei unser Spital die ganze Rohbaumieterin ist, mindestens 50 % aller Bauprojekte finanzieren wird und nur die Hülle stellt der Kanton zur Verfügung und wir mieten diese ja. Wir finanzieren weitestgehend die Infrastruktur schon heute selber, das heisst dieses Problem haben wir mit allen anderen Spitälern im Kanton auch, grosse Investitionen die anstehen, und das ist tatsächlich ein noch ungelöstes Problem, dass der Infrastrukturbeitrag, der von den Spitälern und in den Studien berechnet und kalkuliert wurde, der liegt bei etwa 15–16 % auf die DRG-Baserate, heute ist die Entschädigung nur 10 %, da gibt es einen Gap von 5 %. Aktuell ist die Diskussion so, dass wir hoffen, von 10 auf 11 % zu gehen und die politische Diskussion ist, dass nach der neuen Spitalfinanzierung die Kantone eigentlich nichts mehr subventionieren sollten.... Mir persönlich wäre es ein Anliegen, dass das möglichst – und das war auch das Ziel – dass die DRG in der Schweiz möglichst einheitlich gehandhabt wird, aber die Realität sieht im Moment anders aus, gewisse Kantone sind bereiter als andere, da in die Lücke zu springen und das führt natürlich wieder zu Wettbewerbsverzerrungen, die ich bedaure" (Interview 36).

„In unserem Kanton haben wir nicht genug Geld für Investitionen, die 10 % sind in den Betriebskosten und nicht für Investitionen, wir diskutieren derzeit mit dem Kanton, wie das weiter gehen soll, für 2012 gibt es keine Investitionen, das ist aber keine Lösung, ein Unternehmen muss in die Zukunft investieren, die Gebäude müssen saniert werden" (Interview 26).

„Zum Beispiel ist für mich dieses Konzept der Investitionen im Tarif eine wichtige Veränderung. Es heisst, dass heute die Krankenhäuser über die Investitionen langfristig überleben sollen. Jeder Kanton hat sein eigenes System, aber es heisst, dass heute die Investitionen in einer Höhe von 10 % des Tarifs finanziert sind, davon 45 % von Krankenversicherungen finanziert und 55 % vom Staat. Um dieses System machen wir uns Sorgen, weil wir nicht sicher sind, ob wir alle unsere Investitionen damit finanzieren können. Warum sage ich das? Weil es damit verbunden ist. In diesen Investitionen haben sie das, was für Ausstattungen vorgesehen ist – Geräte und das, was für Gebäude vorgesehen ist. Sie müssen ungefähr wissen, wie viel Sie für Ausstattungen und wie viel Sie für Gebäude ausgeben sollen. Hier in der Gegend, vielleicht haben Sie davon gehört, werden wir für die ganze Region fünf Krankenhäuser schliessen um nur noch ein einziges, ganz neu, zu bauen. Es ist eine grosse Investition von CHF 300 Millionen. Der Bau wird am Anfang des nächsten Jahres anfangen und in 2016 werden wir in das neue Krankenhaus einziehen. Jedoch müssen wir diese erhebliche Investition finanzieren, und mit 10 % von dem Tarif werden wir es nicht schaffen. Wir hätten es geschafft, wenn wir nur unsere bestehenden Gebäude in Stand zu halten hätten. Aber für den Bau von neuen Gebäuden reichen diese 10 % nicht. Dagegen, da wir alle an dem gleichen Ort sind, werden wir die Bewirtschaftungskosten einsparen. Und mit diesem Bewirtschaftungskostenunterschied werden wir die zusätzlichen Investitionskosten finanzieren. Aber prinzipiell erlaubt das KVG es nicht. Man darf nicht für Investitionen vom Bewirtschaftungsgeld nehmen, und umgekehrt. Gegenüber dieser Neuigkeit der Investition in dem Tarif sind wir also noch aufmerksam und vorsichtig. Wir werden sehen, wie es langfristig funktioniert“ (Interview 32).

„Herr Regierungsrat X. in Y. hat sich stark gemacht für die Marktwirtschaft, ist aber der erste gewesen, der dem Spital Z. 71 Millionen gegeben hat, finde ich gut, ich erhalte hier im Kanton X. aber nichts. In Y. zahlt die Regierung 150 Millionen dem Spital Z. nebendurch, alles unter dem Titel Wettbewerb, das ist es natürlich nicht, das sind die entscheidenden Punkte, man spricht immer von der Fallpauschale, 71 Millionen in Y., 150 Millionen in Z. und wir erhalten nichts“ (Interview 22).

„... es ist ein Kostennachteil für unser Spital in einem pauschal definierten System, indem die Notfallversorgungsleistungen nicht extra bezahlt werden, bspw. eine Schenkelhalsfraktur, die in einer orthopädischen Klinik versorgt wird, wird genauso bezahlt wie in einer Uniklinik oder in einem Zentrumsspital und die Kosten für die Notfallvorhaltung für die Uniklinik oder für ein Zentrumsspital sind deutlich höher als in orthopädischen Kliniken“ (Interview 23).

„Wir haben sehr viele Chef- und leitende Ärzte, weil wir viele Subspezialitäten haben, die es in anderen Spitälern nicht gibt. Bei uns sind das rund 96 Ärzte, bei einem anderen Spital ggf. nur 6 oder 7 und da ist die Frage, wie können Spitäler gleich teuer sein, wenn sie personell solche Unterschiede haben?“ (Interview 28).

„Oder Notfallstationen, welche die Privatspitäler betreiben, diese schliessen inoffiziell oder offiziell irgendwann, nehmen keine Patienten mehr auf respektive haben vielleicht noch eine Eingangspforte, aber es ist niemand mehr da und der Patient landet bei uns, auf dem Blatt haben sie immer noch 24 Stunden offen, aber es sind nicht wirklich 24 Stunden (...) das läuft so, gegen aussen suggeriert man natürlich ein ganz anderes System, 24 Stunden und weiss nicht was, aber in der Praxis hat man die Möglichkeiten, das anders lösen zu können. Das ist einfach eine Realität“ (Interview 2).

Aus Sicht der befragten Expertinnen und Experten ist es von grosser Bedeutung, dass die Kantone ihre Aufsichtsfunktionen wahrnehmen und entsprechende Kontrollinstrumente [244] einsetzen und deren Umsetzung kontrollieren, um zu verhindern, dass die Spitäler im Rahmen ihrer Versorgungsverpflichtung ungleichen Voraussetzungen unterliegen.

„Da wird wesentlich sein, wie der Kanton diese Aufsichtsfunktion wahrnimmt, er ist gefordert, weil er ja den Leistungsauftrag vergibt, dass verlässliche Kontrollinstrumente eingesetzt werden

> und gegebenenfalls auch durchsetzen, ich finde, man kann wenn man Gesetze macht und Leistungsaufträge vergibt und damit Bedingungen verknüpft, die nachher nicht kontrolliert werden, ob das auch eingehalten wird, da hat der Kanton eine grosse Aufgabe oder Pflicht im Sinne von einigermassen gleich langen Spiessen. Das ist die Erwartung an die Behörden, es würde mich aber als Fossil im Gesundheitswesen nicht überraschen, wenn alter Wein in neuen Schläuchen verkauft wird und man politisch nicht in der Lage ist, einem Spital bspw. den Leistungsauftrag zu entziehen, wenn er sich nicht an die Bedingungen hält, weil es ja dann um die Existenz geht, das braucht Mut und da bin ich gespannt, wie die Politik damit umgeht“ (Interview 17).

6.4.10.3 Transparenz als Beitrag zur Qualitätssicherung

Mehrere Experten führten aus, dass seit der Einführung der neuen Tarifstruktur die Qualität transparenter ist. Sowohl die erhöhte Transparenz als auch die Messungen werden von den Expertinnen grundsätzlich begrüsst. Dennoch bestehen derzeit noch Zweifel an der Vergleichbarkeit der Messungen.

> „Und ein weiterer Aspekt bei der Qualität ist die Transparenz, dass jetzt die zunehmend öfters gemessene Qualität transparenter ist seit Einführung von SwissDRG, das begrüsse ich im Grundsatz. Es ist einfach heute noch so, dass vieles im Bereich der Qualität nicht messbar ist und medizinisch ist es sehr komplex wenn es um den Vergleich geht. Messbar ist ja inzwischen vieles, aber schwer vergleichbar (...) einige der sogenannten Qualitätsindikatoren sind hinsichtlich ihrer Aussagekraft stark in der Diskussion. Wir stellen auch dort Transparenz her, wo es Zweifel an der Aussagekraft dieser Indikatoren gibt, z. B. bei den Mortalitätsraten (...) ich bin auch für mehr Transparenz, weil das am Schluss dem Patienten wieder hilft“ (Interview 17).

> „Tendenziell wie ich eingangs gesagt habe ist es ein Wechsel zu einer patientenorientierten Behandlung, einer ergebnisqualitätsorientierten Behandlung, und es ist zu vermuten, dass bei gleichen Ressourcen die Qualität steigen wird, durch Transparenz, durch ökonomische Steuerung von Qualität, auch der Wechsel in den Köpfen der Ärzte wird stattfinden dass der Patient mit seinem Wunsch nach Qualität in den Vordergrund rückt“ (Interview 23).

Aus Expertensicht hat die Transparenz dennoch ihre Grenze, nämlich dort, wo versucht wird

> „schlechte Zahlen unter dem Deckel zu halten, dann wird das intern eines Tages wahrgenommen und es wird auch extern eines Tages wahrgenommen. Und wenn wir den Mut haben uns dem Wettbewerb zu stellen und sagen, in einem Wettbewerb bin ich vielleicht nicht im vordersten Drittel, oder irgendwo auch schlechter als der Durchschnitt, dann verpflichten wir uns ja auch, daran zu arbeiten und uns hoffentlich zu verbessern und dann hoffentlich ein paar Jahre später sehen, dass uns das gelungen ist“ (Interview 19).

Die Steigerung des Wettbewerbs durch die erhöhte Transparenz beurteilen die Experten als positiven Anreiz der Fallpauschale.

> „Man kann jetzt genau schauen, weil das Klassifikationssystem in der ganzen Schweiz dasselbe ist, und dadurch ist der Ansporn, an seinen Prozessen zu arbeiten, schon grösser und Spitäler, die das nicht machen, werden es schwer haben“ (Interview 21).

6.4.11 Legitimität

Wie oben ausgeführt soll das Kriterium der Legitimität sicherstellen, dass die Entscheidung über die Einführung der neuen Tarifstruktur SwissDRG von einer dafür legitimierten Institution erfolgt (Systemebene), und auf Einzelfallebene analysieren, ob SwissDRG verteilungsethisch relevante Entscheide produziert. Verteilungsethisch relevant wäre, wenn es zum Beispiel DRGs gibt, die vom Kostengewicht her zu niedrig kalkuliert sind, und damit für die Spitäler die Versorgung dieses Patientenguts aus finanzieller Sicht unattraktiv ist. Im Krankenhausalltag kann dies dazu führen, dass die Klinik beginnt, die Patientenströme bewusst zu steuern, um zu verhindern, dass sie zu viele Patienten in den nicht lukrativen DRGs behandeln muss. In der Schweiz bestand vor Einführung von SwissDRG die Befürchtung, dass Spitäler „Risikoselektionen" vornehmen, d. h. Risiken (ressourcenintensive Patienten) in andere Spitäler verlegen. Die Legitimität auf der Systemebene wurde von den Interviewpartnern nicht thematisiert. Mehrfach angesprochen wurde jedoch die Thematik, dass das neue Tarifsystem SwissDRG transparenter und vergleichbarer ist, was positiv beurteilt wurde. Durch die höhere Transparenz und Vergleichbarkeit durch die Einführung von SwissDRG besteht aber auch ein gewisses Risiko, dort Ressourcen zu limitieren, wo SwissDRG die Aufwendungen nicht ideal abbildet. Hier greift das Krankenhaus aus wirtschaftlichen Gründen steuernd ein. Gut im Tarifsystem abgebildete Disziplinen werden gefördert bzw. andere vernachlässigt.

> „Es bleibt abzuwarten, wie gut, wie fair das DRG-System gelebt wird und ob diese Anpassungen dann wirklich nach betriebswirtschaftlichen Kriterien nachgeführt werden oder ob diese kompromittiert werden durch politische Interessen oder durch Finanzinteressen..." (Interviews 14, 36).

6.4.12 Vermehrte Risikoselektion durch gezielte Datenerhebung der Krankenversicherung

Gestützt auf das Krankenversicherungsgesetz muss das Spital der Krankenversicherung eine detaillierte und verständliche Rechnung erstellen. Das Krankenhaus muss der Krankenversicherung auch sämtliche Angaben mitteilen, die diese benötigt, um die Berechnung der Vergütung und die Wirtschaftlichkeit der Leistung überprüfen zu können (Art. 42 Abs. 3 KVG). Die Frage, welche Angaben dafür notwendig sind, wurde in Zusammenhang mit der Einführung von SwissDRG kontrovers diskutiert. Umstritten war die Frage der Zulässigkeit systematischer Datenlieferungen zwischen Spital und Krankenversicherung. Der Branchenverband der schweizerischen Krankenversicherer santésuisse verlangte eine systematische Datenlieferung, die Spitäler unterstützten diese Forderung nicht und begründeten dies mit dem Datenschutz [245].

Im Rahmen der qualitativen Interviews von Februar bis August 2012 wurden die Expertinnen und Experten danach gefragt, welche Daten vom Spital an die Krankenversicherer geliefert werden und ob in diesem Zusammenhang Besonderheiten zu berücksichtigen sind.

Die Mehrheit der Spitalexperten sparte im Frühling 2012 nicht mit Kritik am Vorgehen des Bundesrats und sie waren sich einig, dass heikle persönliche Daten einzig in die Hände der Vertrauensärzte der Krankenversicherer gehören, systematische Datenlieferungen lehnten sie ab.

„Also die Lieferung an den Vertrauensarzt hat uns nie Sorgen gemacht, das ist absolut ok, die Lieferung sonst aber ist ganz heikel, das finden wir weiterhin und wir machen sicher nichts, wozu wir keine Grundlage haben und bekanntlich bricht das Gesetz den Tarifvertrag und in den Tarifverträgen Dinge zu regeln, die keine gesetzliche Grundlage haben, gibt es für uns nicht, Punkt“ (Interview 1).

„Die Versicherungen sind der Auffassung, dass sie alles bekommen müssen, was ein No-go ist. Ich werde es dann relativ hart machen, d. h. die Auffassung ist, die Versicherung bekommt alles, ausser wenn der Patient etwas dagegen hat und dann bekommt es der Vertrauensarzt (...). Dieser Zirkus, in dem sich weder der Bundesrat, noch die Versicherungen, noch die Spitäler, noch die Datenschützer, noch das Parlament darüber geeinigt haben, ich lasse mich da nicht vor den Karren spannen und mache es pragmatisch, dann wird eben der Vertrauensarzt zugedeckt mit so viel Daten, dass er nicht mehr weiss wohin mit den Daten und dann sehen wir was passiert. Wenn das alle Spitäler machen, dann wird es dann sowieso spannend“ (Interview 4).

„Wir liefern das, was wir müssen. Und nicht mehr und nicht weniger. Es macht mir Sorgen, weil für ein vernünftiges Controlling bräuchten die Versicherer die Daten nicht und dass die Politik das nicht einsieht ist ein Armutszeugnis. Es ist wirklich so, sie bräuchten es nicht. Man kann sich auch mit Stichproben begnügen, man kann ja vereinbaren, dass jede zehnte Rechnung zu einer Stichprobe wird und dann würden sie alles genauso erkennen. Und Falschabrechnungen, Fehler gibt es immer wo Leute arbeiten, es kann einmal eine falsche Abrechnung hinausgehen, man kann ja solche Rechnungen plausibilisieren und sagen, diese ist nicht plausibel, retour, noch einmal schicken. Aber dass wir deshalb die ganzen Daten mitliefern müssen, das ist unverhältnismässig, und das ist blanker – ich sage dem – Voyeurismus. So, da gibt es nichts mehr dazu zu sagen, ich ärgere mich über die Politik, ich ärgere mich über ein Bundesamt, das Hand bietet zu solchen Datensammlungen, die dann garantiert nicht positiv benützt werden. Also garantiert nicht positiv gebraucht werden, und dass sich da das BAG nicht mehr der Ethik verbunden fühlt, Ethik gilt für alle, aber für das Bundesamt gilt sie nicht, können Sie diesen gerne mitteilen“ (Interview 9).

„Im Moment sind wir ja nur am Streiten, was zu liefern ist, wir liefern im Moment das Nötigste, gleich wie vorher, es hat sich für uns per 1. 1. 2012 nichts geändert. Der Verband der Spitäler H+ setzt sich stark dafür ein, dass wir nicht zu viele Daten liefern müssen“ (Interview 15).

„Wir schützen den Patienten, wenn er nicht will, geben wir keine Daten weiter. Der Patient gibt uns geheime, persönliche Daten weiter, die uns helfen, ihn korrekt zu behandeln. Diese Informationen haben wir in Zusammenhang mit seiner Behandlung. Wir wurden verschiedentlich von Krankenversicherern angegangen, entweder gebt ihr uns den ganzen Datensatz oder wir zahlen nicht mehr. Wir machen das nicht, haben aber gesagt, die Daten werden wie immer weiterzugeben und wir geben auf konkrete Fragen und Situationen dem Vertrauensarzt Auskünfte ... wir warten aber auf die Verordnung des Bundesrates. Wir schicken diese Daten ja dem BFS, den gleichen Datensatz schicken wir gemäss Gesetz an SwissDRG und was sonderbar ist, die Versicherer haben

Zugang zu allen diesen Daten, der Spitalverband H+ aber nicht, natürlich anonymisiert, aber mit ein wenig Fantasie kann man aufgrund der Grösse des Datensatzes wissen, wer der Patient ist, weil ja das Alter, die Herkunft, die Diagnose, die Nebendiagnose, Entlassung nach (an eine andere Institution) darauf steht" (Interview 18).

6.4.13 Fazit

Die Frage des gerechten und angemessenen Zugangs vulnerabler Patientengruppen ist aus Spitalexpertensicht primär eine sozial-, finanz- oder gesundheitspolitische Frage, welche an sich die Politik definieren sollte, heute aber meist auf die Leistungserbringer und damit schlussendlich unter anderem auf die Ärzte abgewälzt wird. Die Mehrheit der Experten führte aus, dass allfällige Rationierungsentscheide nur von Politik und Gesellschaft getroffen werden können. Es ist nicht die Aufgabe der Spitäler bzw. der Spitalleitungen und des Spitalpersonals, diese zu beantworten, es besteht aber der Wunsch, dass sich stellende Rationierungsfragen offen diskutiert werden. Dazu braucht es einen gesellschaftspolitischen Diskurs über die Setzung von Prioritäten im Gesundheitswesen.

Grundsätzlich schafft das neue Tarifsystem SwissDRG aus Spitalexpertensicht eine höhere Transparenz. Ein positiver Aspekt davon ist, dass zwischen Spitaldirektion und Ärzteschaft seit Einführung der Fallpauschale eine neue Gesprächsgrundlage besteht. Die Steigerung des Wettbewerbs durch die erhöhte Transparenz beurteilen die Experten ebenfalls als positiven Anreiz der Einführung von SwissDRG. Ob durch die höhere Transparenz allerdings eine verbesserte Vergleichbarkeit in Bezug auf die Preise entsteht, ist aus ihrer Sicht fraglich. Als problematisch beurteilt wird seitens der Expertinnen und Experten die Quersubventionierung von Spitalleistungen durch die Kantone. In Bezug auf die Tarife wünschen sie sich gleiche Rahmenbedingungen und eine Kontrolle der teilweise an die Leistungsaufträge geknüpften Bedingungen (z. B. Vorhalteleistungen).

Die Fallpauschale kann aus Expertensicht dabei helfen, dass die Spitäler nicht rationieren müssen, weil sie hilft, zu rationalisieren. Die Gefahr einer Rationierung in Schweizer Spitälern besteht dann, wenn die DRGs die tatsächlichen Kosten, die für die Behandlung der Patientinnen und Patienten notwendig sind, nicht adäquat abbilden.

6.5 Effizienz/Wirtschaftlichkeit

6.5.1 Mengenausweitung

In der Schweiz wurde vor Einführung von SwissDRG u. a. befürchtet, dass durch die neu leistungsorientierte Entschädigung für die Spitäler Anreize entstehen, möglichst viele Fälle abzurechnen. Dies wiederum kann zu medizinisch nicht indizierten Behandlungen, zu stationären statt ambulanten Behandlungen und gegebenenfalls zu verfrühten

Spitalentlassungen, welche Rehospitalisationen erfordern, führen. Befragt danach, wo aus Expertensicht Anreize in Zusammenhang mit der Einführung der Fallpauschale liegen, wurde bestätigt, dass ein zusätzlicher Anreiz in der Erhöhung der Produktivität liegt, d. h. die Menge an Patienten wird erhöht, um damit gegebenenfalls sinkende Basispreise zu kompensieren.

> „Anreiz ist sicher der, dass man heute tendenziell mit der Festlegung der Baserates realisiert, dass die Preise sinken und wenn man das kompensieren möchte, muss man mehr Fälle generieren, das ist ganz einfach, oder man muss an den Kostenstrukturen des Spitals arbeiten, aber es ist sicher momentan der erste Anreiz, mehr Fälle zu machen“ (Interview 13).

Die Anwendung der Fallpauschale setzt gemäss Experten auch unter einem anderen Aspekt einen Anreiz zu einer Mengenausweitung: Spitäler, die unter DRG gewisse Behandlungen nicht in genügender Menge und Qualität durchführen, können auch die wirtschaftliche Sicherstellung nicht garantieren, weil sich das Spital durch steigende Fixkosten auszeichnet (aufgrund von Regulierungen, Spezialisierungen und Personalmangel) und es diese hohen Fixkosten nur senken kann, wenn diese durch eine grosse Anzahl von Fällen dividiert werden können.

> „Diese hohen Fixkosten kann man nur herunterbringen, wenn man sie durch eine grosse Anzahl von Fällen dividieren kann und das ist der Schlüssel eines ökonomischen Systems wie das DRG, dass man einen grossen Fixkostenteiler braucht, d. h. eine entsprechende Menge“ (Interview 24).

Unter SwissDRG besteht ein Anreiz,

> „... möglichst viele Patienten zu haben (...) die Konkurrenz unter den Spitälern ist hoch, Patienten abweisen überlegt sich jedes Spital ein, zwei, dreimal, Patienten schlecht behandeln überlegt sich jedes Spital drei, viermal und ich glaube das ist im Moment in diesem Markt ein hervorragender Schutz für den Konsumenten, auch vulnerable Patienten, was immer dann solche sind, schlechter betreuen wird sich heute kaum ein Spital erlauben können solange wir willens sind, so viele Spitäler so gut zu finanzieren“ (Interview 33).

6.5.2 Minderversorgung

Benötigt ein Patient zum Beispiel aufgrund besonderer gesundheitsbedingter oder sozialer Faktoren eine längere oder aufwändigere Behandlung, kann das Spital einen wirtschaftlichen Nachteil aufgrund des längeren Verbleibs des Patienten erleiden. Möglicherweise verfügt das Spital über eine Patientenstruktur, die diesen Verlust auffangen kann: Viele jüngere Patienten mit medizinisch wenig komplexen Beschwerdebildern. Andernfalls stellt sich die Frage, wie das Spital mit dem Patienten, der einen längeren Aufenthalt benötigt, umgeht [230].

Es kann ein Anreiz bestehen, den Ressourcenverbrauch für diesen Patienten möglichst klein zu halten. Damit besteht auch die Gefahr, dass die Versorgung bestimmter Patientengruppen nicht mehr gewährleistet ist.

„Beispielsweise bei den Komplexfällen in der Akutgeriatrie, durchschnittliche Aufenthaltsdauer ist 28 Tage, haben wir festgestellt, dass wir nach der Kodierung von 500 Fällen diese Komplexbehandlungs-DRG nicht ansteuern können, das heisst, obwohl wir den CHOP, die frührehabilitative Komplexbehandlung durchführen (...) das ist ein grosses Problem, auch finanziell, wenn wir es nicht schaffen, diese Komplexpauschale anzusteuern, dann sieht es für uns schwierig aus und es kann sein dass die Versorgung dieser Patientengruppe nicht mehr gedeckt bzw. gesichert ist“ (Interview 21).

Die Gefahr einer Minderversorgung bestimmter Patientengruppen besteht nach Ansicht der Expertinnen und Experten ferner dann, wenn diese Gruppe schlecht tarifiert ist, das Spital gleichzeitig effizient arbeitet und dennoch Geld mit dieser Patientengruppe verliert. Aus unternehmerischer Sicht ist das Spital dann gezwungen, Überlegungen zu einer Reduktion dieses Angebots vorzunehmen.

(...) ich schliesse nicht aus, dass eine Einschränkung des Leistungsangebots pro Haus eine Tendenz ist, die mit der Einführung von DRG gekommen ist, man sieht das ja beim Kanton Y., da sind die Regionalspitäler jetzt ziemlich am Rotieren“ (Interview 39).

Es findet eine Abwägung statt, ob es ein Angebot ist, für welches eine medizinische Notwendigkeit besteht oder ob es ein Angebot ist, bei deren Abschaffung niemand leidet. Primär setzen sich die Spitalexperten dafür ein, dass schlecht tarifierte Patientengruppen adäquat entschädigt werden bevor erwogen wird, diese Patientengruppe nicht mehr zu behandeln. Es ist aber nicht ausgeschlossen, dass in der strategischen Entwicklung die Angebote, die interessant tarifiert sind, ausgebaut werden und jene, die Verlust bringend sind, reduziert oder schlussendlich gestrichen werden. Aus ethischer Verantwortung wird aber, im Wissen darum, dass die Prozesse eine gewisse Zeit brauchen, von voreiligen Schlüssen abgesehen. Es wird Korrekturen in der DRG-Struktur geben und die Politik wird auf jeden Fall reagieren, bevor es zu einem medizinischen Notstand bei den schlecht tarifierten Patientengruppen kommt (Interview 36).

6.5.3 Erlösmaximierung

In der Schweiz wurden durch die Einführung von SwissDRG unterschiedliche wirtschaftliche Aspekte befürchtet: Erlösmaximierung durch Falschkodierung; Abrechnung einer unbegründeten Leistung; medizinisch nicht angezeigtes Fallsplitting als Mittel, um künstlich höhere Fallzahlen zu erzeugen; Überkodierung durch Einführung zusätzlicher Nebendiagnosen; Vertauschen der Haupt- und Nebendiagnosen; Downcoding (durch die Wahl einer niedriger zu bewertenden DRG ist durch die Berücksichtigungsfähigkeit von Zusatzprozeduren ein Mehrerlös erreichbar). Die Expertinnen und Experten führten u. a. aus, dass sie heute den Dienstleistungskatalog sehr viel genauer analysieren als vor der Einführung von SwissDRG.

„Seit wir DRG haben, analysieren wir unseren Dienstleistungskatalog, wir nennen das Kodierzirkel, d. h. jemand aus der Kodierung versucht die Leistung kodiertechnisch möglichst gut abzubilden, da wird natürlich auch hinterfragt, und der Partner in der Klinik ist ein Kaderarzt und so werden die Leistungen definiert und dann wird wirklich auch ein bisschen geschaut, was ist das klügste, was man dort machen kann um diese Dynamik auch zu erkennen" (Interview 30).

Die Kontrollen durch die kantonalen Kodierrevisionen und die Krankenversicherungen sowie die erhöhte Transparenz in Bezug auf den Benchmark relativieren aus Sicht der Spitalexpertinnen und -experten freilich die Möglichkeit der Manipulation in der Kodierung.

„Ich glaube auch nicht, dass man Diagnosen, Behandlungen und Prozeduren erfindet, um einen möglichst hohen DRG zu erreichen. Das macht schon deshalb keinen Sinn, weil sie das ja belegen müssen und wenn ein Spital systematisch ein Upcoding vornimmt oder Falschinformationen (...) das kann sich kein Spital leisten. Wenn das in die Öffentlichkeit gelangen würde, wäre das Spital so am Pranger im jetzigen Umfeld, ich kann es mir schlichtweg nicht vorstellen. Aber vielleicht ist meine Vorstellungskraft auch zu klein" (Interview 8).

„Die Möglichkeit der Manipulation in der Kodierung hat man, das ist ganz klar, das nennt sich auch Upcoding, aber mit dieser Möglichkeit der Manipulation kann man ein Spital auch an den Abgrund bringen, weil es gibt Revisionen und die Krankenkasse, da bin ich überzeugt, die haben jetzt durch die Transparenz die Möglichkeit des Benchmarks, ich sage immer Ehrlichkeit währt am längsten, man muss wirklich ehrlich kodieren, so wie es wirklich gewesen ist, und (...) ich bin überzeugt (...) das wird Probleme geben in den Spitälern, wo das noch nicht so gelebt wird" (Interview 38).

6.5.4 Fazit

Ein Anreiz in Zusammenhang mit der Einführung von SwissDRG liegt gemäss Expertinnen und Experten in der Erhöhung der Produktivität zwecks wirtschaftlicher Sicherstellung des Spitalbetriebs. Dazu analysieren die Spitäler ihren Dienstleistungskatalog mit dem Ziel, die erbrachte Leistung kodiertechnisch möglichst gut abzubilden. Entsprechend wichtig ist für die Spitäler die Qualität der Kodierer bzw. der Kodierabteilung aus finanzieller Sicht. Gute Kodierqualität bedeutet freilich auch einen gewissen Schutz für die vulnerablen Patientengruppen, weil anhand von qualitativ hochstehenden Kodier-Daten festgestellt werden kann, ob eine Patientengruppe adäquat (genügend differenziert) im Tarifsystem abgebildet ist. Die Gefahr einer Minderversorgung bestimmter Patientengruppen besteht unter SwissDRG aus Expertensicht, wenn diese Gruppe schlecht tarifiert ist, das Spital gleichzeitig effizient arbeitet und dennoch Geld mit dieser Patientengruppe verliert. Erhöhte Transparenz in Bezug auf die Leistungsabrechnung sowie die Kontrollen durch Revisionen und Krankenversicherungen verringern die Möglichkeit von Kodier-Manipulationen.

7 Schutzbestimmungen

7.1 Einleitende Gedanken

In jeder Gesellschaft wird seit jeher versucht festzustellen, was der Mensch ist und was ihm zusteht. Die obigen Ausführungen haben aufgezeigt, dass durch die Einführung von SwissDRG die Gefahr einer Minderversorgung besonders verletzlicher Patientengruppen entstehen kann, nicht aber zwangsläufig dazu führen muss. Sie führt dann nicht dazu, wenn jene Faktoren, die systembedingt beispielsweise eine Minderversorgung vulnerabler Gruppen begünstigen oder deren Zugang zu einer adäquaten Gesundheitsversorgung erschweren, minimiert werden. In der Schweiz existiert heute ein neues Grundrechtsverständnis dahingehend, dass es unter anderem Aufgabe des Staates ist, seine Bürger zu schützen [246, 247]. Wie aber kann der Staat den Schutz der besonders verletzlichen Patientengruppen in der Schweiz garantieren und welche Möglichkeiten stehen ihm offen, um den genannten Personen den Zugang zu einer qualitativ angemessenen Gesundheitsversorgung auch nach Einführung der neuen Tarifstruktur SwissDRG zu gewährleisten? Gefragt ist nicht das abstrakte Aufzeigen von Handlungsmöglichkeiten, sondern vom Gesetzgeber eingeräumte Handlungsmöglichkeiten müssen in der Praxis real wahrgenommen und tatsächlich ausgeübt werden können.

7.2 Schutzbestimmungen mit Blick auf SwissDRG

Welche Veränderungen die Einführung von SwissDRG tatsächlich mit sich bringt, wird sich u. a. gestützt auf die Anordnungen des Bundesrats und der Kantone in den nächsten Jahren zeigen. Mit der Teilrevision des KVG zur Spitalfinanzierung (2007) verfolgte der Gesetzgeber neben der gemeinsamen Finanzierungsverantwortung der OKP durch Kantone und Krankenversicherungen (dual-fix) und der Optimierung der Ressourcennutzung durch die Einführung der Fallpauschalen insbesondere auch das Ziel, die Qualität der Versorgung zu gewährleisten [248]. Wie die obigen Ausführungen gezeigt haben, *fördert und fordert die neue Tarifstruktur SwissDRG die Schweizer Spitäler*. Sie unterstützt die Behandlungs-, Prozess- und Strukturqualität und fordert von den Krankenhäusern, sich diesbezüglich einen Wettbewerbsvorteil gegenüber den Mitbewerbern zu erarbeiten. Dennoch bestehen auch Befürchtungen: Ein Sinken der Versorgungsqualität bei knapper werdenden Ressourcen, ein erschwerter Zugang zur Versorgung für Patienten, die aufgrund besonderer gesundheitsbedingter oder sozialer Faktoren eine längere oder aufwändigere Behandlung benötigen oder eine vorzeitige Verlegung in nachstationäre Einrichtungen. Folglich stellt sich die Frage, welche Schutzbestimmungen der Schweizer Gesetzgeber explizit zur Abfederung allfälliger nachteiliger Folgen, die mit der Implementierung von SwissDRG einhergehen (können), eingeführt hat. Die nachfolgenden Ausführungen widmen sich der Beantwortung dieser Frage.

7.3 Schutzbestimmungen „Qualität der Patientenversorgung“

7.3.1 Aufgaben und Kompetenzen der Akteure im Qualitätsumfeld

Die Aufgaben und Kompetenzen im Rahmen der Qualitätssicherung in der schweizerischen Gesundheitsversorgung sind vielfältig, weshalb nachfolgend kurz dargestellt wird, wer in diesem Bereich welche Aufgaben und Kompetenzen hat und in welchen Bestimmungen des Krankenversicherungsgesetzes und der Krankenversicherungsverordnung diese geregelt sind [249].

Tab. 7.1. Aufgaben und Kompetenzen der Akteure im Qualitätsumfeld.

Wer	Was	Wo geregelt
Bund	Sicherstellung oder Wiederherstellung und Festsetzen von Qualitätsmassnahmen	Art. 58 Abs. 3 KVG i. V. m. Art. 77 KVV
	Wissenschaftliche Kontrollen zur Qualitätssicherung	Art. 58 Abs. 1 KVG
	Veröffentlichung von Daten	Art. 22*a* KVG
	Anordnung von Betriebsvergleichen in Zusammenarbeit mit den Kantonen	Art. 31 KVV
	Aufsicht über Krankenversicherer	Art. 21 KVG
Kantone	Gesundheitspolizeiliche Aufsicht	
	Zulassungskriterien für die Vergabe von Betriebsbewilligungen und Leistungsaufträgen	Art. 35 ff. KVG
	Anforderungen an Spitalplanung	Art. 39 KVG
	Genehmigung kantonaler Tarifverträge	Art. 46 Abs. 4 KVG
Krankenversicherung	Sanktionen gegen Leistungserbringer wenn Qualitätsanforderungen nicht eingehalten werden	Art. 59 KVG
Leistungserbringer	Bekanntgabe von Daten über Qualität	Art. 22*a* KVG

7.3.2 Angemessenes Qualitätssicherungssystem (Art. 58 KVG i. V. m. Art. 77 KVV)

Der Befürchtung, dass mit der Einführung der neuen Tarifstruktur SwissDRG und der damit beabsichtigten Kostendämmung eine Verschlechterung der Qualität in der Patientenversorgung einhergeht, wollte der Gesetzgeber mit Massnahmen der Qualitätssicherung begegnen. Art. 58 KVG gibt dem Bundesrat die Möglichkeit, systematische wissenschaftliche Kontrollen zur Sicherung der Qualität durchzuführen oder zu veranlassen [250]. Die Durchführung dieser Kontrollen kann er den Berufsverbänden oder anderen Einrichtungen übertragen. Dabei regelt der Bundesrat, mit welchen Massnahmen die Qualität zu sichern oder wiederherzustellen ist: Er kann insbesondere vorsehen, dass vor der Durchführung bestimmter, namentlich besonders kostspieliger Diagnose- oder Behandlungsverfahren die Zustimmung des Vertrauensarztes oder der Vertrauensärztin eingeholt wird oder dass besonders kostspielige oder schwierige Untersuchungen oder Behandlungen von der obligatorischen Krankenpflegeversicherung nur vergütet werden, wenn sie von dafür qualifizierten Leistungserbringern durchgeführt werden. Weiter erteilt Art. 58 KVG dem Bundesrat die Kompetenz zur Regelung von Qualitätssicherungsmassnahmen. Von dieser Regelungskompetenz hat der Bundesrat Gebrauch gemacht und die Leistungserbringer damit beauftragt, Qualitätskonzepte und Programme zu erarbeiten und die Modalitäten und deren Durchführung in Tarif- oder spezifischen Qualitätssicherungsverträgen mit den Versicherern zu vereinbaren (Art. 58 KVG i. V. m. Art. 77 KVV).

7.3.3 Mindestfallzahlen (Art. 58*b* Abs. 5 lit. c KVV)

Im Rahmen der Versorgungsplanung müssen die Kantone neben der Wirtschaftlichkeit auch die Qualität der Leistungserbringung überprüfen. Bei der Prüfung der Qualität sind von den Kantonen gemäss Krankenversicherungsverordnung insbesondere auch die Mindestfallzahlen im Spitalbereich sowie die Nutzung von Synergien zu beachten (Art. 58*b* Abs. 5 lit. c KVV). Die Mindestfallzahlen sind ein Kriterium für die Erteilung eines Leistungsauftrags von einem Kanton an ein Spital und dienen der Qualitätssicherung. Ein vertiefter Blick in die generellen und die leistungsspezifischen Anforderungen an die Spitäler zur Aufnahme auf die Spitalliste zeigt, dass die Kantone bemüht sind, die Umsetzung des revidierten Krankenversicherungsgesetzes voranzutreiben. Der Kanton Zürich beispielsweise hat dazu im Mai 2011 das neue Spitalplanungs- und Finanzierungsgesetz (SPFG) verabschiedet, welches am 1. Januar 2012 in Kraft getreten ist. Dem SPFG lässt sich entnehmen, dass betreffend den generellen Anforderungen zur Aufnahme auf die Spitalliste neben der Aufnahmepflicht für alle Zürcher Patienten (unabhängig vom Versicherungsstatus), der Aus- und Weiterbildung, der Wirtschaftlichkeitsprüfung und der Erreichbarkeit insbesondere auch generelle Qualitätsanforderungen wie beispielsweise ein Qualitätssicherungskonzept, ein CIRS (Critical Incident Reporting System), ein Hygienekonzept und die Teilnahme an etablierten Qualitätsmessungen [251] gehören. Zu den leistungsspezifischen Anforderungen zählen der Facharzt (spezifischer Facharzt, oft auch Belegarzt möglich), die Erreichbarkeit (drei Erreichbarkeiten je nach Dringlichkeit der Behandlungen), die Notfallstation, die Intensivstation, die verknüpften Leistungen (d. h. medizinisch eng verknüpfte Leistungen müssen am selben Standort erbracht werden; teilweise auch in Kooperation möglich), das Tumorboard sowie die Mindestfallzahlen [252].

Die in Art. 58*b* Abs. 5 lit. c KVV festgelegten und in den kantonalen Spitalplanungsgesetzen näher umschriebenen Mindestfallzahlen im Spitalbereich und die damit einhergehende Leistungskonzentration können zu einer Verbesserung der Qualität in der medizinischen Versorgung führen, weil damit gewährleistet ist, dass die auf der Spitalliste zugelassenen Spitäler jährlich eine festgelegte Mindestfallzahl in den einzelnen, beantragten Leistungsgruppen erreichen müssen, was in der Regel zu mehr Routine und weniger Komplikationen und damit insbesondere zu besserer Qualität in der Patientenversorgung führt. Auf der anderen Seite kann mehr Routine auch zu einer steigenden Fehlerzahl und damit zu einer Reduktion der Qualität führen, weshalb es in Zusammenhang mit den Mindestfallzahlen regelmässige Evaluationen braucht [253–263]. Die Notwendigkeit von Evaluationen [264–267] bestätigt auch eine aktuelle Studie der deutschen Forschungsgruppe *De Cruppeé et al* (2014) der Universität Witten/Herdecke, die überprüft hat, ob die Krankenhäuser die Mindestmengenvorgaben für bestimmte Operationen in den Jahren 2004 bis 2010 eingehalten haben. Seit 2004 gelten in Deutschland Mindestmengenvorgaben für fünf stationäre operative Eingriffe, seit 2005 für sechs und seit 2010 für zwei weitere Operationen. Der Gemeinsame Bundesausschuss (G-BA) setzte die Aufforderung des Gesetzgebers um und legte u. a. Mindestmengen für die jeweiligen Leistungen je Arzt oder Krankenhaus und Ausnahmetatbestände fest (vgl. § 137 SGB V). In der genannten Studie wurden sechs mit Mengenvorschriften belegte Eingriffe untersucht: Komplizierte Operationen an Speiseröhre und Bauchspeicheldrüse, der Einbau von Knievollprothesen sowie die Transplantationen von Leber, Niere oder Stammzellen. Den Ergebnissen der Studie lässt sich entnehmen, dass Evaluationen zu Mindestmengenvorgaben unbedingt erforderlich bleiben, weil die vom deutschen Gesetzgeber seit 2004 festgehaltenen Ziele der Mindestmengenvorgaben in Deutschland umfänglich nicht erreicht wurden. Insbesondere waren im Untersuchungszeitraum von 2004 bis 2010 die Verstösse gegen die Mindestmengenverordnung gleich hoch geblieben. Die Forscher gehen deshalb davon aus, dass die Versorgungsqualität der Patientinnen und Patienten – trotz Festlegung von Mindestmengen durch den Gesetzgeber – nicht wie erhofft positiv beeinflusst wurde.

Für die Schweiz bedeutet dies, dass die Einführung von Mindestfallzahlen einzig dann einen positiven Einfluss auf die Qualität der Patientenversorgung haben wird, wenn die Einhaltung dieser Vorgaben von den massgeblichen Stellen (kantonale Gesundheitsdirektionen) nachdrücklich kontrolliert und Verstösse umgehend und nachhaltig geahndet werden. In der Praxis bedeutet dies, dass die Erteilung eines Leistungsauftrags von den Kantonen an die Spitäler von der Einhaltung dieser Vorgaben abhängig gemacht werden muss. Die Gesundheitsdirektion des Kantons Zürich beispielsweise hat angekündigt, dass die Erfahrungen mit den Mindestfallzahlen analysiert werden [268] und – soweit diese Analyse positiv ausfällt – eine Erweiterung der Mindestfallzahlen auf mehr Leistungsgruppen erfolgt. Eine solche Erweiterung ergibt allerdings nur dann einen Sinn, wenn die kantonalen Gesundheitsdirektionen und die Krankenversicherungen bzw. deren Verbände bei der Feststellung von Verstössen gegen diese Vorgaben konkret auch die entsprechenden Sanktionsmassnahmen einleiten und umsetzen.

7.3.4 Sanktionen bei fehlenden qualitätssichernden Massnahmen

Falls die Spitäler sich weigern, sich an der Einführung von Massnahmen zur Qualitätssicherung (Art. 58 KVG) zu beteiligen, können die Krankenversicherer oder die entsprechenden Verbände beim Schiedsgericht (Art. 89 KVG) Sanktionen beantragen. Beispielsweise kann der Krankenversicher einen Antrag auf Rückerstattung von Honorarvergütungen für nicht angemessene Leistungen stellen oder bei dem Schiedsgericht beantragen, das Spital im Wiederholungsfall vorübergehend oder definitiv von der Tätigkeit zulasten der obligatorischen Krankenpflegeversicherung auszuschliessen (Art. 59 Abs. 1 lit. a–d KVG).

7.3.5 Akut- und Übergangspflege (Art. 25*a* Abs. 2 KVG)

7.3.5.1 Neue Tarifkategorie für Pflegeleistungen

Wie oben ausgeführt zeigen Erfahrungen aus den USA und Deutschland, dass mit der Einführung der Fallpauschalen die Patienten schneller vom akutstationären in den ambulanten Bereich verlegt werden (S. 26, Ziffer 4.6.1, S. 38, Ziffer 5.5.1). Verschiebungen dieser Art sind sinnvoll, soweit die Patienten ihren Bedürfnissen gerecht und adäquat behandelt werden. Verlegen die Spitäler die Patientinnen aber lediglich aus Kostengründen schneller in den ambulanten Bereich, besteht die Gefahr, dass sich die Versorgungsqualität durch vermehrt eingriffsbedingte Zwischenfälle wie Blutungen und Infektionen verschlechtert oder die Patientinnen zu einem Zeitpunkt entlassen werden, in welchem sie noch Pflege bzw. rehabilitative Massnahmen benötigen, aber nicht mehr akutspitalbedürftig [269] sind. Weil der Bundesrat davon ausging, dass mit der Einführung von SwissDRG eine Verkürzung der Spitalliegedauer einhergeht, hat er am 1. Januar 2011 die Akut- und Übergangspflege (AüP) als neue Tarifkategorie für Pflegeleistungen eingeführt. Die Patienten sollten aus Sicht des Gesetzgebers nicht zu einem Zeitpunkt entlassen werden, in welchem sie noch nicht in der Lage sind, ein selbstständiges Leben aufzunehmen [270].

7.3.5.2 Leistungsumfang und Voraussetzungen von AüP

Die Akut- und Übergangspflege ist eine maximal 14-tägige, vom Spitalarzt verordnete Pflege nach einem Spitalaufenthalt mit dem Ziel, den Patienten wieder in jenen Zustand zu versetzen, in dem er sich vor seinem Aufenthalt im Krankenhaus befand. Sie wird nur verordnet, wenn keine längerfristige Rehabilitation in einer dafür vorgesehenen Einrichtung nötig ist. Die AüP dient *nicht* der Finanzierung allfälliger Wartezeiten im Hinblick auf den Eintritt in eine Rehabilitationsklinik oder in ein Heim. Die kumulative Vergütung von Leistungen der Akut- und Übergangspflege mit anderen Pflegeleistungen ist ausgeschlossen. Es wird zwischen ambulanter und stationärer AüP unterschieden. Patienten, die sich vor dem Spitalaufenthalt in einem Heim aufgehalten haben, nehmen die stationäre Akut- und Übergangspflege in jenem Heim in Anspruch, in dem sie vor der Spitalbehandlung wohnhaft gewesen waren. Die übrigen Personen können die stationäre Akut- und Übergangspflege bei einem durch den Kanton bezeichneten Leistungserbringer beziehen. Die ambulante Akut- und Übergangspflege kann der Patient von der „Spitex“-Organisation bzw. selbstständig tätigen Pflegefachpersonen in seiner Region in Anspruch nehmen, soweit diese die Anforderungen als Leistungserbringer erfüllen. AüP wird vom Spitalarzt verordnet, soweit folgende Voraussetzungen kumulativ erfüllt sind [271]:

1. Die akuten gesundheitlichen Probleme sind bekannt und stabilisiert. Diagnostische und therapeutische Leistungen in einem Akutspital (auch geriatrische Abteilung eines Spitals) sind nicht mehr notwendig. Ein Rehabilitationsbedarf in einer Rehabilitationsklinik besteht nicht.
2. Die Patientin oder der Patient benötigt nach einem Aufenthalt in einem Akutspital eine qualifizierte Pflege durch Pflegepersonen.
3. Die AüP ist Teil der Behandlungskette. Sie ist bedarfsgerecht und gezielt anzuordnen. Sie ist nicht als Wartezeit für einen Eintritt in eine Rehabilitationsklinik oder in ein Heim vorgesehen.
4. Die AüP hat die Erhöhung der Selbstpflegekompetenz zum Ziel, sodass die Patientin oder der Patient die vor dem Spitalaufenthalt vorhandenen Fähigkeiten und Möglichkeiten wieder in der gewohnten Umgebung nutzen kann. Ziel ist die dauerhafte Rückkehr nach Hause und Vermeidung einer Rehospitalisation.
5. Es wird ein Pflegeplan mit den Massnahmen zur Erreichung der Ziele aufgestellt.

Soweit auch medizinische oder therapeutische Behandlungen notwendig sind, können diese ambulant als Einzelleistungen erbracht werden. Sie sind nicht Bestandteil der AüP. Der Gesetzgeber wollte, dass die Leistungen der AüP während einer befristeten Zeit vollständig von der Krankenversicherung und den Kantonen übernommen werden, und zwar nach dem gleichen Schlüssel wie die Spitalleistungen [272]. Die pflegebedürftige Person hat während dieser Zeit nur die ordentliche Kostenbeteiligung (Franchise und Selbstbehalt) zu bezahlen, nicht aber den Kostenanteil nach Art. 25*a* Abs. 5 KVG, wie er bei der Langzeitpflege geschuldet ist.

7.3.5.3 Leistungserbringer von AüP

Zur Frage, wer AüP erbringen kann, zählt die Verordnung Pflegeheime, Organisationen der Krankenpflege und die Pflegefachpersonen auf. Dies schliesst aber gemäss der Antwort des Bundesrats auf die Motion Humbel [273] nicht aus, dass die Leistungen auch in Spitälern erbracht werden können. Im Kanton Solothurn bspw. wurde der Spitallandschaft Solothurn ein Leistungsauftrag zwecks Organisation und Vollzug der AüP erteilt [274].

7.3.5.4 Wirkung von AüP

Mit der Einführung der neuen Leistungskategorie AüP sollte verhindert werden, dass nach Einführung von SwissDRG Patientinnen und Patienten zu einem Zeitpunkt aus dem Spital entlassen werden, in welchem sie noch nicht in der Lage sind, ein selbstständiges Leben aufzunehmen. Die Umsetzung dieser Schutzbestimmung in der Praxis gestaltete sich bisher schwierig: Viele Spitalexperten [2] beurteilten die auf zwei Wochen angelegte Dauer der AüP als zu kurz und die Praktikabilität der geltenden Regelung wurde in Frage gestellt. Bereits ein Jahr nach Einführung von SwissDRG liess sich sagen – was auch ein Blick in die bislang spärliche Umsetzung in den Kantonen bestätigt – dass die Akut- und Übergangspflege in der gegenwärtigen Ausgestaltung kaum nachhaltig Fuss fassen wird [229]. Da die Leistungskategorie aber insbesondere für ältere Patienten und damit für eine der grössten vulnerablen Patientengruppen von Bedeutung ist, sollte gesetzgeberisch an einer Optimierung dieser Leistungen gearbeitet werden.

7.3.6 Transparenz (Art. 49 Abs. 8 KVG)

Mit der Einführung von SwissDRG sollte u. a. eine grössere Transparenz und eine verbesserte Rechenschaftspflicht der Spitäler und der ärztlichen Versorger erreicht werden. Dies eröffnet die durchaus erwünschte Möglichkeit, allfällige Diskriminierungen, die durch die Umstellung der Vergütung auf ein leistungsorientiertes Tarifsystem entstehen können, besser zu erkennen. Die mit der neuen Tarifstruktur SwissDRG angestrebte höhere Transparenz des Leistungsgeschehens im Spital zeigt sich in der Praxis in vielerlei Hinsicht: Der Öffentlichkeit wird beispielsweise bekannt, über welche Produktestruktur ein Krankenhaus verfügt, wer in welchen Einrichtungen was für Leistungen erbringt und wie die erbrachten Leistungen in qualitativer Hinsicht im Vergleich mit anderen Spitälern beurteilt werden.

Mit Inkrafttreten der KVG-Revision 2007 am 1. Januar 2009 müssen die Kantone neu nicht nur die Leistung, sondern auch die Qualität transparent machen. Dazu hat der Gesetzgeber die sogenannte Transparenzbestimmung (Art. 49 Abs. 8 KVG) eingeführt, wonach die Kantone zusammen mit dem Bundesrat schweizweit Betriebsvergleiche zu Kosten und medizinischer Ergebnisqualität zwischen Spitälern anordnen. Diese Betriebsvergleiche werden veröffentlicht.

Im November 2012 hat das Bundesamt für Gesundheit (BAG) in der aktuellen Ausgabe der „Qualitätsindikatoren der Schweizer Akutspitäler 2010“ die aktuellen Daten von 158 Akutspitälern publiziert. Die Indikatoren beziehen sich auf insgesamt 40 Krankheitsbilder und Behandlungen wie Herzinfarkt, Schlaganfall, Lungenentzündung oder den Ersatz von Hüft- und Kniegelenken. Den Fallzahlen lässt sich entnehmen, wie viel Erfahrung ein bestimmtes Spital bei der Behandlung einer Krankheit hat und wie diese behandelt wird. Weil seit 1. Januar 2009 die freie Spitalwahl gilt (S. 15, Ziffer 3.2.4), sind diese Daten vermehrt auch für Patientinnen und Patienten von Interesse. Sie zeigen beispielsweise, dass in Schweizer Spitälern 2010 fast 17'000 künstliche Kniegelenke eingesetzt wurden. In drei Kliniken wurde der komplexe Eingriff über 500 Mal durchgeführt. In rund 30 Spitälern wiederum wurde durchschnittlich weniger als einmal pro Woche ein künstliches Kniegelenk eingesetzt [275].

Veröffentlichungen dieser Art können dazu führen, dass Patientinnen und Patienten schlecht bewertete Krankenhäuser meiden und sich daraus eine Veränderung der Patientenströme ergibt. Die durch die neue Tarifstruktur SwissDRG angestrebte höhere Transparenz und Vergleichbarkeit kann demnach zu einem Qualitätswettbewerb unter den Kliniken und damit zu einer Verbesserung der Versorgungsqualität führen. Allerdings bleibt zu beachten, dass die vom BAG publizierten Qualitätsindikatoren die wichtigen Bereiche Rehabilitation und nachstationäre Versorgung (u. a. Spitex) nicht enthalten und damit insbesondere der wichtige Übergang stationär-ambulant nicht abgebildet wird. Durch die schnellere Verschiebung der Patientinnen und Patienten in den nachstationären Bereich erhöht sich die Bedeutung der Berücksichtigung der gesamten Versorgungskette (stationär-ambulant-Langzeit-häuslich) und des erforderlichen Schnittstellenmanagements.

7.3.7 Fachpersonal (Art. 39 Abs. 1 lit. b KVG)

Mit der Einführung von SwissDRG wurde in der Schweiz, bedingt durch die oben genannten Veränderungen in der Pflege (Arbeitsverdichtung, Personalabbau, S. 39 f., Ziffern 5.5.2.1 und 5.5.2.2), eine Verschlechterung der Versorgungsqualität befürchtet. Der Grund für diese Besorgnis liegt darin, dass mit Inkrafttreten der neuen Spitalfinanzierung die Ausbildungskosten für das nicht-universitäre Personal in die Tarife eingerechnet werden, also Teil der Fallpauschale sind. Bis Ende 2011 wurden diese Aufwendungen durch Steuergelder der Kantone separat finanziert. Mit dem Wegfall der separaten Finanzierung durch die Kantone könnte die Gefahr bestehen, dass Spitäler weniger nicht-universitäres Personal ausbilden. Von den Experten wurde insbesondere die Umsetzung der Ausbildungsverpflichtung durch die Kantone kritisiert.

> „Wir müssen für den Kanton Listen ausfüllen darüber, wie viele Personen wir ausbilden. Unser Kanton ist Vorreiter diesbezüglich, wir haben ein bestimmtes Kontingent, das wir ausbilden müssen als Listenspital im nicht-universitären Bereich. Wir sind gezwungen auszubilden und im Moment ist die Situation so, dass die Plätze, die wir haben, gar nicht besetzen können, es gibt keine Personen, die wir ausbilden können" (Interview 13).

> „Die Aus- und Weiterbildungsregelung des Kantons trifft uns dort, wo wir heute sanktioniert werden aufgrund der Anzahl Mitarbeiter, d. h. wie viele in den einzelnen Fachgebieten ausgebildet werden müssen. Unser Spital hat bis anhin die Philosophie vertreten, in jenen Fachbereichen Personal auszubilden, in denen wir nachher das Personal auch beschäftigen können. Mit dieser Regulierung des Kantons bilden wir zwar viele FAGEs aus, es zeigt sich aber, dass sie im Akutspital keine grosse Zukunft haben, ausser sie ziehen die Ausbildung weiter. Wir merken, dass wir sehr viele in die nachgelagerten Institutionen verlieren. Wir hätten uns gewünscht, dass wir mehr einbezogen worden wären und uns nicht einfach gesagt worden wäre, ihr müsst so viele Leute ausbilden ungeachtet dessen, ob wir sie einsetzen können" (Interview 24).

7.3.7.1 Sicherstellung des Personalbestands nicht-universitärer Gesundheitsberufe

Damit sichergestellt bleibt, dass die Krankenhäuser genügend und bedarfsgerecht qualifiziertes Personal ausbilden, arbeiten die Schweizerische Konferenz der kantonalen Gesundheitsdirektorinnen und -direktoren (GDK), der Spitalverband „H+“ und die Krankenkassenvereinigung „santésuisse“ diesbezüglich an einem Modell zur Abgeltung der praktischen Ausbildungsleistung der Betriebe in nicht-universitären Gesundheitsberufen. Das Modell will die Prinzipien für die Entschädigung der Ausbildungsleistungen der nicht-universitären Berufe festlegen, d. h. der betriebliche Aufwand für die Ausbildung des Personals soll in der ganzen Schweiz nach einheitlichen Kriterien entschädigt werden, wobei die Kosten der Ausbildungsleistungen pro Berufsgruppe und Ausbildungsstufe ermittelt und leistungsbezogen nach der Anzahl der Auszubildenden abgegolten werden sollen. Geplant ist, den Aufwand für die betriebliche Ausbildung des nicht-universitären Gesundheitspersonals über einen Zuschlag auf die Fallpauschalen zu entschädigen. Das gesonderte Ausweisen dieser Bildungsentschädigung soll verhindern, dass Ausbildungsbetriebe beim wirtschaftlichen Leistungsvergleich einen Wettbewerbsnachteil erfahren.

Dieses geplante Modell ist noch nicht in Kraft. Entsprechend legt derzeit jeder Kanton selber fest, wie viele Personen ausgebildet werden müssen. Der Kanton Zürich hat in seinem Spitalplanungsgesetz in § 5 festgehalten, dass ein Leistungsauftrag an diejenigen Spitäler erteilt wird, welche die Aus- und Weiterbildung einer im Verhältnis zum gesamtkantonalen Bedarf angemessenen Zahl von Angehörigen der Berufe des Gesundheitswesens sicherstellen [276]. In Ausführung von § 5 SPFG hat der Kanton Zürich (Gesundheitsdirektion) das „Konzept Aus- und Weiterbildungsverpflichtung in nicht-universitären Gesundheitsberufen“ erarbeitet, welches sich an die kantonalen Listenspitäler richtet. Grundsätzlich ist die Ausbildungsverpflichtung vom Listenspital zu erbringen. Die Verpflichtung kann aber auch eingekauft oder im Austausch mit anderen Leistungserbringern angeboten werden. Oder die Listenspitäler können sich über ihre Ausbildungsverpflichtung hinaus engagieren und diese zusätzlichen Leistungen anderen Betrieben gegen finanzielle Kompensation bereitstellen [277].

7.3.7.2 Kantonale Sanktionsmöglichkeiten bei Nichteinhaltung der Ausbildungsverpflichtung

Gestützt auf das Spitalfinanzierungsgesetz und die entsprechenden Ausführungen im „Konzept Aus- und Weiterbildungsverpflichtung in nicht-universitären Gesundheitsberufen“ müssen die Listenspitäler eine bestimmte Anzahl Wochen Ausbildungsverpflichtung nachweisen. Diesbezüglich galt bis Ende 2014 die sogenannte Toleranzphase, d. h. Spitäler, die dem Kanton gegenüber noch nicht genügend Ausbildungswochen vorweisen konnten, hatten die Möglichkeit, in dieser Zeit entsprechende Massnahmen in die Wege zu leiten.

Ab 1. Januar 2015 müssen die Spitäler die vom Kanton im Rahmen des Leistungsauftrags vorgegebenen Ausbildungswochen zu 100 % erfüllen. Liegt die erbrachte Ausbildungsleistung des Listenspitals unter dem von der Gesundheitsdirektion berechneten Ausbildungspotenzial, muss gestützt auf § 22 Abs. 2 des kantonalen Gesundheitsgesetzes [278] eine Ersatzabgabe geleistet werden. Die Höhe dieser Abgabe beläuft sich auf 150 % der durchschnittlichen Kosten des Ausbildungsaufwands im jeweiligen nicht-universitären Gesundheitsberuf. Vorbehalten bleiben Sanktionen nach § 22 SPFG. Gemäss § 22 Abs. 3 SPFG werden Spitäler, die gegen Verpflichtungen im Rahmen der Leistungsaufträge verstossen, mit Busse oder Rückforderungen bestraft, bzw. bei schweren oder wiederholten Verletzungen des Leistungsauftrags kann der Kanton dem Spital den Leistungsauftrag entziehen.

7.3.7.3 Ausführungen des Bundesgerichts zur Ausbildungsverpflichtung

Die interessante Frage, ob ein privates Listenspital, das keine Ausbildungsplätze anbieten will, deswegen von der Spitalliste gestrichen werden kann, hat das schweizerische Bundesgericht in einem Urteil vom 10. Juli 2012 mit Nein beantwortet. Im gleichen Satz hat es aber erwogen, eine solche Weigerung werde mit grosser Wahrscheinlichkeit beim Abschluss des Leistungsauftrags berücksichtigt [279]. Das Nein begründete das Bundesgericht damit, dass sich die kantonalen Vorgaben bezüglich Ausbildungsplätze nicht auf die Spitalplanungskompetenz der Kantone abstützen könne, d. h. keinen Zusammenhang mit den in dieser Bestimmung verankerten Dienstleistungs- und Infrastrukturvoraussetzungen sowie der Qualität und Wirtschaftlichkeit der Leistungserbringung haben [280]. So *kann* argumentiert werden. Folgerichtig dürften die Ausbildungskosten des nicht-universitären Personals dann allerdings *nicht* Teil der Fallpauschale sein, sondern wären gemeinwirtschaftliche Leistungen (analog Forschung und universitäre Lehre) und müssten von den Kantonen separat abgegolten werden (was bis zum 31. Dezember 2011 der Fall war). Es könnte *entgegen dem Bundesgericht* auch argumentiert werden, dass die Verpflichtung zum Angebot von Ausbildungsplätzen von Art. 39 Abs. 1 lit. b KVG (erforderliches Fachpersonal) sowie Art. 39 Abs. 2ter KVG (Qualität der Leistungserbringung) erfasst ist. Dann wären die mit solchen Ausbildungsplätzen verbundenen Kostenanteile in die Tarife einzuberechnen und als Folge dann auch abzugelten. Eine solche Abgeltung würde aus meiner Sicht die Konsequenz nach sich ziehen, dass die Spitäler über das bundesrechtliche Krankenversicherungsgesetz zur Erbringung solcher Leistungen verpflichtet werden. Oder anders formuliert: Werden nicht-universitäre Ausbildungsleistungen durch die Tarife nach Art. 49 KVG abgegolten, müssen sie auch ein Kriterium für die Erteilung von OKP-Leistungsaufträgen nach Art 39 KVG sein. Heute haben wir die Situation, dass die Kantone diese Lücke füllen und in ihrem kantonalen Gesetzesrecht die Listenspitäler selbst dazu verpflichten müssen, für ein hinreichendes Angebot an Ausbildungsplätzen zu sorgen.

7.3.7.4 Ärztliche Aus- und Weiterbildung

Die ärztliche Aus- und Weiterbildung wird auch nach Einführung von SwissDRG *ausserhalb* der Tarife finanziert, weil die Fallpauschalen keine Kostenanteile für gemeinwirtschaftliche Leistungen enthalten dürfen. Zu diesen gemeinwirtschaftlichen Leistungen (GWL) gehören u. a. die Forschung und die universitäre Lehre. Als Kosten für die universitäre Lehre gelten die Aufwendungen für die theoretische und praktische Ausbildung der Studierenden eines Medizinalberufs bis zum Erwerb des eidgenössischen Diploms und die Weiterbildung der Studierenden bis zur Erlangung des eidgenössischen Weiterbildungstitels. Als Kosten für die Forschung nach Art. 49 Abs. 3 KVG gelten die Aufwendungen für systematische schöpferische Arbeiten und experimentelle Entwicklung zwecks Erweiterung des Kenntnisstandes sowie deren Verwendung mit dem Ziel, neue Anwendungsmöglichkeiten zu finden. Darunter fallen Projekte, die zur Gewinnung wissenschaftlicher Erkenntnisse sowie zur Verbesserung der Prävention, der Diagnostik und Behandlung von Krankheiten ausgeführt werden.

Für die Aus- und Weiterbildung angehender Ärzte müssen weiterhin die Spitäler vollumfänglich aufkommen. Die Ostschweizer Kantone (St. Gallen, Thurgau, Schaffhausen, beide Appenzell, Graubünden, Glarus und Zürich) haben vereinbart, dass der Kanton Zürich vorerst für das Jahr 2012 eine Abgeltung für seine Leistungen in der Ärzteausbildung in der Höhe von 6,4 Millionen Franken erhält, wobei dieser Betrag zwingend für die medizinische Lehre und Forschung an den Universitäts- und Zentrumsspitälern einzusetzen ist [281].

Die Finanzierung der Fachärzteausbildung soll zukünftig gesamtschweizerisch geregelt werden. Das Eidgenössische Departement des Innern hat dazu einen Bericht vorgelegt, wonach eine nationale Regelung analog dem Modell GDK Ost erarbeitet werden soll.

7.3.8 Praxisorientierte Schutzbestimmung: Kontrollwirkung der zuweisenden Hausärzte

Die zuweisende Ärzteschaft wird mit der Einführung der neuen Tarifstruktur SwissDRG (noch) genauer beobachten, in welchem Gesundheitszustand die Patienten aus den Spitälern entlassen werden. Im Rahmen ihres Zuweisungsentscheids werden sie folglich jene Krankenhäuser wählen, die aus ihrer Sicht die Gewähr für eine angemessene Versorgungsqualität bieten. Ein Spital muss kurz- bis mittelfristig mit abnehmenden Zuweisungen der Ärzte rechnen, sollten diese feststellen, dass Patienten infolge verfrühter Entlassung regelmässig kurzfristig wieder hospitalisiert werden müssen.

7.3.9 Fazit

Im Krankenversicherungsgesetz (KVG) und in der Verordnung zum Krankenversicherungsgesetz (KVV) geregelte oder praxisorientierte Schutzbestimmungen wie beispielsweise Mindestfallzahlen, erhöhte Transparenz und die Kontrollwirkung der zuweisenden Ärzte erhöhen die Chancen einer Verbesserung der Qualität in der Versorgung nach der Einführung von SwissDRG. Zudem sorgen Sanktionsmöglichkeiten der Krankenversicherer gegenüber den Spitälern dafür, dass diese sich auch tatsächlich an Massnahmen zur Qualitätssicherung beteiligen. Zur Sicherstellung der Ausbildung von genügend und bedarfsgerecht qualifiziertem Personal braucht es ein einheitliches Abgeltungsmodell.

7.4 Schutzbestimmungen hinsichtlich der „Gerechtigkeit“ der Versorgung

7.4.1 Aufnahmepflicht (Art. 41*a* Abs. 1 KVG)

Gestützt auf das Prinzip der Gerechtigkeit soll für alle Patientengruppen der Zugang zur Gesundheitsversorgung gleich und angemessen sein. Die bundesrechtlich verankerte Aufnahmepflicht soll verhindern, dass sich für Patienten, die aufgrund besonderer gesundheitsbedingter oder sozialer Faktoren eine längere oder aufwändigere Behandlung benötigen, der Zugang zur akutstationären Versorgung verschlechtert oder dass Patienten mit dem Hinweis, es seien keine Betten verfügbar, abgelehnt werden. Auch das höchste Gericht in der Schweiz betonte in einem aktuellen Urteil vom 10. Juli 2012 die hohe Bedeutung genügender Spitalkapazitäten für die Bevölkerung. Als Verantwortliche für die Spitalversorgung müssen die Kantone solche Kapazitäten sicherstellen [282]. Der Zugang dazu muss für alle Personen gleichermassen und unabhängig vom Versicherungsstatus (allgemein, halbprivat, privat) gelten, weil dieser Aspekt für die Spitalplanung keine Rolle spielt. Die Pflicht zur Überprüfung der Einhaltung der Aufnahmepflicht obliegt nach Art. 41*a* Abs. 3 KVG den Kantonen. Im Auftrag der Gesundheitsdirektion betreibt die kantonale Ärztegesellschaft des Kantons Zürich seit 1. Januar 2012 eine Beschwerdestelle, bei welcher sich Zürcher Patienten beschweren können, wenn Listenspitäler ihnen die Aufnahme verweigern [283]. Werden dem Kanton durch die versicherte Person oder die Krankenversicherung Verletzungen der gesetzlich verankerten Aufnahmepflicht gemeldet, kann der Kanton eine Aufhebung oder Änderung des Leistungsauftrags prüfen. Der Kanton bzw. die Gesundheitsdirektion muss dem fehlbaren Spital indessen den Verstoss nachweisen, d. h. die Beweislast liegt bei den Kantonen.

7.4.2 Zugang zur Behandlung (Art. 58*b* Abs. 4 lit. b KVV)

Im Rahmen ihrer Versorgungsplanung ermitteln die Kantone den Bedarf und bestimmen das Angebot, damit die Versorgung der Patientinnen und Patienten in den Krankenhäusern gewährleistet ist. Dabei berücksichtigen die Kantone bei der Beurteilung und Auswahl des auf der Spitalliste zu sichernden Angebots insbesondere auch den Zugang von Patientinnen und Patienten zur Behandlung innert nützlicher Frist (Art. 58*b* Abs. 4 lit. b KVV). Verschiedene Kantone haben diese Verordnungsbestimmung näher ausgeführt. Der Kanton Solothurn beispielsweise hält fest, dass für den Zugang der Patientinnen und Patienten zur Behandlung innert nützlicher Frist die örtliche Erreichbarkeit des Spitals und die zeitliche Verfügbarkeit der Leistungen massgebend ist [284]. Detailliertere Ausführungen dazu finden sich in den Spitalfinanzierungsgesetzen (SPFG) der einzelnen Kantone. Im SPFG des Kantons Zürich [285] sind bei den leistungsspezifischen Anforderungen drei Erreichbarkeiten je nach Dringlichkeit der Behandlungen definiert.

7.4.3 Regeln und Definitionen zur Fallabrechnung (Art. 59*d* Abs. 1 KVV)

Die Anwendung der Fallpauschale setzt nach Ansicht der Spitalexpertinnen einen Anreiz zu einer Mengenausweitung und birgt unter Umständen die Gefahr einer Minderversorgung [286]. Um solchen Anreizen entgegenzuwirken hat die SwissDRG AG gemeinsam mit ihren Partnern konkrete Regelungen und Definitionen zur Fallabrechnung erarbeitet. Die Pflicht zur Erarbeitung dieses Tarifdokuments stützt sich auf Art. 59*d* Abs. 1 KVV: Die Anwendungsmodalitäten des Tarifs umfassen sämtliche Regeln zur Ermittlung des Tarifs und die Geltendmachung der Vergütungen. Insbesondere müssen die Anwendungsmodalitäten Regeln zur Vermeidung potenzieller negativer Anreize in Zusammenhang mit der Anwendung der Fallpauschalen enthalten. Genannt werden in diesem Zusammenhang beispielsweise die künstliche Erhöhung der Fallzahlen, durch verfrühte Spitalentlassungen bedingte Rehospitalisationen und ungerechtfertigte Leistungsverschiebungen zwischen stationärer und ambulanter Behandlung [287]. Dem wirtschaftlichen Anreiz verfrühter Entlassungen wird gestützt auf die „Regelungen und Definitionen zur Fallabrechnung unter SwissDRG“ beispielsweise dadurch begegnet, dass die Spitäler einen Abschlag auf ihre Fallpauschale in Kauf nehmen müssen, falls der Patient kürzer als bei der vorliegenden Erkrankung üblich im Spital bleibt. Die Spitäler erhalten zudem keine zusätzliche Entschädigung, wenn ein Patient innerhalb von 18 Tagen seit Austritt [288] wegen der gleichen Erkrankung (gleicher MDC-Erkrankung im gleichen Organsystem [289]) oder Komplikationen wieder stationär aufgenommen werden muss. Bestimmte Krankheitsbilder, bei denen eine regelmässige Wiederaufnahme medizinisch begründet ist, sind von dieser Regelung ausgenommen (bspw. onkologische Behandlungen) [290].

7.4.4 Schutz der Patientendaten (Art. 42 Abs. 3bis KVG i. V. m. Art. 59 KVV)

7.4.4.1 Befürchtungen

Gestützt auf das Krankenversicherungsgesetz muss das Spital der Krankenversicherung eine detaillierte und verständliche Rechnung erstellen. Der Krankenversicherung müssen sämtliche Angaben mitgeteilt werden, die sie benötigt, um die Berechnung der Vergütung und die Wirtschaftlichkeit der Leistung überprüfen zu können (Art. 42 Abs. 3 KVG). Die Frage, welche Angaben dafür notwendig sind, wurde mit der Einführung der Fallpauschalen in der Schweiz kontrovers diskutiert. In der Öffentlichkeit sowie bei Patientenorganisationen wurden Befürchtungen laut, dass mit dieser detaillierten Datenweitergabe den Bestimmungen des Datenschutzes und den Rechten der Patienten zu wenig Rechnung getragen wird. Die Verbände der Spitäler äusserten zudem Vorbehalte in Bezug auf die Weitergabe betrieblicher Daten [291]. Der Beitrag von *Leu et al* (2014) [292] befasste sich mit dieser aktuellen Problematik und untersuchte die Frage, ob die geltende Regelung der Datenweitergabe im Rahmen der SwissDRG-Abgeltung die geäusserten Befürchtungen entkräftet oder ob zu viele Daten ungeschützt an die Krankenversicherer weitergeleitet werden, die zweckentfremdet werden könnten. Die Ausführungen der Spitalexperten [2] spiegelten in ausgeprägtem Masse die Unsicherheit und die Befürchtungen wider, die im Befragungszeitraum bezüglich der Datenweitergabe an die Versicherungen vorherrschten. Sehr klar dargestellt wurde die Erwartung der Experten, dass der Schutz der Patientendaten das vorrangige Ziel ist und dass sie nicht bereit sind, den Krankenversicherern mehr Daten zur Verfügung zu stellen, als diese zwingend für die Prüfung der Rechnungen benötigten. Insbesondere die Lieferung der vollständigen Datensätze, die von verschiedenen Versicherungen eingefordert wurden, erachteten sie als unverhältnismässig. Einige der Befragten nahmen auch wirtschaftliche Nachteile für ihre Spitäler wie beispielsweise eine verzögerte oder verweigerte Vergütung durch die Krankenversicherung in Kauf, um dem Schutz ihrer Patienten Nachachtung zu verschaffen. Vereinzelt wurde in Frage gestellt, ob die Datenschutzvorschriften in der Praxis der Versicherer (und zum Teil auch der Vertrauensärzte) stets eingehalten würden. Als problematisch empfanden dies die Befragten vor allem bei besonders sensiblen persönlichen Angaben. Die Kenntnis dieser Daten durch den Versicherer oder Dritte könnte Nachteile für die Patienten nach sich ziehen (z. B. Kenntnisse über das soziale Umfeld, über psychische oder sonstige in einem bestimmten Bereich stigmatisierende Erkrankungen, Angaben über Suchterkrankungen usw.).

7.4.4.2 Aktuelle Schutzbestimmungen

Gemäss dem am 1. 1. 2013 in Kraft getretenen Art. 42 Abs. 3bis KVG haben die Leistungserbringer auf der Rechnung die Diagnosen und Prozeduren nach den aktuellen Klassifikationen codiert aufzuführen. Damit wird nun explizit eine systematische Übermittlung der Daten vorgeschrieben. Allerdings muss der Bundesrat Bestimmungen zur Erhebung, Bearbeitung und Weitergabe der Daten unter Wahrung des Verhältnismässigkeitsprinzips erlassen. *Entsprechend findet der Grundsatz, systematische Datenübermittlung ausschliesslich unter zusätzlichen, exakt festgelegten rechtlichen Rahmenbedingungen zuzulassen, neu eine Stütze in Gesetz und Verordnung.* Nach Ablauf der gesetzlichen Übergangsfrist, d. h. seit 1. Januar 2014 müssen die Spitäler zusätzlich zu den Diagnosen auch die Prozeduren angeben, die zur Berechnung des anwendbaren Tarifs erforderlich sind (Art. 59 Abs. 1 lit. c KVV) [293]. Dabei handelt es sich um die gruppierungsrelevanten medizinischen Angaben. DRG-relevante Angaben sind u. a. Diagnosen, Behandlungen, Alter, Geschlecht und Geburtsgewicht. Die Krankenversicherungen können anhand dieser Angaben und anhand der gegebenenfalls zusätzlich angeforderten Dokumentation (wie z. B. dem Austrittsbericht und dem Operationsbericht) die Rechnung überprüfen. In Zusammenhang mit der Umgestaltung von Art. 59 KVV ist von Bedeutung, dass der Einleitungssatz in Abs. 1 [294] zusammen mit Art. 42 Abs. 3 und 3bis KVG gelesen wird, wonach *nur tatsächlich notwendige Angaben* auf der Rechnung ausgeführt werden dürfen. Damit wird dem datenschutzrechtlichen Verhältnismäßigkeitsgrundsatz [295] Rechnung getragen, wonach nur diejenigen Daten bearbeitet werden dürfen, die für die konkrete Aufgabenerfüllung geeignet und notwendig sind [296–298]. Zudem darf nach dem Prinzip des geringstmöglichen Eingriffs kein Instrument zur Verfügung stehen, das mit einem weniger weit gehenden Eingriff zum gleichen Ziel führt.

Der Bundesrat hatte Art. 59 KVV bereits im Rahmen der Verordnungsanpassungen zur KVG-Revision 2007 per 1. Januar 2009 ergänzt und damit die Wichtigkeit des *professionellen* Umgangs mit sensiblen Personendaten betont [299]. Die bis anhin durchgeführten Kontrollmassnahmen des BAG haben gezeigt, dass in einigen sensiblen Bereichen noch Verbesserungspotenzial besteht. Deshalb forderte das BAG die KVG-Versicherer mit Kreisschreiben 7.1 vom 14. Oktober 2014 (Datenschutzkonforme Organisation und Prozesse der Krankenversicherer) noch einmal auf, die bestehenden Gesetze und Verordnungen zu beachten. Insbesondere schreibt Art. 84*b* KVG in Verbindung mit Art. 21 VDSG [300] den Krankenversicherern vor, ein Bearbeitungsreglement für automatisierte Datensammlungen, die besonders schützenswerte Daten und Persönlichkeitsprofile enthalten, zu erstellen.

7.4.5 Transparenz

Die neue Tarifstruktur SwissDRG schafft aus Spitalexpertensicht vermehrt Transparenz. Eine Steigerung des Wettbewerbs dank erhöhter Transparenz beurteilten die Experten als positiven Anreiz der Einführung von SwissDRG. Fraglich ist aus Expertensicht allerdings, ob durch die höhere Transparenz eine verbesserte Vergleichbarkeit betreffend die Preise (Tarife) entsteht. Ferner wurde die Quersubventionierung von Spitalleistungen durch die Kantone von der Mehrheit der Expertinnen und Experten als problematisch beurteilt. Bezüglich der Tarife braucht es aus Expertensicht gleiche Rahmenbedingungen und eine Kontrolle der teilweise an die Leistungsaufträge geknüpften Bedingungen (z. B. Vorhalteleistungen).

Ein Blick in die aktuelle Gesetzgebung zeigt, dass die Kantone nach Inkrafttreten der Bestimmungen der KVG-Revision neu nicht nur die Leistung, sondern auch die Qualität transparent machen müssen. Zwecks Förderung der Transparenz im Rahmen der erbrachten stationären Behandlungsleistung hat der Gesetzgeber eine Vergütungsform nach einem einheitlichen Klassifizierungssystem eingeführt [301]. Die Gewährleistung der Transparenz bezüglich Qualität erfolgt über den von den Kantonen verlangten gesamtschweizerischen Vergleich zu medizinischer Ergebnisqualität (Art. 49 Abs. 8 KVG). Für den Spitalalltag bedeutet dies konkret, dass mit der Tarifstruktur SwissDRG die Kosten für medizinische Leistungen in den Spitälern vergleichbar und transparent sind und eine leistungsgerechte Vergütung ermöglicht wird.

Das Erreichen einer verbesserten Rechenschaftspflicht der Spitäler eröffnet die durchaus erwünschte Wirkung, allfällige Diskriminierungen, die durch die Umstellung der Vergütung auf SwissDRG entstehen können, besser zu erkennen. Die Prinzipien der Gerechtigkeit und des Nichtschadens verlangen auch nach der Einführung der Tarifstruktur SwissDRG eine angemessene Patientenversorgung ohne schädigende Einwirkung. Mit der Aufnahme oder Übernahme der Patienten verpflichten sich die Krankenhäuser, diese angemessen zu versorgen. Die mit der neuen Tarifstruktur SwissDRG angestrebte vermehrte Transparenz des Leistungsgeschehens im Spital zeigt sich in vielerlei Hinsicht: Der Öffentlichkeit wird beispielsweise bekannt, über welche Produktestruktur eine Klinik verfügt, wer in welchen Einrichtungen was für Leistungen erbringt, wie die erbrachten Leistungen in qualitativer Hinsicht im Vergleich mit anderen Spitälern beurteilt werden und welcher Leistungserbringer welche Vergütung für welche Leistung erhält. In der Schweiz wird, etwa im Gegensatz zu Deutschland, der Patient erst bei Spitalaustritt einer Fallgruppe zugeordnet. Es besteht demnach eine personelle Trennung zwischen dem Arzt auf der Abteilung, der diagnostiziert, und dem Kodierer, der bei Spitalaustritt die Zuordnung zu einer Fallgruppe vornimmt. Das wichtigste Kriterium für die Zuordnung eines Patienten zu einer Fallgruppe ist die Hauptdiagnose bei Spitalaustritt [302]. Die Zuweisung der Hospitalisierung zu einer bestimmten DRG erfolgt über eine Gruppierungssoftware (Grouper), die Höhe jeder SwissDRG-Fallpauschale wird anhand der tatsächlich anfallenden Kosten der Schweizer Spitäler berechnet.

7.4.6 Legitimität

Wie vorne in Ziffer 4.7.5 ausgeführt, soll das Kriterium der Legitimität sicherstellen, dass die Entscheidung über die Einführung der neuen Tarifstruktur SwissDRG von einer dafür legitimierten Institution erfolgt (Systemebene), und auf Einzelfallebene analysieren, ob SwissDRG verteilungsethisch relevante Entscheide produziert.

7.4.6.1 Systemebene (Art. 117 BV i. V. m. Art. 96 KVG)

Gestützt auf Art. 117 Abs. 1 der schweizerischen Bundesverfassung (BV) ist es Sache des Bundes, Vorschriften über die Kranken- und die Unfallversicherung zu erlassen. Diese Kompetenz hat der Bund wahrgenommen und das Krankenversicherungsgesetz sowie die dazugehörigen Verordnungen erlassen. Art. 96 KVG beauftragt den Bundesrat mit dem Vollzug des Krankenversicherungsgesetzes und dem Erlass von Ausführungsbestimmungen. Die Vergütung der stationären Behandlungen einschliesslich Aufenthalt und Pflegeleistungen in einem Spital in Form von Pauschalen wurde im Rahmen der 3. KVG-Revision (2007) beschlossen und findet sich heute auf Bundesebene in Art. 49 Abs. 1 KVG. Die Fallpauschalen sind leistungsbezogen und beruhen auf gesamtschweizerisch einheitlichen Strukturen. D. h. der Entscheid über die Einführung von SwissDRG als neuer Tarifstruktur wurde im Rahmen eines demokratisch legitimierten Prozesses gefällt.

7.4.6.2 Einzelfallebene (Art. 49 Abs. 2 KVG)

Weil SwissDRG ein lernendes System ist und dieses Lernen auch Allokationsimplikationen hat, braucht es auch auf der nachgeordneten Ebene eine Institution, die für allfällige Anpassungen der Tarifstruktur entsprechend legitimiert ist. Für die Erarbeitung und Weiterentwicklung sowie die Anpassung und Pflege von SwissDRG haben die Tarifpartner und die Kantone gestützt auf Art. 49 Abs. 2 KVG [303] die SwissDRG AG eingesetzt. Die gemeinnützige Aktiengesellschaft wurde am 18. Januar 2008 gegründet und ist eine gemeinsame Institution der Leistungserbringer, der Versicherer und der Kantone. Die von SwissDRG entwickelten Tarifstrukturen bedürfen nach Art. 49 Abs. 2 Satz 5 KVG der Genehmigung durch den Bundesrat [304]. Der Bundesrat hat den Vertrag über die Einführung der Tarifstruktur SwissDRG Version 2.0 [305] im Bereich der obligatorischen Krankenpflegeversicherung (OKP) im Juni 2010 genehmigt [306]. Der Vertrag [307] umfasst die einheitliche Tarifstruktur, die Anwendungsmodalitäten [308], das Kodierungshandbuch und ein Konzept zur Prüfung der Qualität der Kodierung. Weiter muss der Vertrag die erforderlichen Begleitmassnahmen, namentlich Instrumente zur Überwachung der Entwicklung der Kosten und der Leistungsmengen (Monitoring) sowie die Korrekturmassnahmen enthalten. Vertragspartner sind der Verband der Krankenversicherer „santésuisse“, der Verband der Spitäler „H+“ und die Schweizerische Konferenz der kantonalen Gesundheitsdirektorinnen und -direktoren (GDK).

7.4.7 Fazit

Zusammengefasst handelt es sich bei der Tarifstruktur SwissDRG um ein transparentes System, welches es ermöglicht, den Zugang zu begrenzt verfügbaren Gesundheitsleistungen zu organisieren. Transparenz muss keine Proportionalität oder eine besondere

Begründung mit sich bringen, erforderlich ist einzig, dass beispielsweise klar ist, welcher Leistungserbringer was für eine Vergütung für welche Leistung erhält. SwissDRG wurde in der Schweiz im Rahmen eines demokratisch legitimierten Entscheidungsprozesses eingeführt. Weil es sich bei der neuen Tarifstruktur SwissDRG um ein lernendes System handelt und dieses Lernen auch Auswirkungen auf die Verteilung hat, braucht es auch auf der nachgeordneten Ebene eine Institution, die für allfällige Anpassungen der Tarifstruktur SwissDRG entsprechend legitimiert ist. Zuständig für die Erarbeitung und Weiterentwicklung sowie die Anpassung und Pflege von SwissDRG ist die SwissDRG AG. Diese gemeinsame Institution der Leistungserbringer, der Versicherer und der Kantone setzt den Gesetzesauftrag um, den das Parlament im Dezember 2007 verabschiedet hat. Die Genehmigung der weiterentwickelten Tarifstruktur bedarf zudem der Genehmigung durch den Bundesrat. Damit ist auch die SwissDRG AG entsprechend legitimiert.

Sowohl der Bund als auch die Kantone haben im Rahmen der KVG-Revision 2007 rechtliche Schutzbestimmungen geschaffen, welche die Aufnahme und den Zugang zur stationären Gesundheitsversorgung insbesondere auch von besonders verletzlichen Patientengruppen unterstützen und gewährleisten sollen. Wesentlich bleibt hier, dass wirkungsvolle Kontrollen diesen neu geschaffenen Instrumenten Nachachtung verschaffen. Auch in Bezug auf die Datenweitergabe vom Spital an die Krankenversicherung hat sich der Gesetz- und Verordnungsgeber erkennbar bemüht, die Datenschutzinteressen der Patientinnen und Patienten mit dem Interesse der Versicherer, die Rechnungen korrekt prüfen zu können, zu koordinieren. Zwar schreibt Art. 42 Abs. 3bis KVG vor, dass die Leistungserbringer mit der Rechnung die codierten Diagnosen und Prozeduren relativ weitgehend bekanntgeben müssen. Die Verordnungsbestimmungen, die dieses Verfahren konkretisieren, stellen jedoch sicher, dass nur ein definierter Standard von medizinischen und administrativen Daten gemeldet werden muss. Zudem bleibt das Recht der Patientinnen und Patienten, die Weiterleitung der zusätzlichen Informationen (z. B. Operations- und Austrittsberichte) an den Vertrauensarzt zu verlangen, gewahrt. Die Umsetzung anderer Lösungen wie beispielsweise die Schaffung einer vollständig unabhängigen, selbstständigen und für die ganze Schweiz einheitlichen Annahmestelle für alle DRG-Abrechnungen hätte noch mehr Sicherheit und Schutz vor Datenmissbrauch geboten. Gegenüber dem im ersten Halbjahr 2012 vorherrschenden Rechtszustand bildet die gegenwärtige Gesetzgebung aber auf jeden Fall einen gewichtigen Fortschritt und wahrt die Interessen der Versicherten deutlich besser. Der eigentliche Bewährungstest der neuen Regelungen hat aber erst begonnen. Erst die Praxis der Datenannahmestellen sowie der Versicherer wird zeigen, ob die Schutzvorkehrungen greifen und die Vertraulichkeit der Patientendaten auch faktisch in hinreichendem Mass gewahrt bleibt.

7.5 Schutzbestimmungen zur Sicherung der „Effizienz/Wirtschaftlichkeit“

7.5.1 Kodierrevision (Art. 59*d* Abs. 2 KVV)

Wie oben dargelegt spielt im DRG-System die möglichst genaue und vollständige Dokumentation der Behandlung eine grosse Rolle, weil dem Krankenhaus einzig derjenige Aufwand vergütet wird, der auch dokumentiert ist. Der Qualität der Kodierung kommt dementsprechend eine Schlüsselrolle zur wirtschaftlichen Absicherung der Krankenhäuser zu. Eine mangelhafte Dokumentation, welche die Basis für die Kodierung bildet, kann zu einer Verzerrung aufwändig behandelter Fälle führen, woraus sich finanzielle Verluste für das Krankenhaus ergeben, weil scheinbar wenig aufwändigen Fällen ein hoher Ressourcenverbrauch gegenübersteht (S. 32, Ziffer 4.8.2). Um möglichst hohe Erlöse zu erwirtschaften, könnte ein Krankenhaus bestrebt sein, Patienten systematisch und bewusst in höher bewertete Fallgruppen einzuordnen, als es dem tatsächlichen Behandlungsverlauf entspricht. Damit einer solchen Erlösmaximierung durch Up- oder Downcoding entgegengewirkt werden kann, hat der schweizerische Gesetzes- und Verordnungsgeber neue Bestimmungen erlassen. Die Tarifpartner müssen dem Bundesrat nach den Art. 46 Abs. 4 und 49 Abs. 2 KVG den Tarifvertrag zur Genehmigung unterbreiten. Im Falle eines auf einem Patienten-Klassifikationssystem vom Typus DRG basierenden leistungsbezogenen Vergütungsmodells muss der Tarifvertrag zusätzlich das Kodierungshandbuch sowie ein Konzept zur Kodier-Revision enthalten (Art. 59*d* Abs. 2 KVV). In Erfüllung dieser Verordnungsbestimmung hat die Swiss DRG AG ein Reglement für die Durchführung der Kodierrevision erstellt, welches nationale Gültigkeit hat [309]. Die Durchführung der Kodierrevision nach dem genannten Reglement ist ein zwingender Bestandteil der Tarifverträge sowie der Leistungsaufträge der Kantone. Mit der Kodierrevision soll die Qualität der Kodierung in den Spitälern beurteilt werden.

7.5.2 Zertifizierungen

Mit Einführung der Fallpauschalen bestand in der Schweiz die Befürchtung, dass Patienten aufgrund von Fehlanreizen der Gefahr einer Minderversorgung ausgesetzt werden, beispielsweise wenn sie eine aufwändige Behandlung benötigen und einzig aus Kostengründen vom stationären in das ambulante Setting verlegt werden und dort keine dem Gesundheitszustand angemessene Behandlung erfahren [90]. Wie oben ausgeführt besteht die Gefahr einer Minderversorgung bestimmter Patientengruppen nach Einführung von SwissDRG dann, wenn diese Gruppe schlecht tarifiert ist, das Spital gleichzeitig effizient arbeitet und dennoch Geld mit dieser Patientengruppe verliert. Primär setzen sich die Spitalexperten und -expertinnen dafür ein, dass schlecht tarifierte Patientengruppen adäquat entschädigt werden. Dafür haben die Tarifpartner ein Antragsverfahren vorgesehen [310]. Ferner kann das Anstreben von Zertifizierungen wie beispielsweise „migrant friendly hospital" das Bewusstsein stärken, die Eintrittsschwelle im Spital tief zu halten. Zentral für den gerechten und angemessenen Zugang vulnerabler Patientengruppen ist neben dem Anstreben von Zertifizierungen auch die Niederschwelligkeit und die Vielfalt der Angebote.

7.5.3 Fazit

Durch die Einführung der professionellen externen Kodierrevision und weiterer Kontrollmassnahmen wie die einheitliche Kodierung in sämtlichen Spitälern nach in der Schweiz massgebenden Kriterien kann einer Erlösmaximierung durch Up- oder Downcoding entgegengewirkt werden. Zudem wirkt die personelle Trennung zwischen dem behandelnden Arzt, der den Austrittsbericht verfasst und dem Kodierer, der gestützt auf den Austrittsbericht die Kodierung vornimmt, gegen ein bewusstes Abrechnen einer unbegründeten Leistung. Wesentlich scheint auch die veränderte Bedeutung des Austrittsberichts nach Einführung von SwissDRG. Vor der Implementierung der neuen Tarifstruktur SwissDRG diente er insbesondere der Information für den nachbehandelnden Arzt. Heute ist er ein wichtiges Instrument für den Kodierer und nicht selten ein Anreiz zur Diagnosestellung. Dies bietet den Vorteil, dass sehr genau und vollständig dokumentiert wird, weil dem Spital im Fallpauschalen-System nur derjenige Aufwand vergütet wird, der auch dokumentiert ist. Dieser Druck zur Diagnosestellung kann aber auch nachteilig sein, nämlich dann, wenn Medizin zurückhaltend betrieben werden möchte (z. B. aktives Überwachen anstelle einer Operation bei langsam wachsenden Prostatatumoren). Wesentlich ist zudem, dass der Arzt die Entscheidungen auf Fallebene aus medizinischen Gründen treffen sollte und diesbezüglich eine Beeinflussung aus ökonomischen Gründen nur bedingt möglich ist. Da die Spitäler mit Einführung der neuen Tarifstruktur Analysen mittels Daten aus DRGs (z. B. Darstellung des Leistungsspektrums jedes Arztes/jeder Fachabteilung, durchschnittliche Liegedauer in jeder Fachabteilung bzw. bei jedem Arzt, Anzahl Patienten jedes Arztes, Anzahl der Langlieger/Normallieger/Kurzlieger pro Arzt/Fachabteilung) vornehmen, kann das medizinische Interesse des Arztes an einer umfassenden und qualitativ angemessenen Patientenbehandlung dennoch mit dem ökonomischen Interesse der Klinik nach Erlösmaximierung kollidieren. Dies insbesondere dann, wenn dem Arzt die Budgetverantwortung für seine Abteilung übertragen wurde.

7.6 Übersicht Ziele, Umsetzung und massgebliche Schutzbestimmungen

Im Gesamtüberblick betrachtet existieren ethische Bewertungskriterien, die ihr Korrelat in bestimmten rechtlichen Schutzbestimmungen finden. Bei der Ausarbeitung und

Umsetzung der oben ausgeführten Schutzbestimmungen ist das vom Gesetzgeber nicht explizit reflektiert worden, zeigt aber, dass die Tarifstruktur SwissDRG *kein unethisches System* ist, sondern dass es durchaus wesentliche Punkte gibt, die vom schweizerischen Gesetzgeber aufgegriffen worden sind.

Tab. 7.2. Übersicht Ziele, Umsetzung und massgebliche Schutzbestimmungen.

Angestrebte Ziele	**Umsetzung**	**Schutzbestimmungen**
Qualität der Patientenversorgung	Qualitätssicherungssysteme	Art. 58 KVG i. V. m. Art. 77 KVV
	Mindestfallzahlen	Art. 58*b* Abs. 5 lit. c KVV
	Sanktionen	Art. 59 Abs. 1 lit. *a–d* KVG
	Akut- und Übergangspflege	Art. 25*a* Abs. 2 KVG
	Transparenz	Art. 49 Abs. 8 KVG
	Fachpersonal	Art. 39 Abs. 1 lit. b KVG Kantonale Spitalplanungs- und finanzierungsgesetze (SPFG) Kantonale Gesundheitsgesetze (GesG)
	Kontrollwirkung der Zuweiser	Praxis
Gerechtigkeit	Aufnahmepflicht	Art. 41*a* Abs. 1 KVG
	Zugang zur Behandlung	Art. 58*b* Abs. 4 lit. b KVV
	Regeln und Definitionen zur Fallabrechnung, z. B. 18-Tage-Regelung	Art. 59*d* Abs. 1 KVV
	Schutz der Patientendaten	Art. 42 Abs. 3bis KVG i. V. m. Art. 59 KVV
	Transparenz: Vergleich zu Kosten und medizinischer Ergebnisqualität	Art. 49 Abs. 8 KVG
	Legitimität: Verfassungsmässigkeit Kompetenzregelung Tarifstruktur	Art. 117 Abs. 1 BV Art. 96 KVG Art. 49 Abs. 2 KVG
Effizienz/Wirtschaftlichkeit	Kodierrevision	Art. 59*d* Abs. 2 KVV
	Zertifizierungen	Praxis

Teil 3: **Handlungsempfehlungen**

8 Handlungsempfehlungen auf der Makro-, Meso- und Mikroebene

8.1 Die zwei Seiten der Medaille

Bevor nachfolgend auf die Formulierung von konkreten Handlungsempfehlungen zur optimalen Nutzung der positiven Auswirkungen und zur grösstmöglichen Reduktion der negativen Auswirkungen der Einführung von SwissDRG auf die Versorgung eingegangen wird, ist es wesentlich, sich noch einmal zu vergegenwärtigen, was das Ursprungsmotiv der Entwicklung von DRG-Systemen war: Nämlich die Erschaffung eines Systems zur Beobachtung des Ressourcenverbrauchs innerhalb eines Krankenhauses [311, 312]. In der Schweiz sollte gemäss den politischen Zielsetzungen mit der Bereinigung der KVG-Gesetzgebung (Spitalfinanzierung) eine je etwa hälftige Leistungsfinanzierung von den Krankenversicherungen und den Kantonen, ein verstärkter Wettbewerb, die Gleichstellung von privaten und öffentlichen Leistungserbringern und eine effizientere Gestaltung der Ressourcenallokation erreicht werden [313]. Die effizientere Gestaltung der Mittelverteilung wollte der Gesetzgeber durch die Einführung eines leistungsorientieren Fallpauschalensystems erreichen. Die Einführung der neuen Tarifstruktur SwissDRG als eines der Kostensteuerungsinstrumente zielte demnach darauf ab, die Kostenentwicklung positiv zu beeinflussen. Die in dieser Arbeit vorgestellten und in ergänzenden Publikationen [131, 229, 230, 246] beschriebenen qualitativen Forschungsergebnisse zeigen aus der Sicht von Spitalexpertinnen und -experten, dass die Einführung der neuen Tarifstruktur SwissDRG verschiedene positive und negative Auswirkungen auf die stationäre Versorgung der vulnerablen Patientengruppen hat. Zum Schutz dieser besonders verletzlichen Gruppe existieren in der Schweiz unterschiedliche Instrumente, die nachteilige Auswirkungen der Einführung von SwissDRG auffangen (können). Dies wird nachfolgend in einer kurzen Übersicht dargestellt. Im Anschluss daran folgt die Formulierung konkreter Handlungsempfehlungen auf drei unterschiedlichen Ebenen.

- Mit Blick auf das Kriterium der *Qualität der Patientenversorgung* wird SwissDRG als Chance für einen Qualitätssprung bezüglich der Prozessqualität beurteilt. Die Spitäler sind gezwungen, ihre Prozesse zu analysieren, wenn sie mit den begrenzten Mitteln zurechtkommen wollen. Die bessere und präzisere Prozessdefinition rückt in den Vordergrund. Durch die Einführung von SwissDRG und der damit verbundenen kürzeren stationären Liegedauer müssen auch die Übergänge zu den Nachversorgern (Hausärzte, Rehakliniken, Spitex, Langzeit) optimiert werden. Seit der Einführung von SwissDRG verzichten einzelne Spitäler wegen der internen Verrechnung teilweise und mit steigender Tendenz auf Konsiliar-Dienste wie beispielsweise die Infektiologie oder die Ernährungsberatung. Ob dieser Abbau der Interdisziplinarität Einfluss auf die Behandlungsqualität hat, werden

die zukünftigen Entwicklungen aufzeigen. Massnahmen wie beispielsweise die 18-Tage-Regelung oder eine schnellere Diagnosestellung wurden als positive Anreize der Einführung von SwissDRG wahrgenommen. Negativ wurde hingegen der Verlust der ganzheitlichen Betrachtung des Patienten seit Einführung von SwissDRG beurteilt. Dieser Anreiz verstärkt sich durch die gleichzeitig stattfindende Spezialisierung noch zusätzlich.
Die im KVG und in der KVV geregelten oder praxisorientierten Schutzbestimmungen wie beispielsweise Mindestfallzahlen, Transparenz und die Kontrollwirkung der Hausärzte erhöhen die Chancen einer Verbesserung der Qualität in der Patientenversorgung. Sanktionsmöglichkeiten der Kantone und der Krankenversicherer gegenüber den Spitälern sorgen zudem dafür, dass sich diese an Massnahmen zur Qualitätssicherung beteiligen. Sollten die Basispreise in Zukunft sinken, besteht die Gefahr, dass Spitäler weniger nicht-universitäres Personal ausbilden, was zu Qualitätsverlusten und zur Gefährdung der Patientensicherheit führen kann. Damit sichergestellt bleibt, dass die Krankenhäuser genügend und bedarfsgerecht qualifiziertes Personal ausbilden, braucht es ein einheitliches Abgeltungsmodell der praktischen Ausbildungsleistung der Betriebe in nicht-universitären Gesundheitsberufen.
- *Gerechtigkeit:* Die Frage des gerechten und angemessenen Zugangs vulnerabler Patientengruppen ist aus Spitalexpertensicht primär eine sozialpolitische, finanzpolitische oder gesundheitspolitische Frage, welche an sich durch die Politik beantwortet werden sollte, heute aber meist auf die Leistungserbringer und damit schlussendlich auf die Mitarbeitenden in den Spitälern abgewälzt wird. Zentral für den gerechten und angemessenen Zugang besonders verletzlicher Patientengruppen sind die Vielfalt und die Niederschwelligkeit der Angebote sowie das Anstreben von Zertifizierungen. Grundsätzlich schafft die neue Tarifstruktur SwissDRG aus Spitalexpertensicht eine höhere Transparenz. Ein positiver Aspekt diesbezüglich ist beispielsweise, dass seit der Einführung der Fallpauschale zwischen Spitalleitung und Ärzteschaft eine neue Gesprächsgrundlage besteht. Die Steigerung des Wettbewerbs durch die erhöhte Transparenz beurteilen die Expertinnen und Experten ebenfalls als positiven Anreiz der Einführung von SwissDRG. Ob durch die grössere Transparenz allerdings eine verbesserte Vergleichbarkeit in Bezug auf die Preise entsteht, ist aus ihrer Sicht fraglich. Als problematisch beurteilt wird seitens der Expertinnen und Experten ferner die Quersubventionierung von Spitalleistungen durch die Kantone. In Bezug auf die Tarife wünschen sie sich gleiche Rahmenbedingungen und eine Kontrolle der teilweise an die Leistungsaufträge geknüpften Bedingungen. Jede Änderung eines Tarifsystems kann aus Expertensicht zu einer Rationierung führen, unabhängig davon, ob das mit Fallpauschalen, mit Tagespauschalen, mit Globalbudgets oder mit anderen Finanzierungsinstrumenten geschieht. Die Fallpauschale kann indessen helfen, dass die Spitäler nicht rationieren müssen, weil sie hilft, zu rationalisieren. In der Schweiz könnte die Fallpauschale dann zu einer Rationierung führen, wenn die DRGs nicht adäquat

die tatsächlichen Kosten reflektieren, welche für die Behandlung der Patientinnen und Patienten notwendig sind. Möglich ist auch, dass die Spitäler nach Einführung von SwissDRG gewisse Fallgruppen abgeben, weil sie zu wenige Fälle in dieser Gruppe haben und so nicht effizient arbeiten können. Die Mehrheit der Experten führte aus, dass allfällige Rationierungsentscheide nur von Politik und Gesellschaft getroffen werden können. Es ist nicht die Aufgabe der Spitäler bzw. der Spitalleitungen und des Spitalpersonals, diese zu beantworten, es besteht aber der Wunsch, sich stellende Rationierungsfragen offen zu diskutieren. Dazu braucht es einen gesellschaftspolitischen Diskurs über die Setzung von Prioritäten im Gesundheitswesen. Die Tarifstruktur SwissDRG ist ein transparentes System, welches ermöglicht, den Zugang zu begrenzt verfügbaren Gesundheitsleistungen zu organisieren.
Sowohl der Bund als auch die Kantone haben im Rahmen der KVG-Revision 2007 rechtliche Schutzbestimmungen geschaffen, welche die Aufnahme und den Zugang zur stationären Gesundheitsversorgung insbesondere auch von besonders verletzlichen Patientengruppen unterstützen und gewährleisten (können). Wesentlich bleibt hier, dass wirkungsvolle Kontrollen diesen neu geschaffenen Instrumenten Nachachtung verschaffen. Auch in Bezug auf die Datenweitergabe vom Spital an die Krankenversicherung hat sich der Gesetz- und Verordnungsgeber erkennbar bemüht, die Datenschutzinteressen der Patientinnen und Patienten mit dem Interesse der Versicherer, die Rechnungen korrekt prüfen zu können, zu koordinieren. Zwar schreibt Art. 42 Abs. 3bis KVG vor, dass die Leistungserbringer mit der Rechnung die codierten Diagnosen und Prozeduren relativ weitgehend bekanntgeben müssen. Die Verordnungsbestimmungen, die dieses Verfahren konkretisieren, stellen jedoch sicher, dass nur ein definierter Standard von medizinischen und administrativen Daten gemeldet werden muss. Zudem bleibt das Recht der Patientinnen und Patienten, die Weiterleitung der zusätzlichen Informationen (z. B. Operations- und Austrittsberichte) an den Vertrauensarzt zu verlangen, gewahrt. Die Umsetzung anderer Lösungen wie beispielsweise die Schaffung einer vollständig unabhängigen, selbstständigen und für die ganze Schweiz einheitlichen Annahmestelle für alle DRG-Abrechnungen hätte noch mehr Sicherheit und Schutz vor Datenmissbrauch geboten. Gegenüber dem im ersten Halbjahr 2012 vorherrschenden Rechtszustand bildet die gegenwärtige Gesetzgebung aber auf jeden Fall einen gewichtigen Fortschritt und wahrt die Interessen der Patienten deutlich besser. Der eigentliche Bewährungstest der neuen Regelungen hat jedoch erst begonnen. Erst die Praxis der Datenannahmestellen sowie der Krankenversicherer wird zeigen, ob die Schutzvorkehrungen greifen und die Vertraulichkeit der Patientendaten auch faktisch in hinreichendem Mass gewahrt bleibt.

– *Effizienz und Wirtschaftlichkeit:* Die Anwendung der Fallpauschale setzt nach Ansicht vieler Expertinnen und Experten einen Anreiz zu einer Mengenausweitung. Dies deshalb, weil Spitäler unter SwissDRG ihre wirtschaftliche Sicherstellung nur gewährleisten können, wenn sie Behandlungen in genügender Menge (Anzahl) und

Qualität durchführen. Die Senkung hoher Fixkosten geschieht durch Dividieren mit einer möglichst grossen Anzahl von Fällen. Die Gefahr einer Minderversorgung bestimmter Patientengruppen besteht aus Expertensicht dann, wenn diese Gruppe schlecht tarifiert ist, das Spital gleichzeitig effizient arbeitet und dennoch Geld mit dieser Patientengruppe verliert. Es bleibt demnach die Frage zu beantworten, wie ein Spital mit einem Patienten umgeht, der einen längeren Aufenthalt benötigt als der „durchschnittliche" Patient. Hier kann der Anreiz bestehen, den Ressourcenverbrauch für diesen Patienten möglichst klein zu halten, was mit der Gefahr von Qualitätsverlusten einhergeht. Das Prinzip der Gerechtigkeit und der Gleichbehandlungsgrundsatz verlangen, dass der Patient mit höherem Bedarf qualitativ ebenso angemessen versorgt wird wie der Patient mit geringerem Bedarf. Daneben verlangt das ethische Prinzip der Nutzenmaximierung einen Einsatz der begrenzt verfügbaren Ressourcen dahingehend, dass insgesamt ein möglichst grosser Zugewinn an Gesundheit erzielt werden kann. Soweit demnach dem Patienten mit einem höheren Ressourcenverbrauch aus einer Verlegung vom stationären in das ambulante, in der Regel kostengünstigere Behandlungssetting kein Schaden entsteht und er eine qualitativ angemessene Behandlung erhält, entspräche dies dem Grundsatz der Verteilungsgerechtigkeit. Ethisch problematisch wäre es, wenn der Patient einzig aus Kostengründen rasch vom stationären in das ambulante Setting verlegt wird und er da keine seinem Gesundheitszustand angemessene Behandlung erfährt.

Seit Einführung von SwissDRG analysieren die Spitäler ihren Dienstleistungskatalog zudem mit dem Ziel, die erbrachte Leistung kodiertechnisch möglichst gut abzubilden. Zum Schutz der Kodierqualität müssen die Spitäler heute eine Kodierrevision durchführen. Diese Revision ist zwingender Bestandteil der Tarifverträge und der Leistungsaufträge der Kantone. Diese vom Verordnungsgeber eingeführten Schutzbestimmungen wirken einer Erlösmaximierung durch Up- oder Downcoding entgegen. Die personelle Trennung zwischen dem behandelnden Arzt, der den Austrittsbericht verfasst und dem der Kodierung, der gestützt auf den Austrittsbericht die Kodierung vornimmt, schützt ebenfalls vor einem bewussten Abrechnen einer unbegründeten Leistung.

8.2 Handlungsempfehlungen auf der Makroebene

Auf der Makroebene geht es um die Analyse des Gesundheitssystems bzw. vorliegend um die Untersuchung der Einführung von SwissDRG im Rahmen der KVG-Revision 2007 (Spitalfinanzierung) mit Blick auf gesundheitspolitische, gesellschaftliche und volkswirtschaftliche Vorgaben. Der Zugang zur Gesundheitsversorgung wird durch verschiedene Faktoren beeinflusst. Neben sozialen Faktoren, dem vorhandenen Angebot an Gesundheitsleistungen, den Strukturen und den Prozessen in den Spitälern sowie Gesundheitstechnologien spielt dabei insbesondere auch das anwendbare Tarifsystem eine nicht unbedeutende Rolle. Wie oben aufgezeigt gibt es neben den positiven Aspekten, die durch die Einführung von SwissDRG in der Schweiz entstanden sind, auch Herausforderungen, die von den verschiedenen Entscheidungsträgern auf unterschiedlichen Ebenen angegangen werden müssen. Nachfolgend werden in einem ersten Schritt kurz die oben identifizierten Herausforderungen aufgezeigt, welche die Einführung der neuen Tarifstruktur SwissDRG für die vulnerablen Patientengruppen mit sich bringen, um dann ausführlicher auf mögliche Handlungsempfehlungen auf der Makroebene einzugehen. Diese sollen dazu beitragen, negative Auswirkungen der Einführung von SwissDRG gezielt abzufedern oder insgesamt zu verhindern.

8.3 Konkrete Herausforderungen und gezielte Handlungsempfehlungen

8.3.1 Herausforderung: Strukturelle Unzulänglichkeiten und Mehrfachrolle der Kantone

Wie oben ausgeführt beschlossen die Eidgenössischen Räte am 21. Dezember 2007 im Rahmen der KVG-Revision ein neues System der Spitalfinanzierung. Dieses sah vor, die stationären Spitalleistungen nach Fallpauschalen (SwissDRG) abzurechnen und durch die Kantone und die Krankenversicherungen nach einem festgelegten Schlüssel (dual-fixe Finanzierung, S. 14, Ziffer 3.2.3) zu vergüten. Das Krankenversicherungsgesetz regelt demnach nicht nur die Kostenübernahme durch die Krankenversicherung, sondern *neu* auch die Spitalfinanzierung durch die Kantone. Aus struktureller Sicht ist dieser Eingriff des Bundesgesetzgebers in die kantonale Spitalversorgungskompetenz problematisch, weil den Kantonen damit die Möglichkeit entzogen wird, ihre versorgungspolitischen und gemeinwirtschaftlichen Interessen über die Spitalfinanzierung wahrzunehmen. Dies deshalb, weil die fixe Abgeltung durch die Kantone (55 % [314]) nach Art. 49*a* Abs. 1 KVG zwingend geschuldet ist [315] und nicht von der Erfüllung bestimmter öffentlicher Interessen abhängig gemacht werden darf. Die KVG-Revision 2007 zielte demnach auf der einen Seite auf die Stärkung des Wettbewerbs und die unternehmerische Freiheit der Spitäler (S. 25, Ziffer 4.4). Auf der anderen Seite verbleibt die Kompetenz zur Zulassung von Spitälern, die zulasten der OKP abrechnen können, in der Hand der Kantone. Letztlich sind es die Kantone, die für entsprechende Angebote an Spitalleistungen die Verantwortung tragen (S. 9, Ziffer 3.2.1.2). Zugleich finanzieren die Kantone 55 % der OKP-Spitalleistungen und haben dadurch ein Interesse daran, die Kosten für Spitalleistungen so tief wie möglich zu halten, ohne dabei den Versorgungsauftrag zu gefährden. Erschwerend kommt hinzu, dass die Kantone nicht nur die Leistungen mitfinanzieren, sondern gleichzeitig auch Eigentümer mancher öffentlich-rechtlicher Spitäler sind (Mehrfachrolle). Als Spitaleigentümer haben sie hier ein gegenläufiges Interesse, d. h. sie haben eben kein Interesse an möglichst knapp bemessenen Tarifen. Die Kantone müssen demnach die Waage zwischen ihren versorgungspolitischen und finanziellen Verantwortlichkeiten und den von den Spitälern benötigten Freiräumen zwecks Leistungswettbewerb und unternehmerischem Handeln im Gleichgewicht halten.

Dieser Eingriff des Bundesgesetzgebers in die kantonale Spitalversorgungskompetenz ist aber nicht nur aus struktureller Sicht problematisch, sondern widerspricht auch dem Prinzip der fiskalischen Äquivalenz: Gestützt auf die Grundsätze für die Zuweisung und Erfüllung staatlicher Aufgaben gemäss Art. *43a* der Bundesverfassung und insbesondere Abs. 3 dieser Bestimmung [316] kann das Gemeinwesen, das die Kosten der staatlichen Leistung trägt, auch über diese Leistung bestimmen (sog. Grundsatz der Konnexität) [317].

Als Folge des Eingriffs durch den Bundesgesetzgeber greifen die Kantone im Rahmen ihrer Spitalplanung und der darauf gestützten Leistungsaufträge *steuernd* ein: Das SPFG des Kantons Zürich hält beispielsweise in § 6 Abs. 1 fest, dass die Leistungsaufträge unter den sich dafür bewerbenden Spitälern und Geburtshäusern denjenigen erteilt werden, die für eine bedarfsgerechte Spitalversorgung erforderlich sind (lit. a), mit denen die Zielsetzungen gemäss § 4 bestmöglich verwirklicht werden können (lit. b), welche die Anforderungen gemäss § 5 bestmöglich erfüllen (lit. c). Und weiter: „Zur Förderung des Wettbewerbs können über den Bedarf hinausgehende Leistungsaufträge erteilt werden" (Abs. 2). Oder in § 5 Abs. 3 SPFG Kanton Zürich: „Ausnahmsweise können Leistungsaufträge auch Spitälern und Geburtshäusern erteilt werden, die nicht sämtliche Anforderungen nach Abs. 1 [318] erfüllen. Ergeben sich daraus für das Spital oder das Geburtshaus finanzielle oder andere Vorteile, legt die Direktion [*Anm. damit ist die kantonale Gesundheitsdirektion gemeint*] angemessene Ausgleichsleistungen fest". Diese Art der Steuerung durch die Kantone wie beispielsweise die Zulassung von Leistungsaufträgen, die *über den Bedarf* hinausgehen und die damit einhergehende Schaffung von Überkapazitäten widerspricht diametral dem Willen des Gesetzgebers. Gestützt auf dessen Bestrebungen sollte nämlich die kantonale Spitalplanung ein Instrument zum *Abbau* von Überkapazitäten sein [319].

Den Kantonen bestehendes Eigentum an Spitälern zu verwehren, kann wegen der verfassungsrechtlichen Eigentumsgarantie (Art. 26 BV) in der Schweiz kaum durchgesetzt werden. Soweit ein Kanton bereits Eigentum besitzt, ist er geschützt, obwohl die Eigentumsgarantie als Grundrecht auf Privatpersonen zugeschnitten ist. Falls ein Kanton heute – entgegen den tatsächlich stattfindenden Veränderungen in der Spitallandschaft (vgl. nachfolgend 8.3.3) – Eigentum an einem Spital erwerben will, wäre aus meiner Sicht durchaus ein haltbarer Grund ersichtlich, ihm ein solches zu verwehren: Kantone, die für die Spitalplanung verantwortlich sind, sollten wegen der oben genannten Interessen-Kollisionen nicht gleichzeitig Spitalbesitzer sein. Es stellt sich entsprechend die Frage, ob es andere Möglichkeiten gibt, der strukturellen Unzulänglichkeit und der problematischen Mehrfachrolle mancher Kantone zu begegnen. Dazu gibt es aus meiner Sicht zwei umsetzbare Möglichkeiten: Monistische Leistungsfinanzierung (nachfolgend 8.3.2) und Rückzug der Kantone als Spitaleigentümer (nachfolgend 8.3.3).

8.3.2 Handlungsempfehlung 1a: Monistische Leistungsfinanzierung

Eine Änderung von der dual-fixen Leistungsfinanzierung zu einer monistischen Leistungsfinanzierung ist grundsätzlich möglich. Bei der dual-fixen Finanzierung haben die Kantone als Teilfinanzierer der stationären Spitalleistungen ein Interesse an möglichst knapp bemessenen Tarifen, als Spitaleigentümer haben sie hingegen ein gegenteiliges Interesse. Bei der monistischen Leistungsfinanzierung werden die Leistungen von *einem* Finanzierer getragen. Oder konkret für die Spitallandschaft formuliert: Den Krankenhäusern steht ein einziger Kostenträger gegenüber, d. h. 100 % der stationären Behandlungsleistungen werden durch einen Träger finanziert [320]. Diese Art der Finanzierung der Leistungen wird als monistisches Finanzierungssystem bezeichnet [321]. In der Schweizer Gesundheitsversorgung kommen als Monisten die Krankenversicherungen [322], der Staat (Bund oder Kantone) oder gegebenenfalls auch weitere Träger wie beispielsweise Managed-Care-Organisationen in Frage.

Die Variante einer einzigen öffentlichen Krankenversicherung als Monist (zentralistisches System) ist derzeit in der Schweiz nicht mehrheitsfähig. Das Schweizer Stimmvolk hat im September 2014 die Volksinitiative „Für eine öffentliche Krankenkasse" zum dritten Mal nach 2003 und 2007 abgelehnt. Die Initiative verlangte die Schaffung einer einheitlichen nationalen öffentlich-rechtlichen Einrichtung, welche die obligatorische Krankenpflegeversicherung (OKP) durchführt. Die heute 61 tätigen Krankenkassen würden durch eine öffentliche Krankenkasse ersetzt. Vorgesehen war, Art. 117 Abs. 3 (neu) und 4 (neu) der Bundesverfassung wie folgt zu ergänzen: Die soziale Krankenversicherung wird von einer einheitlichen nationalen öffentlich-rechtlichen Einrichtung durchgeführt. Deren Organe werden namentlich aus Vertreterinnen und Vertretern des Bundes, der Kantone, der Versicherten und der Leistungserbringer gebildet. Die nationale Einrichtung verfügt über kantonale oder interkantonale Agenturen. Diese legen namentlich die Prämien fest, ziehen sie ein und vergüten die Leistungen. Für jeden Kanton wird eine einheitliche Prämie festgelegt; diese wird aufgrund der Kosten der sozialen Krankenversicherung berechnet.

Die vier Westschweizer Kantone Jura, Neuenburg, Genf und Waadt stimmten der Volksinitiative zu, in den restlichen Kantonen wurde sie abgelehnt. Mit 62 % Nein-Stimmen war die Ablehnung der Einheitskasse dennoch weitaus geringer als noch im Jahr 2007 (71 % Nein-Stimmen). Zudem hat der Druck der Volksinitiative in der Schweiz dazu geführt, dass längst überfällige Reformen wie das neue Aufsichtsgesetz für die Krankenkassen, der verfeinerte Risikoausgleich und die Rückerstattung zu viel bezahlter Prämien im Parlament verabschiedet wurden. Ebenfalls im Fokus der Reformbestrebungen des Bundesrats stehen eine verbesserte Koordination von chronisch erkrankten Menschen und die Qualitätssicherung z. B. durch die Einführung des elektronischen Patientendossiers.

In der Schweiz werden seit Jahren Ansätze zu einer monistischen Spitalfinanzierung diskutiert. Bereits im Vorfeld der 2. KVG-Revision, die in der Wintersession 2003 vom Nationalrat abgelehnt wurde und damit gescheitert war, wurde der Bundesrat im Rahmen von Postulaten [323] aufgefordert, das Modell einer monistischen Spitalfinanzierung zu prüfen (P 01.3604, Zäch; P 02.3674, Zysiadis). Das Postulat Zäch (2001) forderte vom Bundesrat einen Bericht über eine monistische Spitalfinanzierung im schweizerischen Gesundheitswesen. Dies vor dem Hintergrund der Debatte über die Revision der Spitalfinanzierung. Begründet wurde das Postulat damit, dass mit einem solchen Systemwechsel (Finanzierung der Spitäler durch einen einzigen Kostenträger, nämlich die Krankenversicherungen) wirtschaftliche Anreize zur Senkung der Kosten im Gesundheitswesen geschaffen werden könnten. Das Postulat Zysiadis (2002) forderte den Bundesrat auf, einen Bericht zu einer monistischen Spitalfinanzierung durch den Bund mit möglichen Konsequenzen für die Versicherten und die Kantone auszuarbeiten (P 02.3674). Dieses Modell der monistischen Finanzierung der Spitalleistungen sah den Staat (Bund oder Kantone) in der Rolle des Monisten vor. Die Finanzierungsverantwortung sollte entsprechend an den Staat übertragen werden. Diese Postulate wurden mit dem Beschluss der Eidgenössischen Räte vom 21.12.2007 zur Änderung des KVG abgeschrieben (BBl 2004 5551). In seiner Botschaft zur 3. KVG-Revision (2007) hielt der Bundesrat fest, dass der sofortige Übergang zu einem monistischen Finanzierungssystem wegen des fehlenden politischen Konsenses kein vorrangiges Ziel der Gesetzesrevision ist. Der Bundesrat wurde dennoch damit beauftragt, dem Parlament bereits innert drei Jahren einen entsprechenden Vorschlag zu unterbreiten (Übergangsbestimmungen, Abs. 5) [324]. Bis heute (Herbst 2014) liegt kein solcher Vorschlag des Bundesrates vor. Es ist nun Sache des Parlaments, hier vom Bundesrat die Erledigung des Auftrags einzufordern und dafür zu sorgen, dass der Übergang zu einem monistischen Finanzierungssystem vorangetrieben wird. Dies vor dem Hintergrund, dass die unterschiedliche Abgeltungsart der stationär (dual-fix) und ambulant (monistisch) erbrachten Leistungen die Wahl der Therapieform beeinflusst und damit dem Wohl des Patienten schadet (S. 107, Ziffer 8.3.4).

8.3.3 Handlungsempfehlung 1b: Rückzug der Kantone als Spitaleigentümer

Die am 1. Januar 2009 in Kraft getretene Revision des KVG hat die Rahmenbedingungen für die Spitalfinanzierung und -planung in der Schweiz ab dem 1. Januar 2012 grundlegend geändert. Die Einführung von SwissDRG und der Verzicht auf die hoheitliche Steuerung der Leistungsmengen führen zu einem verstärkten Wettbewerb unter den Spitälern. Wegen der steigenden Kosten im Gesundheitswesen und insbesondere auch der Spitalkosten [16] müssen sich die Kantone Gedanken zu einer effizienten Gestaltung der Versorgungsplanung und zur Umsetzung der Leistungsaufträge machen. Für den Kanton als Spitaleigentümer besteht wie oben ausgeführt ein Rollenkonflikt (Mehrfachrolle als Regulator, Finanzierer und Spitalbetreiber), indem er sich mit dem eigenen Spital und in Konkurrenz mit anderen Spitälern um die von ihm selbst vergebenen Leistungsaufträge bewirbt. Im wettbewerblichen Umfeld wird die

Mehrfachrolle des Kantons (Regulierung, Aufsicht, Versorgungsplanung, Finanzierung sowie Tarifgenehmigung und -festsetzung, Spitaleigentümer) noch problematischer. Das führt zur Frage, ob die Kantone tatsächlich Eigentümer von Spitälern oder Halter von Aktienkapital einer Spital-AG sein müssen, um ihrem Spitalversorgungsauftrag nachzukommen, oder ob es andere Möglichkeiten gibt? Beispielsweise ein Rückzug als Spitaleigentümer? Durch den Rückzug der öffentlichen Hand erhalten die Spitäler grosse unternehmerische Freiheiten wie beispielsweise die Stärkung der Eigenkapitalbasis durch den Verkauf nicht betriebsnotwendiger Liegenschaften. Damit können Spitäler auch zukünftige Investitionen [325] fremdfinanzieren.

Die Kantone als Spitaleigentümer sollten ihre Strukturen so anpassen, dass die öffentlich-rechtlichen Spitäler von den Auswirkungen der neuen Spitalfinanzierung, der leistungsorientierten Spitalplanung und der schweizweit freien Spitalwahl der Patienten nicht stärker betroffen sind als ihre Mitbewerber. Sämtliche Spitäler bedürfen im wettbewerblichen Umfeld der gleichen Voraussetzungen. Es ist möglich und aus meiner Sicht auch nötig, der angesprochenen Mehrfachrolle der Kantone und den damit verbundenen Rollenkonflikten zu begegnen. Ein freiwilliger Rückzug der Kantone aus ihrer Eigentümerrolle zwecks Erhöhung der Wettbewerbsfähigkeit der öffentlich-rechtlichen Spitäler ist wirtschaftlich sinnvoll, rechtlich möglich und wird teilweise auch bereits umgesetzt [326].

Die Rechtsformänderung beispielsweise von einer öffentlich-rechtlichen Anstalt in eine Aktiengesellschaft (Art. 620 ff. OR) ist verbunden mit der Möglichkeit, sich in einem zweiten Schritt vom Aktienkapital zu trennen. Die Beteiligungsrechte des Kantons als Aktionär fallen in diesem Fall dahin, womit er strategisch keinen Einfluss mehr auf die Spitäler nehmen kann. Die Spitäler bzw. deren Verwaltungsräte gewinnen damit die notwendige unternehmerische Freiheit, um im heutigen Spitalumfeld aktiv und mit der nötigen Flexibilität Entscheide zu fällen [327].

Für die Spitäler geht mit der Ablösung von den Kantonen mehr Freiheit, aber auch mehr Verantwortung und weniger ökonomische Sicherheit einher. Sie müssen dafür besorgt sein, dass sie auch ohne Zweckverband mit Gemeinden und Kantonen interessant sind für potenzielle Kapitalgeber (befristete Leistungsvereinbarungen = erhöhtes Risiko für private Geldgeber) und dass sie mit den stattfindenden Veränderungen in der schweizerischen Spitallandschaft umgehen können. Ferner obliegt den privatrechtlich organisierten Spitälern auch aus ethischer Sicht eine grosse Verantwortung: Es ist ethisch durchaus legitim, ein Unternehmen gewinnorientiert zu führen. Mit Blick auf die begrenzten Ressourcen im Gesundheitswesen ist deren effiziente Verwendung ausserdem ein Gebot der Gerechtigkeit. Voraussetzung ist allerdings, dass die Gewinnorientierung die qualitativ angemessene Patientenversorgung nicht unterläuft. Seiner ethischen Verantwortung gerecht werden würde beispielsweise bedeuten, erzielte Gewinne zwecks Gewährleistung und/oder Verbesserung qualitativ angemessener Patientenversorgung zu verwenden. Im Rahmen des Patientenversorgungsauftrags Geld zu verdienen ist nicht per se unethisch, die Frage ist, *wie* das Geld verdient wird.

In Zusammenhang mit der Neuorientierung der Spitäler als privatwirtschaftliche Unternehmen besteht durchaus die Gefahr, dass der finanzielle Druck, der durch die Optimierung der Erträge im Spitalbetrieb entstehen kann, vom Verwaltungsrat der AG an die Geschäftsleitung und die Chefärzte weitergegeben wird. Die Tarifstruktur SwissDRG sieht keine Gewinnbestandteile vor, d. h. diese müssen erst erarbeitet werden. Den stärkeren Kostendruck verlagert die Geschäftsleitung oder die Chefärzteschaft möglicherweise auf die einzelnen Abteilungen, die Teams und schlussendlich an die jeweiligen Mitarbeitenden. Um diesem Druck zu begegnen, werden in wirtschaftlich orientierten Unternehmen u. a. finanzielle Anreize gesetzt, weil solche positive Effekte auf die Leistungen haben können [328]. Werden in einem Spital beispielsweise finanzielle Anreize zwecks Erreichen eines optimalen Betriebserfolgs gesetzt, müssen sich die Anreize zwingend an der Qualität einer bedarfsgerechten Versorgung orientieren und sollen nicht auf personenbezogenen Belohnungssystemen beruhen, weil dort der Fokus auf den individuellen Vorteilen des Einzelnen liegt. Personenbezogene Belohnungssysteme führen zu Konkurrenz im Team, die Kooperationsbereitschaft ist geringer und die Kommunikations- und Informationsweitergabe wird erschwert [329]. Die Anreize, die von privatrechtlich organisierten Spitälern zwecks Erreichung ihrer Unternehmensziele gesetzt werden, müssen mit dem professionellen Selbstverständnis der Mitarbeitenden in den Gesundheitsberufen übereinstimmen. Dazu gehört, dass Patienten nicht zur Handhabe für private Gewinnerzielung werden. Ansonsten besteht die Gefahr, dass die Selektion und das Anwerben von finanziell attraktivem Patientengut der Hilfe für hilfsbedürftige Patienten vorgeht, was aus medizinethischer Sicht nicht zu rechtfertigen ist.

Die vorne ausgeführten und vom Gesetzgeber explizit eingeführten Schutzbestimmungen (Kapitel 7) zur Abfederung allfälliger Nachteile in Zusammenhang mit der SwissDRG-Einführung sind selbstredend auch auf jene Spitäler anwendbar, die in der Rechtsform der Aktiengesellschaft organisiert sind. *Aus meiner Sicht kann auch die Wahl der Rechtsform eines Spitals einen Beitrag zur Wahrnehmung der ethischen Verantwortung im Gesundheitswesen und zum Schutz vulnerabler Patientengruppen leisten.* Gemäss Art. 620 Abs. 3 OR kann eine Aktiengesellschaft auch für andere als wirtschaftliche Zwecke gegründet werden. Träger eines Spitals oder einer anderen Organisation im Gesundheitswesen (z. B. Spitex, Heim) kann entsprechend ebenfalls eine Aktiengesellschaft mit gemeinnützigem Zweck sein. Diese Rechtsform bietet den Vorteil der Steuerbefreiungsmöglichkeit und verknüpft die organisatorischen Vorteile der Aktiengesellschaft (klare gesetzliche Vorgaben in Bezug auf die Struktur, unternehmerische Freiheit) mit dem Bestreben, einen Beitrag an das Gemeinwohl, wie beispielsweise einen Betrieb zur Sicherstellung der stationären Gesundheitsversorgung, zu leisten. Das Zugeständnis des gemeinnützigen Zwecks und die damit verbundene Steuerbefreiung [330] durch die Steuerbehörde erfolgt allerdings nur, wenn die Gewinne [331] der gemeinnützigen Aktiengesellschaft maximal auf eine Eigenkapitalverzinsung beschränkt sind.

8.3.4 Herausforderung: Unterschiedliche Abgeltungsart der erbrachten Leistungen beeinflusst die Wahl der Therapieform

Die unterschiedliche Finanzierung der stationären (dual-fix: 45 % KV und 55 % Kanton) und ambulanten (monistisch: 100 % KV) Leistungen in der Schweiz kann dazu führen, dass rehabilitationsfähige Patienten aus Kostengründen länger stationär liegen müssen, weil die Krankenversicherungen die Kostengutsprachen aus finanziellen Gründen hinauszögern. Der Grund dafür liegt darin, dass bei einem stationären Aufenthalt 55 % der anfallenden Kosten von den Kantonen mitfinanziert werden. Sobald der stationäre Patient beispielsweise in die ambulante Rehabilitation entlassen wird, entfällt die Mitfinanzierung der Kantone und die Krankenversicherung muss die Leistungen zu 100 % bezahlen (nach dem Einzelleistungstarif TARMED). Diese unterschiedliche Art der Finanzierung der erbrachten Behandlungsleistung *beeinflusst die Wahl der Therapieform, was in erster Linie dem Wohl des Patienten schadet.* Zudem beeinträchtigen solche Kostenüberlegungen den Wettbewerb und beeinflussen damit auch die Effizienz der Ressourcenverteilung. Dieser Fehlanreiz, der wegen der dualen Finanzierung der stationären Spitalleistungen und der monistischen Finanzierung der ambulanten Leistungen besteht, wurde mit der Neuordnung der Spitalfinanzierung im Rahmen der 3. KVG-Revision (2007) nicht behoben.

8.3.5 Handlungsempfehlung 2: Einheitliches Abgeltungssystem für stationär, spitalambulant und ambulant erbrachte Leistungen

Auf der Makroebene bietet sich als Handlungsempfehlung die Einführung eines einheitlichen Abgeltungssystems sämtlicher zulasten der OKP erbrachten Leistungen an. D. h. unabhängig davon, in welchem Behandlungssetting (stationär, spitalambulant oder ambulant) sich die Patientin oder der Patient befindet, werden die OKP-Leistungen einheitlich abgegolten. Entweder über ein Pauschalsystem (z. B. SwissDRG) oder ein Einzelleistungs-Vergütungssystem (z. B. Tarmed). Dies würde allfällige Verzerrungen in der Ressourcenallokation verhindern. Zudem wäre der Patient immer in dem für ihn aus medizinischer Sicht optimalen Behandlungssetting, was wiederum den erfolgreichen und effizienten Abschluss der Behandlung fördert und damit einen Beitrag zur Qualitätssicherung in der schweizerischen Gesundheitsversorgung leistet.

8.3.6 Handlungsempfehlung 3: Sektor übergreifende Versorgungsformen stärker fördern

Die integrierte Versorgung gilt in vielen Ländern seit langer Zeit als Rezept für mehr Patientenorientierung, Qualität und Effizienz im Gesundheitswesen. Bei der integrierten Versorgung liegt der Fokus auf der Optimierung der Behandlungskette. In der

Schweiz wird unter integrierter Versorgung ein Versicherungsmodell im Rahmen der Grundversicherung verstanden, bei dem der Patient einen Arzt bezeichnet, den er im Krankheitsfall als ersten aufsucht. Die Gegenleistung für diese Verpflichtung ist ein Prämienrabatt in der Grundversicherung der Krankenversicherung. Ebenfalls von integrierter Versorgung wird gesprochen, wenn Grundversorger und Spezialisten sich in sogenannten institutionellen Netzwerken organisieren und als Vertragspartner der Krankenversicherung gemeinsam Spielregeln festlegen.

Seit mehreren Jahren sind auch in der Schweiz Bemühungen erkennbar, die Behandlungen um den Patienten zu zentrieren. Dies ist insbesondere deshalb sinnvoll, weil durch eine solche Zentrierung Doppeluntersuchungen vermieden werden können. Weil in der Schweiz heute bedeutend mehr Patienten ohne vorherige Hausarztkonsultation direkt die Notfallaufnahme der Spitäler aufsuchen [332–334] – was zu Ressourcenproblemen und stationär steigenden Kosten führt – gewinnt die initiale Triagierung an Bedeutung [335]. Eine eng aufeinander abgestimmte ambulante und stationäre Behandlung würde auch hier zu Entlastungen im laufenden Spitalbetrieb und zu Kosteneinsparungen führen. Mit einer koordinierten Gesundheitsversorgung können Kosten eingespart werden, dies zeigt auch das innovative Versorgungsmodell „FamilyStart“ der beiden Basler Kantone: Durch die Verkürzung des postnatalen Spitalaufenthaltes nach der Einführung von SwissDRG war der spitalexterne Bereich gefordert, eine adäquate Nachbetreuung sicherzustellen. Heute organisieren Hebammen-Netzwerke in enger Zusammenarbeit mit Geburtskliniken, Mütterberaterinnen und ambulanten Leistungserbringern die koordinierte Gesundheitsversorgung am Lebensanfang. Erste Ergebnisse zu den Kosten vor und nach Einführung des innovativen Versorgungsmodells zeigen auf, dass mit dessen Einführung Einsparungen (pro Kind und Behandlung) möglich sind. Dies deshalb, weil verschiedene Untersuchungen (z. B. Neugeborenengelbsucht) zu Hause und nicht im Notfall durchgeführt werden [336].

Vergleichsweise neu ist der Aufbau patientenzentrierter Versorgungseinheiten mit dem Schwerpunkt auf einer guten Primärversorgung sowie der kontinuierlichen Versorgung von chronisch Kranken in den USA (sog. „Medical Homes“). In diesen „Medical Homes“ erfolgt nach *Fields et al* (2010) und *Kilo/Wasson* (2010) eine Loslösung von der klassischen (Einzel-)Arztpraxis durch den Einsatz von Care Managern sowie insbesondere auch durch anreizorientierte Vergütungsformen. In diesem Zusammenhang konnten Kosteneinsparungen und Qualitätssteigerungen nachgewiesen werden [337, 338].

Diese Beispiele zeigen auf, dass es sinnvoll ist, die in der Schweiz erkennbaren Bemühungen zur Förderung Sektor übergreifender Versorgungsformen rascher voranzutreiben.

8.3.7 Herausforderung: Umsetzung der neuen gesetzlichen Regelungen, insbesondere AüP

Qualitätsprobleme entstehen oft aufgrund mangelnder Kontinuität an den Schnittstellen [339], d. h. beim Übergang von stationär zu ambulant bzw. zu häuslicher Pflege oder Langzeitpflege. Es ist deshalb wesentlich, an sektorenübergreifenden Fragen zu forschen und die dazu nötigen rechtlichen Rahmenbedingungen zu schaffen. Der Schweizer Gesetzgeber hat mit der Einführung von SwissDRG explizit solche rechtlichen Rahmenbedingungen geschaffen und neue Instrumente eingeführt, die der Abfederung allfälliger nachteiliger Folgen der Einführung von SwissDRG (bspw. raschere Spitalentlassungen) dienen. Wie oben ausgeführt ging der Bundesrat davon aus, dass die Einführung von leistungsorientierten Fallpauschalen eine Verkürzung der Liegedauer in den Spitälern zur Folge hat. Deshalb führte er am 1. Januar 2011 die Akut-und Übergangspflege (AüP) als neue Tarifkategorie für Pflegeleistungen ein.

Bei der in Art. 25*a* Abs. 2 KVG geregelten Akut-und Übergangspflege handelt es sich um eine maximal 14-tägige, vom Spitalarzt verordnete Pflege nach einem Spitalaufenthalt mit dem Ziel, den Patienten wieder in jenen Zustand zu versetzen, in dem er sich vor seinem Spitalaufenthalt befand. Die Patienten sollten aus Sicht des Gesetzgebers nicht zu einem Zeitpunkt entlassen werden, in welchem sie noch nicht in der Lage sind, ein selbstständiges Leben aufzunehmen. AüP darf nur verordnet werden, wenn keine längerfristige Rehabilitation in einer dafür vorgesehenen Einrichtung nötig ist. Die AüP dient nicht der Finanzierung allfälliger Wartezeiten im Hinblick auf den Eintritt in eine Rehabilitationsklinik oder in ein Heim [340]. Die kumulative Vergütung von Leistungen der Akut- und Übergangspflege mit anderen Pflegeleistungen ist ausgeschlossen. Die Studien-Ergebnisse aus den qualitativen Experteninterviews im Rahmen der DRG-Begleitforschung in der Schweiz haben gezeigt, dass nach der Einführung von SwissDRG eine schnellere Verschiebung von stationären zu ambulanten Behandlungen stattfindet und dass das Instrument der Akut- und Übergangspflege den befragten Experten wenig bekannt ist, weshalb sich folglich die Umsetzung in der Praxis schwierig gestaltet. Zudem beurteilten viele Spitalverantwortliche die auf zwei Wochen angelegte Dauer der AüP als zu kurz, die Praktikabilität der geltenden Regelung wurde mehrheitlich in Frage gestellt. Entsprechend wird die Akut- und Übergangspflege in der gegenwärtigen Ausgestaltung kaum nachhaltig Fuss fassen [229].

8.3.8 Handlungsempfehlung 4: Weiterentwicklung der gesetzlichen Schutzbestimmung AüP

Da die Akut-und Übergangspflege (AüP) als neue Tarifkategorie für Pflegeleistungen insbesondere für ältere Patienten und damit für eine der grössten vulnerablen Patientengruppen von grosser Bedeutung ist, muss gesetzgeberisch an einer Weiterentwicklung dieser bundesrechtlichen Bestimmung sowie an einer einheitlichen Umsetzung in den Kantonen gearbeitet werden. Eine mögliche Lösung ist die Verlängerung der 14-tägigen AüP auf eine Zeitdauer von einem Monat.

Am Übergang von stationär zu ambulant ist zudem weiterer Forschungsbedarf insbesondere in quantitativer Hinsicht ausgewiesen [341]. Zudem braucht es ein verbessertes Wissen der Spitalärzte bezüglich der Möglichkeit der Verordnung von AüP sowie eine gute Vernetzung zwischen den Sozialdiensten der Spitäler und den Spitalärzten. Solange die Spitalärzte neue gesetzliche Regelungen, deren Umsetzung sie zum Wohl des Patienten direkt beeinflussen können, nicht kennen, besteht auch keine Möglichkeit einer Verbesserung des jetzigen unbefriedigenden Zustands.

8.3.9 Handlungsempfehlung 5: Patienten- und nutzerorientierte Versorgungsforschung

Im Bereich der AüP – wie auch in vielen anderen Bereichen im Gesundheitswesen in der Schweiz – braucht es ferner patienten- und nutzerorientierte Versorgungsforschung [342], bei der unter Einbezug der Patientinnen und Patienten die Analyse im Mittelpunkt steht, wo welche Probleme entstehen und wie diese gelöst werden können. Der Bund hat dies erkannt und in seiner aktuellen Qualitätsstrategie eine entsprechende Handlungsempfehlung erteilt, wonach kurzfristig ein Forschungsportfolio definiert und Forschungsaufträge erteilt sowie mittelfristig die Entwicklung von Studiendesigns und die Forschungsentwicklung vorangetrieben werden sollen [343]. Damit folgt die Schweiz Vorreitern aus dem Ausland: In Deutschland beispielsweise wurden Disease-Management-Programme [344] und in Grossbritannien QoF-Programme konkret in den Gesundheitssystemen verankert und teilweise mit finanziellen Anreizen kombiniert. Das „Quality and Outcomes Framework“ (QoF) stellt eine evidenzbasierte Behandlung von chronisch Kranken sicher. Dazu wurde in Grossbritannien ein Qualitätsindikatoren-System eingeführt, welches aus Routinedaten der hausärztlichen elektronischen Krankengeschichte generiert wurde, wobei diese Qualitätsindikatoren je nach Zielerreichung finanziell beanreizt wurden (sog. „pay for performance“, p4p). Die Einführung solcher p4p-Programme hat dazu geführt, dass Grossbritannien heute führend ist in der Betreuung von Patienten mit Diabetes-Erkrankungen [345]. Diese Konzepte basieren auf Analysen von Versorgungsforschungsdaten. Dies bekräftigt die Bedeutung von Versorgungsforschungsergebnissen als Grundlage versorgungspolitischer Entscheide.

8.3.10 Herausforderung: Anlagenutzungskosten als Teil der Fallpauschale

Mit Inkrafttreten der neuen Spitalfinanzierung am 1. Januar 2012 sind in der Schweiz die Investitionen [346] und Anlagenutzungskosten (= Kosten für die Abschreibung und Verzinsung der Immobilien und Mobilien) in der Fallpauschale enthalten. D. h. die Preise für Operationen, Therapien und die stationäre Behandlungspflege in Spitälern beinhalten auch die Finanzierung von Investitionen für Operationstische, Geräte, Medikamente und Immobilien. Die Nutzungskosten bilden ab, wie hoch die Investitionen sind, um eine bestimmte Behandlung durchführen zu können. Diese Investitionskosten sind beispielsweise für die Behandlung von Krebserkrankungen höher als bei unkomplizierten orthopädischen Eingriffen.

In Abs. 1 der Übergangsbestimmungen zur Änderung des KVG vom 21. Dezember 2007 (Spitalfinanzierung) wurde festgehalten, dass die Einführung der leistungsbezogenen Pauschalen nach Art. 49 Abs. 1 sowie die Anwendung der Finanzierungsregelung nach Art. 49*a* mit Einschluss der Investitionskosten spätestens am 31. Dezember 2011 abgeschlossen sein müssen. *Diese Zielvorgabe wurde wegen Streitigkeiten zwischen den Tarifpartnern nicht erreicht*, weshalb der Bundesrat in Abweichung zu den Schlussbestimmungen der Änderung vom 22. Oktober 2008 [347] der VKL für das Jahr 2012 einen Zuschlag auf den in den Tarifverträgen verhandelten Basispreisen in der Höhe von 10 % für die Abgeltung der Anlagenutzungskosten festlegte [348]. Dieser Ansatz wurde von den Spitälern als zu tief beurteilt. Wie oben ausgeführt sind die Prozessqualität und die Strukturqualität eng miteinander verknüpft, d. h. die Spitäler brauchen eine angemessene bauliche und medizintechnische Infrastruktur, damit eine entsprechende Qualität der Prozesse gewährleistet werden kann. Die Sicherstellung genügender baulicher und medizinischer Strukturen wiederum verlangt entsprechende Investitionen, beispielsweise für nötige Sanierungsmassnahmen oder auch zur Bewältigung von Herausforderungen im Rahmen des medizinischen Fortschritts sowie im Interesse von Patientinnen und Patienten.

Am 18. September 2012 hat der Verwaltungsrat der SwissDRG AG beim Bundesrat die prozentuale Abgeltung der Anlagenutzungskosten für die Folgejahre 2013 und 2014 (Normkostenzuschlag) beantragt. Weil sich *die Tarifpartner weder auf ein einheitliches und unanfechtbares Vorgehen noch auf eine neue gemeinsame und schweizweit einheitliche Regelung einigen wollten*, hat der Verwaltungsrat der SwissDRG den Antrag mit Beschluss vom 3. Dezember 2012 wieder zurück gezogen.

Gestützt auf den Vorrang der Tarifautonomie des Krankenversicherungsgesetzes ist es Sache der Tarifpartner, die Abgeltung der Leistungserbringung inklusive Anlagenutzung auf der Basis der jeweiligen Kostenausweise der Spitäler zu vereinbaren (Art. 43 Abs. 4 KVG) [349]. Mit Inkrafttreten der KVG-Änderung vom 23. Dezember 2011 am 1. Januar 2013 ist diese reine Genehmigungskompetenz hinfällig und der Bundesrat kann Anpassungen an der Tarifstruktur vornehmen, wenn sie sich als nicht mehr sachgerecht [350] erweist und die Parteien sich nicht auf eine Revision einigen können [351]. Der Bundesrat verfügt demnach *neu* über eine – wenn auch nur subsidiäre – Möglichkeit, gesamtschweizerisch geltende Tarifstrukturen anzupassen, welche eingehende Verhandlungen erfordert haben und über die zwischen den Tarifpartnern keine Vereinbarung erzielt werden konnte. Diese bundesrätliche Kompetenz gilt für alle gesamtschweizerisch einheitlichen Tarifstrukturen [352].

Es bleibt abzuwarten, ob dieser Anreiz dazu führt, dass die Tarifpartner ihre Tarifautonomie vermehrt wahrnehmen und sich auf Tarifverträge oder deren Revision einigen, bevor der Bundesrat seine Kompetenz der Tarifstrukturanpassung wahrnimmt.

Aufgrund des Kommentars zur Verordnung ist davon auszugehen, dass der Bundesrat seine neue Kompetenz sehr zurückhaltend wahrnehmen wird [353].

Im weiteren Verlauf hat der Bundesrat die Regelung zur prozentualen Abgeltung der Anlagenutzungskosten nicht verlängert, sondern es den Tarifpartnern überlassen, sich über die Festlegung des Normkostenzuschlags für die Folgejahre 2013 und 2014 zu einigen. Zuvor hatte Gesundheitsminister Alain Berset mit einer auf 2013 geplanten Verordnungsänderung und einer angekündigten Herabsetzung des Investitionskostenzuschlags auf 9 % die Krankenkassen, Ärzte, Kantone und Spitäler massiv verärgert [354]. Der genannte Verzicht des Bundesrats führte dazu, dass die Fallkostenvergleiche *kantonal* durchgeführt wurden. Gestützt auf die Medienmitteilung der Gesundheitsdirektion des Kantons Zürich vom 12. Juli 2013 zu den Fallkosten 2012 wurde der Fallkostenvergleich im Kanton unter der neuen Spitalfinanzierung mit SwissDRG-Fallpauschalen erstmals inklusive Investitionskosten durchgeführt [355]. Die berücksichtigten Investitionskosten wurden gemäss der VKL ermittelt und die Fallkosten (einschliesslich Investitionskosten) des Benchmark-Spitals lagen im Jahr 2012 rund zwölf Prozent höher als die Fallkosten des Benchmark-Spitals im Fallkostenvergleich ohne Investitionskosten. Folglich 2 % höher als die vom Bundesrat für das Jahr 2012 festgelegten 10 %. In der Praxis lösen die Spitäler dieses Problem derzeit über Erträge u. a. aus den Zusatzversicherungen (Patientenmix aus halbprivat und privat Versicherten [356]) bzw. über Subventionierungen durch ihre Trägerorganisationen (z. B. Kantone) [357].

Zu beachten bleibt, dass kantonsintern durchgeführte Vergleiche gewissen Risiken unterliegen: Es besteht die Gefahr, dass der bundesrechtliche Begriff der Wirtschaftlichkeit uneinheitlich ausgelegt wird, zusätzlich wird nur eine Teilmenge der Grundgesamtheit in den Vergleich mit einbezogen. Dennoch sind solche Vergleiche mittels repräsentativer Stichprobe in der Einführungsphase [358] der neuen Tarifstruktur SwissDRG gemäss einem aktuellen Urteil des Bundesverwaltungsgerichts vertretbar [359].

8.3.11 Handlungsempfehlung 6: Rasche Verbesserung der Datenqualität

Bereits die Entwicklungsstrategie 2013+ der SwissDRG AG vom 21. November 2012 sah den Einbezug der Anlagenutzungskosten in die Tarifstruktur nach klaren und transparenten Kriterien ab 2015 vor [360]. Der Bundesrat hat die Version 4.0 der Tarifstruktur SwissDRG am 28. November 2014 genehmigt (S. 11 f., Ziffer 3.2.2.1). In dieser weiterentwickelten Version sollen erstmals ab 1. Januar 2015 die Nutzungskosten für die Anlagen (z. B. technische Apparaturen) bei der Berechnung der Fallkostengewichte mit berücksichtigt werden. Der Basis-Fallwert wird gestützt auf die *Kostendaten 2012* CHF 10’205 einschliesslich der Anlagenutzungskosten (ohne ANK = CHF 9’331) betragen [361]. Daraus resultiert, dass der in der Fallkostenpauschale mit eingerechnete Anteil für die Anlagenutzungskosten für das Jahr 2015 bei rund 9 % liegt und damit tiefer als die vom Bundesrat festgelegten 10 % für das Jahr 2012. Ferner um einiges tiefer als die vom Kanton Zürich berechneten 12 %. Dabei muss gemäss Beurteilung der Gesundheitsdirektorenkonferenz allerdings berücksichtigt werden, dass die verwendeten Daten sowohl nach REKOLE [362], nach VKL [363] und in wenigen Fällen nach anderen Methoden erfasst und geliefert wurden. Die grösste Herausforderung bleibt entsprechend die derzeit ungenügende Qualität der Daten.

Zur Verbesserung der Datenqualität hat die SwissDRG AG eine Arbeitsgruppe (Ausschuss ANK) eingesetzt, welche an der Präzisierung entsprechender Vorgaben arbeitet [364]. Weil diese aber frühestens ab *Kostendaten 2013* wirksam werden, bleibt die zeitliche Lücke für die Spitäler bestehen. In der Praxis bedeutet dies, dass die Spitäler derzeit mit einem Basisfallwert arbeiten, der gemäss ihren eigenen Berechnungen einen zu tiefen Investitionskostenanteil enthält. Sie müssen demnach diesen Anteil, der ihnen zur Finanzierung von Investitionen fehlt, über andere Erträge kompensieren.

8.3.12 Herausforderung: Neutraler Betriebskostenvergleich

Ein neutraler Kosten-Betriebsvergleich ist dann möglich, wenn die in der Tarifstruktur SwissDRG ausgewiesenen Kostengewichte die nötigen Behandlungsleistungen sachgerecht abbilden. Die Höhe der Kostengewichte wird durch die SwissDRG AG anhand von konkreten Erhebungen der tatsächlich anfallenden Kosten in den Netzwerkspitälern [365] festgesetzt. Neben der sachgerechten Abbildung müssen in der Tarifstruktur SwissDRG möglichst homogene Fallgruppen erfasst sein, um einen neutralen Betriebsvergleich zu ermöglichen. Wenn ungleiche Voraussetzungen vorliegen, erschwert oder verunmöglicht dies neutrale Betriebsvergleiche zu den Kosten und verzerrt den Vergleich. Solche Deformationen, beispielsweise in Bezug auf den Wettbewerb zwischen den unterschiedlichen Spitälern, zeigen sich insbesondere bei der Abgeltung von Investitionen (nachfolgend Ziffer 8.3.12.1), der Vorfinanzierung zukünftiger Investitionen (Ziffer 8.3.12.2) und der Abgeltung der nicht-universitären Ausbildung (Ziffer 8.3.13.1).

8.3.12.1 Abgeltung von Investitionen

Verschiedene Kantone unterstützen ihre Spitäler [366], an denen sie als Eigentümer beteiligt sind, mit Investitionsbeiträgen ohne oder mit reduzierter Rückzahlungs- und Verzinsungspflicht. War das tatsächlich die Absicht des Schweizer Gesetzgebers im Rahmen der 3. KVG-Revision? Gemäss den politischen Zielsetzungen sollte mit der Bereinigung der Gesetzgebung

- eine je etwa hälftige Leistungsfinanzierung von den Krankenversicherungen und den Kantonen,
- ein verstärkter Wettbewerb,
- die Gleichstellung von privaten und öffentlichen Leistungserbringern und
- eine effizientere Gestaltung der Ressourcenallokation erreicht werden [367].

Wenn – wie dies derzeit in der Schweizer Spitallandschaft geschieht – einzelne Kantone als Träger von Spitälern entsprechende Finanzmittel für die Finanzierung von Investitionen à-fonds-perdu zur Verfügung stellen, sind die Spiesse der öffentlich-rechtlich subventionierten Spitäler und der nicht subventionierten Spitäler im Wettbewerb nicht mehr gleich lang. Entsprechend liegt ein Ungleichgewicht bzw. eine Ungleichbehandlung der nicht öffentlich subventionierten Spitäler vor, die der vom Gesetzgeber angestrebten Zielsetzung, die privaten und öffentlichen Leistungserbringer gleichzustellen, entgegensteht. Ebenso kann m. E. nicht ausgeschlossen werden, dass bei diesen Bemühungen gewisser Kantone der Erhalt von Strukturen im Vordergrund steht. Diese und ähnliche Befürchtungen wurden von den Expertinnen und Experten im Rahmen der qualitativen Interviews [2] mehrfach geäussert (S. 65, Ziffer 6.4.10.2).

8.3.12.2 Berücksichtigung der Vorfinanzierung von zukünftigen Investitionen

Die Vorfinanzierung zukünftiger Investitionen ist heute von der Tarifstruktur SwissDRG nicht erfasst. Soweit die Erträge eines Spitals höher sind als die Aufwände, können die Investitionen direkt aus dem laufenden operativen Geschäft finanziert werden. Mit dem Übergang zur neuen Spitalfinanzierung besteht die Herausforderung, dass die Schweizer Spitäler mit unterschiedlichen infrastrukturellen Voraussetzungen in die Ära SwissDRG übergetreten sind. Die Spitäler haben vor der Einführung von SwissDRG unterschiedlich stark in ihre Liegenschaften und Infrastruktur investiert. Ein bewusstes oder unbewusstes Aufschieben von Ersatzinvestitionen führt nach der Einführung von SwissDRG dazu, dass manche Spitäler stärker belastet sind als andere in Bezug auf alte, laufende und neue Investitionen. Dabei ist die Belastung von Kanton zu Kanton unterschiedlich und führt entsprechend zu Verzerrungen im Vergleich (Wettbewerb, Benchmark). Die Spitäler im Kanton Zürich beispielsweise müssen – im Gegensatz zu Spitälern in anderen Kantonen – seit Einführung der neuen Spitalfinanzierung und der DRG-Implementierung die Umwandlung alter Investitionen in Darlehen verzinsen und zurückzahlen [368]. Gleichzeitig sollen sie laufende und zukünftige Investitionen mit einem ANK-Anteil von 9 % für das Jahr 2015 [369] finanzieren und haben möglicherweise baulichen Nachholbedarf [370]. Da für die Finanzierung zukünftiger Investitionen lediglich die Einnahmen aus der Fallkostenpauschale berücksichtigt werden, stellt sich die Frage, wer für die Vorfinanzierung von Investitionskosten bei infrastrukturell veralteten Spitälern aufkommt?

Übernehmen die *Kantone* diese Vorfinanzierung bei den öffentlich-rechtlichen Spitälern, entstehen durch diese Art der Subventionierung Wettbewerb verzerrende Massnahmen, was wiederum zur Begünstigung oder Benachteiligung gewisser Spitäler führt und den Benchmark verfälscht.

Werden Vorfinanzierungen extern über einen *Fremdkapitalgeber* (z. B. Bank) finanziert, stellt dies für viele Spitäler eine grosse Herausforderung dar. Die Orientierung am Kapitalmarkt verlangt marktorientiertes Verhalten, was Transparenz, Grösse, Rechnungslegung, Finanzkennzahlen und Reporting voraussetzt [371]. Der Umgang mit dieser neuen Rolle als privatwirtschaftliche Unternehmen ist für einige Spitäler noch neu, sie müssen erst lernen, damit umzugehen und sich der damit verbundenen Verantwortung zu stellen [372].

8.3.13 Handlungsempfehlung 7: Korrekturzuschlag vor dem Benchmarking

Spitäler, die in Bezug auf Leistungen und Kosten miteinander verglichen werden, müssen zwingend und unabhängig von ihrer Trägerschaft den gleichen regulatorischen Voraussetzungen und Pflichten unterstehen [373]. Solange es in der Spitallandschaft Schweiz Spitäler gibt, die offen oder verdeckt subventioniert werden, ist ein Betriebsvergleich zu den Kosten, wie er vom Gesetzgeber seit Inkrafttreten der neuen Spitalfinanzierung am 1. Januar 2009 verlangt wird, nicht möglich (Art. 49 Abs. 8 KVG). Vergleichsverzerrende Massnahmen wie beispielsweise die Subventionierung von Spitälern führen dazu, dass Spitäler entweder begünstigt oder benachteiligt werden und sie folglich den Benchmark verfälschen.

Wenn Kantone zum Beispiel aus regionalpolitischen Gründen Spitalkapazitäten bewusst aufrecht erhalten durch direkte oder indirekte Subventionen, handelt es sich um gemeinwirtschaftliche Leistungen, die von der OKP nicht zu übernehmen sind (Art. 49 Abs. 3 lit. a KVG) und auch nicht in den Basisfallwert einfliessen dürfen [374]. Zur Herstellung der Vergütungsgerechtigkeit [375] braucht es eine Einigung zur Ausscheidung der Kosten gemeinwirtschaftlicher Leistungen, die bis heute fehlt. Es gibt keine Richtlinien dazu, nach welchen Methoden und unter welchen Voraussetzungen gemeinwirtschaftliche Leistungen auszuscheiden sind. Zur Ermittlung von Benchmarking-relevanten Betriebskosten [376] müssen subventionierte Leistungen vorab abgegrenzt werden, d. h. die genannten kantonalen Subventionen müssen bei den Spitälern *vor* dem Benchmarking berücksichtigt werden. Beispielsweise könnte ein Korrekturzuschlag für subventionierte Spitäler vor dem Benchmarking erhoben werden.

8.3.13.1 Abgeltung der nicht-universitären Ausbildung

Wie oben ausgeführt sind heute die Kosten der beruflichen Aus- und Weiterbildung der nicht-universitären Berufe Teil der Fallpauschale und werden nicht mehr durch Steuergelder der Kantone finanziert. Im Rahmen von qualitativen Interviews [2] wurden Spitalexpertinnen und -experten unter anderem danach gefragt, welchen Einfluss diese Änderung auf die Aus- und Weiterbildung des nicht-universitären Spitalpersonals hat. Befürchtet wurde, dass der heute bestehende Kostendruck dazu führen kann, weniger Personal auszubilden oder das Personal weniger gut auszubilden und dadurch das Risiko impliziter Rationierung zu begünstigen (S. 60 f., Ziffer 6.4.5). Kritische Stimmen wurden laut betreffend die Umsetzung der Ausbildungsverpflichtung durch die Kantone.

„Die Aus- und Weiterbildungsregelung des Kantons trifft uns dort, wo wir heute sanktioniert werden aufgrund der Anzahl Mitarbeiter, d. h. wie viele in den einzelnen Fachgebieten ausgebildet werden müssen. Unser Spital hat bis anhin die Philosophie vertreten, in jenen Fachbereichen Personal auszubilden, in denen wir nachher das Personal auch beschäftigen können. Mit dieser Regulierung des Kantons bilden wir zwar viele FAGEs aus, es zeigt sich aber, dass sie im Akutspital keine grosse Zukunft haben, ausser sie ziehen die Ausbildung weiter, wir merken, dass wir sehr viele in die nachgelagerten Institutionen verlieren. Wir hätten uns gewünscht, dass wir mehr einbezogen worden wären und nicht einfach uns gesagt worden wäre, ihr müsst so viele Leute ausbilden ungeachtet dessen, ob wir sie einsetzen können“ (Interview 24).

8.3.14 Handlungsempfehlung 8: Strukturelle Anpassung (a) und einheitliches Abgeltungsmodell (b)

Nach der Einführung der neuen Spitalfinanzierung haben wir in der Schweiz die Situation, dass die Kosten der Ausbildungsleistungen ein Teil der Fallpauschale sind. Dennoch bildet die nicht-universitäre Ausbildungstätigkeit kein zwingendes Kriterium für die Aufnahme der Spitäler auf die Spitalliste [377]. Zum jetzigen Zeitpunkt füllen die *Kantone* diese Lücke, indem sie die Listenspitäler gestützt auf kantonales Recht dazu verpflichten, für ein hinreichendes Angebot an Ausbildungsplätzen zu sorgen. Weil das Erbringen dieser Ausbildungsleistungen von den Spitälern in unterschiedlichem Ausmass erbracht wird, sind jene, die keine Ausbildungsleistungen erbringen und auch keine Ausgleichszahlungen leisten müssen, bevorzugt betreffend die Kostensituation. Dies führt zu einer Verzerrung des Wettbewerbs und des Benchmark. Hier braucht es eine Korrektur der durch die Tarifstruktur SwissDRG bedingten Verzerrungen. Zwei Möglichkeiten sind denkbar (nachfolgend (a) und (b)):

(a) Strukturelle Anpassung: Ergänzung von Art. 58*e* Abs. 3 KVV

Spitäler sind gemäss Art. 39 Abs. 1 KVG zur stationären Behandlung akuter Krankheiten oder der stationären Durchführung von Massnahmen der medizinischen Rehabilitation zugelassen, wenn sie die nachfolgenden Voraussetzungen kumulativ erfüllen: Sie gewährleisten eine ausreichende ärztliche Betreuung (lit. a), sie verfügen über das erforderliche Fachpersonal (lit. b), über zweckentsprechende medizinische Einrichtungen und gewährleisten eine zweckentsprechende pharmazeutische Versorgung (lit. c), sie entsprechen der von einem oder mehreren Kantonen gemeinsam aufgestellten Planung für eine bedarfsgerechte Spitalversorgung, wobei private Trägerschaften angemessen in die Planung einzubeziehen sind (lit. d), und sie sind auf der nach Leistungsaufträgen in Kategorien gegliederten Spitalliste des Kantons aufgeführt (lit. e). Zusätzlich muss der Bundesrat einheitliche Planungskriterien auf der Grundlage von Qualität und Wirtschaftlichkeit erlassen (Art. 39 Abs. 2ter KVG). Dazu hat er mit der Änderung der Krankenversicherungsverordnung am 22. Oktober 2008 die Art. 58*a* bis 58*e* KVV erlassen und insbesondere die Kriterien für die Spitalplanung näher umschrieben. Art. 58*e* Abs. 3 KVV hält fest, dass die Kantone jeder Einrichtung auf ihrer Liste einen

Leistungsauftrag nach Art. 39 Abs. 1 lit. e des Gesetzes erteilen. Dieser Leistungsauftrag kann insbesondere die Pflicht zum Notfalldienst beinhalten. Analog könnte die Verpflichtung zum Angebot von Ausbildungsplätzen auch ein Kriterium sein, das erfüllt sein muss, damit ein Leistungsauftrag erteilt wird. Dies kann mit einer Ergänzung von Art. 58*e* Abs. 3 KVV wie folgt umgesetzt werden: „Dieser Leistungsauftrag kann insbesondere die Pflicht zur Ausbildung von nicht-universitärem Personal beinhalten". Eine solche strukturelle Anpassung führt dazu, dass die Spitäler über das bundesrechtliche Krankenversicherungsgesetz zur Erbringung solcher Leistungen *verpflichtet* werden. Oder anders formuliert: Werden nicht-universitäre Ausbildungsleistungen durch die Tarife nach Art. 49 KVG abgegolten, müssen sie auch ein Kriterium für die Erteilung von OKP-Leistungsaufträgen nach Art. 39 KVG sein.

Selbstverständlich muss diese Ausbildungsverpflichtung bedarfsgerecht sein, d. h. die Verpflichtung ist erstens nach sachgerechten Kriterien festzulegen und zweitens müssen neben den Spitälern auch die anderen Leistungserbringer entlang der gesamten Versorgungskette in die Ausbildungspflicht genommen werden. Spitex-Organisationen oder Heime haben bis heute keine Ausbildungsverpflichtung, weshalb diese davon profitieren, dass die Spitäler ausbilden (müssen). Das ist weder gerecht noch sachdienlich. Eine „sachgerechte" Kriterienfestlegung bedeutet aus meiner Sicht, dass die Spitäler dazu verpflichtet werden, genügend nicht-universitäres Personal auszubilden, welches sie (oder andere Spitäler) in der Zukunft auch beschäftigen (können).

(b) Einheitliches Abgeltungsmodell für die Ausbildungskosten des nicht-universitären Personals

Im Anschluss an die strukturelle Klärung bleibt die Frage, wie der Aufwand für die betriebliche Ausbildung des nicht-universitären Personals zu entschädigen ist. Diese Abgeltung muss schweizweit einheitlich gehandhabt werden. Ein entsprechendes Abgeltungsmodell existiert derzeit in der Schweiz noch nicht. An der Umsetzung eines schweizweit einheitlichen Abgeltungsmodells arbeiten derzeit die Schweizerische Konferenz der kantonalen Gesundheitsdirektorinnen und -direktoren (GDK), der Spitalverband „H+" und die Krankenkassenvereinigung „santésuisse". Das geplante Abgeltungsmodell will die Prinzipien für die Entschädigung der Ausbildungsleistungen der nicht-universitären Berufe festlegen, d. h. der betriebliche Aufwand für die Ausbildung des Personals soll in der ganzen Schweiz nach einheitlichen Kriterien entschädigt werden, wobei die Kosten der Ausbildungsleistungen pro Berufsgruppe und Ausbildungsstufe ermittelt und leistungsbezogen nach der Anzahl der Auszubildenden abgegolten werden sollen. Vorgesehen ist, den Aufwand für die betriebliche Ausbildung des nicht-universitären Gesundheitspersonals über einen *Zuschlag* auf die Fallpauschalen zu entschädigen. Das gesonderte Ausweisen dieser Bildungsentschädigung kann verhindern, dass ausbildende Betriebe beim wirtschaftlichen Leistungsvergleich einen Wettbewerbsnachteil erfahren.

8.3.15 Herausforderung: Identifikation vulnerabler Patientengruppen in sämtlichen Versorgungssettings

Im Rahmen der SNF-Sinergia-DRG-Begleitforschung Schweiz [1, 2] wurde die Gruppe der besonders verletzlichen Patientengruppen im stationären Setting von Spitalexpertinnen und -experten identifiziert. Es sind Patienten mit Mehrfacherkrankungen, sehr alte, chronisch kranke, demenzkranke Patienten, Personen mit sehr seltenen Krankheitsbildern, Patienten, die teure Medikamente benötigen, pflegeintensive Patienten, palliative Patienten, Patienten ohne Anschlusslösung (Heim, Reha, Spitex), Neugeborene, Kinder, Patienten mit Behinderungen, Alkohol- und Drogenkranke, HIV-infizierte Patienten, sozial Schwache, Gefangene, Obdachlose, Migranten, Asylbewerber, Personen mit unklarem Aufenthaltsstatus, „sans-papiers", Personen mit schlechtem Zugang zum schweizerischen Sozialversicherungssystem sowie Patienten mit fehlenden Sprachkenntnissen. Mit Blick auf die Gesundheitsversorgung in den Bereichen spitalambulant, ambulant, Langzeit und häuslich, d. h. entlang der gesamten Versorgungskette im Gesundheitswesen in der Schweiz, besteht dennoch Handlungsbedarf. Die in den Jahren 2006 und 2011 erschienenen Länderberichte der OECD und der WHO haben u. a. festgestellt, dass in der schweizerischen Gesundheitsversorgung mehr Angaben über Behandlungsresultate und Morbidität notwendig sind, die sich nicht nur auf die Erfassung der Versorgungsqualität in der Akutversorgung beschränken [378]. Fehlende Messungen der spitalexternen Versorgungsqualität verunmöglichen der Patientin oder dem Patienten eine gute informierte Auswahl zu den Leistungserbringern in den verschiedenen Behandlungssettings.

8.3.16 Handlungsempfehlung 9: Verbesserung der Datenlage

Die Schweiz muss die Sammlung von Gesundheitsdaten intensivieren, damit die besonders verletzlichen Personengruppen in allen Behandlungssettings identifiziert werden können. Lediglich eine umfassende Datenlage ermöglicht die Erarbeitung von effizienten und angemessenen Versorgungsstrategien. Damit kann auch die Qualität der Patientenversorgung in der Schweiz verbessert werden [379].

8.3.17 Herausforderung: Umgang mit Mehrkosten von Spitälern mit Notfallaufnahme

Der Begriff „Notfallvorhalteleistungen", welcher von den Spitalexpertinnen und -experten in den Interviews [2] häufig verwendet wurde, ist missverständlich, soweit er in der Weise ausgelegt wird, als dass es sich bei diesen Aufwendungen um „Warteleistungen" oder „Stillstandskosten" handelt. Vorliegend wird deshalb der Begriff „Mehrkosten von Spitälern mit Notfallaufnahme (Notfalldienst)" verwendet. Es handelt sich dabei um Mehrkosten, die lediglich bei den Spitälern anfallen, die über eine Notaufnahme (Notfalldienst) verfügen. Diese Notfallaufnahme-Spitäler müssen ihre Organisation auf dringende Fälle ausrichten, d. h. sie brauchen ständig freie Aufnahmekapazitäten, eine erhöhte Flexibilität und Verfügbarkeit sowie einen Pikettdienst. Dadurch entstehen zusätzliche Kosten für Personal, Material, Infrastruktur, und die Planung gestaltet sich komplexer als bei elektiven Eingriffen. Das Bereitstellen dieser Vorkehrungen erhöht entsprechend die Betriebskosten. Damit sind Spitäler, die neben elektiven Behandlungen auch Notfallbehandlungen anbieten, aufgrund der höheren Betriebskosten benachteiligt. Es stellt sich deshalb die Frage, wie mit dieser Benachteiligung bzw. mit der Privilegierung von Spitälern ohne Notfallaufnahme umzugehen ist.

Dazu ist vorab zu klären, ob es sich bei diesen Mehrkosten um gemeinwirtschaftliche Leistungen handelt. Falls dem so ist, wären diese gemäss Art. 49 Abs. 3 KVG nicht Teil der Fallpauschale. Stellen diese Mehrkosten in Zusammenhang mit stationären Notfallbehandlungen hingegen OKP-Leistungen dar, wären sie für die Tarifberechnung relevant. Dann stellt sich die Frage der Möglichkeit von Tarifdifferenzierung für Spitäler mit und ohne Notfallaufnahme bzw. der Zulässigkeit von solchen Differenzierungen unter dem neuen KVG.

Die Kantone können die Aufnahme von Spitälern auf die Spitalliste mit der Pflicht zum Notfalldienst verbinden [380]. Entsprechend handelt es sich bei den Kosten, die durch die Aufrechterhaltung einer Notfallstation entstehen, um OKP-Pflichtleistungen, die durch die Fallpauschale abzugelten sind [381]. Diese Mehrkosten sind deshalb nicht als gemeinwirtschaftliche Leistungen gemäss Art. 49 Abs. 3 KVG auszuscheiden. Anders verhielte es sich, wenn ein Spital eine allgemein zugängliche, schlecht ausgelastete Notfallstation lediglich mit dem Zweck betreibt, dadurch den kantonalen Leistungsauftrag zu behalten (reiner Strukturerhalt). Mehrkosten, die aus einer solchen Situation heraus entstehen, sind nicht Teil der Fallpauschale. Selbstverständlich ist davon auszugehen, dass die Kantone gestützt auf die Spitalplanungsgrundsätze in der Verordnung zum KVG einen Leistungsauftrag lediglich dann mit der Pflicht zum Notfalldienst verbinden, soweit die Notfallaufnahme für die Versorgung der Bevölkerung notwendig und mehrheitlich auch ausgelastet ist.

Da die Mehrkosten vorliegend nicht als gemeinwirtschaftliche Leistungen auszuscheiden sind, stellt sich die Frage der Möglichkeit von Tarifdifferenzierung für Spitäler mit und Spitäler ohne Notfallaufnahme bzw. der Zulässigkeit von solchen Differenzierungen unter dem neuen KVG. Ein Blick in die Gesetzgebung des Nachbarlands Deutschland zeigt, dass die Vertragsparteien [382] einen Abschlag von 50 Euro je vollstationären Fall für die Nichtteilnahme an der Notfallversorgung vereinbart haben [383]. In der Schweiz sind nach Ansicht der Gesundheitsdirektorenkonferenz Tarifdifferenzierungen dann und solange gerechtfertigt, als dass der Differenzierungsgrad von SwissDRG noch ungenügend ist [384]. Das Bundesverwaltungsgericht (BVGE) hat in einem aktuellen Urteil vom 11. September 2014 „zumindest in der Einführungsphase“ der neuen Tarifstruktur SwissDRG Tarifdifferenzierungen für die Mehrkosten von Spitälern mit und Spitälern ohne Notfallaufnahme zugelassen. Konkret wurde ein Zuschlag von 20 CHF [385] auf dem Referenzwert als vertretbar erachtet [386]. Zur Dauer der sogenannten „Einführungsphase" hat sich das BGVE nicht geäussert. Das ist zu bedauern, da für die Einführung der neuen Tarifstruktur SwissDRG in der Schweiz – im Gegensatz etwa zu Deutschland – keine Übergangsphase vorgesehen war (nachfolgend Ziffer 8.3.18).

Die Spitalexpertinnen und -experten [2] wurden zu dieser Problemstellung nicht konkret befragt, 8 von 43 haben das Thema von sich aus zur Sprache gebracht und insbesondere betont, dass die Vergabe von Leistungsaufträgen dann mit der Pflicht zum Führen einer Notfallaufnahme verbunden werden soll, wo dies sinnvoll ist.

> „Und auch hier wieder ein Beispiel, wir haben zwei Orthopädien in achthundert Meter Distanz, eine ist privat, die andere sind wir als Zentrumsspital, ich finde die Wahlmöglichkeit gut, wir stellen uns gerne dem Wettbewerb, was aber nicht sein kann ist dass man jetzt die private Orthopädieklinik zwingt, einen Notfall aufzubauen, diese hat nur elf Betten und das macht gar keinen Sinn dass diese noch einen Notfall betreiben, die sollen am Sonntag schliessen, oder mit einer Krankenschwester die elf Betten betreiben, das ist ok, es macht in den Gesamtkosten gar keinen Sinn, diese zu zwingen, einen Notfall zu eröffnen, die Notfälle sollen zu uns kommen und es soll eine Wahlmöglichkeit für den Patienten sein, die private oder unsere Klinik zu wählen, wir haben ja jeden Vorteil, diese Patienten entsprechend zu informieren, welche Leistung er kriegt usw. und wenn jemand aus unserem Notfall unbedingt in die andere, private Klinik möchte, dann soll er das auch machen. Was aber nicht sein kann ist, dass wir nachher für die Hüft-OP dieselbe Pauschale haben, also wir müssen schon dieselbe Pauschale haben aber dann muss die Notfallleistung separat abgegolten werden. Es kann nicht sein, dass bei uns in derselben Pauschale die Notfallleistung drin ist und beim anderen nicht, aber wir müssen deshalb nicht das System schlechter machen, sondern die Finanzierung besser. ... Im Prinzip ist es ein Differenzbetrag, ich könnte mir auch vorstellen, dass man es im DRG System selber zum Beispiel als Zusatzentgelt macht und sagt, der, der die Notfallbehandlung gemacht hat, erhält für die Notfallbehandlung noch ein Zusatzentgelt" (Interview 20).

8.3.18 Handlungsempfehlung 10: Weiterentwicklung der Tarifstruktur

Im Gegensatz zu Deutschland (S. 38, Ziffer 5.5.1) hat die Schweiz die neue Tarifstruktur SwissDRG ohne sogenannte Konvergenz- oder Übergangsphase per 1. Januar 2012 schweizweit und tarifwirksam eingeführt. *Damit sind Differenzierungen in der Tarifstruktur ab diesem Zeitpunkt grundsätzlich nicht mehr zulässig.* Die schweizweit einheitliche Tarifstruktur sollte nach der Zielvorgabe des Schweizer Gesetzgebers zu einer besseren Vergleichbarkeit der Kosten unter sämtlichen Spitälern führen [387]. Das Bundesverwaltungsgericht entschied im September 2014, zumindest in der Einführungsphase der neuen Tarifstruktur SwissDRG Tarifdifferenzierungen für die Mehrkosten von Spitälern mit und Spitälern ohne Notfalldienst zuzulassen, weil „die Tarifstruktur nach Einschätzung der SwissDRG AG aufgrund verschiedener Faktoren den Anforderungen an ein differenziertes DRG-Entgeltsystem noch nicht vollständig genügt" [388]. Auch der Bundesrat ist der Ansicht, dass die Differenzierung der Tarifstruktur noch nicht ausreichend ist. In einer aktuellen Medienmitteilung hat der Bundesrat die Tarifpartner angehalten, die „Tarifstruktur so zu differenzieren, dass ein schweizweit einheitlicher Basispreis möglich wird oder dass unterschiedliche Basispreise nach klaren Kriterien angewandt werden können“ [389]. Die SwissDRG AG spricht von Unschärfe der Tarifstruktur [390]. Als Faktoren dieser Unschärfe wurden unter anderem die Fehlallokation der Erlöse auf die Spitäler wegen unterschiedlicher Verteilung aufwändiger Behandlungsfälle, begleitende Massnahmen in der Kindermedizin und die ungenügende Kodierbarkeit sozioökonomischer Einflüsse genannt. Die Nennung dieser Faktoren bestätigt, dass es derzeit insbesondere die *vulnerablen Patientengruppen* sind, die von dieser Unschärfe berührt sind. Wie oben ausgeführt ist es wesentlich, dass die erbrachten Leistungen genügend differenziert abgebildet sind, da ansonsten getätigte Aufwendungen im Zusammenhang mit der Patientenbehandlung nicht entschädigt werden. Entsprechend wichtig ist die rasche Weiterentwicklung und Differenzierung der SwissDRG-Tarifstruktur auf nationaler Ebene.

Diese Weiterentwicklung fällt gemäss Art. 49 Abs. 2 KVG in die Zuständigkeit der SwissDRG AG. Bei den Tarifpartnern herrscht (für einmal) Einigkeit darüber, dass die Tarifstruktur SwissDRG weiter entwickelt werden muss. Dazu braucht es gegebenenfalls zusätzliche DRG-Fallgruppen, spezialisierte Zusatzentgelte und/oder individuelle Lösungen für hochdefizitäre Behandlungen.

Im Rahmen von Antragsverfahren können jedes Jahr Anträge zur Weiterentwicklung des SwissDRG-Fallpauschalensystems vom Spitalverband „H+“ und von den FMH-Organisationen (Fachgesellschaften und Dachverbände) eingereicht werden.

Aus meiner Sicht sind vorliegend zwei Faktoren wesentlich:

- *Erstens* muss die Anpassung und Weiterentwicklung der Tarifstruktur SwissDRG rasch erfolgen, weil das Nutzen von solchen „Korrektiven“ zu Rechtsunsicherheit bei den Leistungserbringern führt, was in der Folge auch Auswirkungen auf die vulnerablen Patienten haben kann. Gemäss dem zitierten Entscheid des Bundesverwaltungsgerichts sollen vorhandene Mängel in der Tarifstruktur von den Tarifpartnern, Festsetzungsbehörden und Genehmigungsbehörden mit sachgerechten Korrekturmassnahmen gewissermassen *überbrückt* werden bis möglichst aussagekräftige verfügbare Daten vorhanden sind. Das BVGE definierte allerdings nicht, wie lange diese Überbrückungsphase dauern soll, sondern stellte im genannten Urteil fest: „... mindestens in den ersten Jahren nach der Einführung der Fallpauschale ...“. Drei Jahre sind bereits vergangen seit der Einführung von SwissDRG. Aus meiner Sicht führen solche Feststellungen in unabwendbarer Weise zu Rechtsunsicherheiten, was dem System und schlussendlich im unerfreulichsten Fall dem Wohl der Patienten schadet. Zum Schutz der besonders verletzlichen Patientengruppen muss der Gesetzgeber hier u. a. mit Unterstützung der Tarifpartner (z. B. rechtzeitige Bereitstellung qualitativ genügender Kostendaten) Abhilfe schaffen und klar festlegen, wie lange diese sogenannte Einführungsphase dauert. Vorzugsweise sollte diese relativ kurz sein, weil – wie oben erwähnt – Tarifdifferenzierungen seit 1.1.2012 nicht mehr zulässig sind. Eine analoge Anwendung von Art. 2ter der Schlussbestimmungen [391] ist vorliegend wohl rechtlich nicht vertretbar. Bei Art. 2ter handelt es sich um eine kurzfristig umsetzbare Korrekturmassnahme, welche der Bundesrat im Rahmen seiner Kompetenz subsidiär für zwei Jahre festlegte. Das Ziel dieser Massnahme war die Verhinderung von allfälligen Mehrkosten für die OKP aus ungerechtfertigten Fallkostenerhöhungen durch die Spitäler. Es handelt sich hierbei nicht – wie oben – um die Korrektur einer noch zu wenig differenzierten Tarifstruktur. Die Sachverhalte sind demnach unterschiedlich, weshalb von einer analogen Anwendung abzusehen ist. Zumal insbesondere die vulnerablen Patientengruppen von dieser Unschärfe der Tarifstruktur betroffen sind, sollte diese Einführungsphase, in der Tarifdifferenzierungen nach Ansicht des BVGE vertretbar sind, dennoch begrenzt werden.

- *Zweitens* setzt die Weiterentwicklung der Tarifstruktur möglichst aussagekräftige Daten voraus. Diese sind derzeit (Oktober 2014) nur teilweise vorhanden. Die genügende Qualität der Daten stellt eine der grössten Herausforderungen dar (S. 113, Ziffer 8.3.11).

8.3.19 Herausforderung: Planungskoordination der Kantone

Gestützt auf Art. 58*a* KVV muss die kantonale Spitalplanung die stationäre Behandlung für die gesamte Wohnbevölkerung sicherstellen. Die Kantone überprüfen diese Vorgabe. Die Versorgungsplanung, d. h. die Ermittlung von Bedarf und Angebot sowie die Auswahl des Angebots für die kantonale Spitalliste sind in Art. 58*b* Abs. 1–4 KVV verankert. Neu verpflichtet Art. 39 Abs. 2 KVG die Kantone zur Koordination ihrer Planungen. Die Bedeutung dieser Bestimmung wird im Krankenversicherungsgesetz nicht näher erläutert. Die Verordnung zum KVG hält in Art. 58*d* lit. b KVV fest, dass die Kantone ihre Planungsmassnahmen „mit davon in ihrer Versorgungssituation betroffenen Kantonen koordinieren“ (bspw. kantonsübergreifende Planung Zürich-Schaffhausen [392] oder St. Gallen-Zürich). Wenn gegenwärtig einige Kantone ihrer Koordinationspflicht nicht genügend nachkommen, indem sie zum Beispiel bevorzugt die eigenen Spitäler auf die Spitalliste setzen und im Rahmen ihrer Spitalplanung bewusst darauf verzichten, ihre Planung mit solchen aus anderen, in ihrer Versorgungsituation betroffenen Kantonen zu koordinieren, besteht derzeit keine Möglichkeit, ein solches Vorgehen zu sanktionieren.

8.3.20 Handlungsempfehlung 11: Erlass einer KVG-Bestimmung zwecks Durchsetzung der Koordinationspflicht

Im Gegensatz zu Art. 39 Abs. 2bis KVG, der die Kantone im Bereich der Spitzenmedizin zum Erlass einer gemeinsamen gesamtschweizerischen Planung verpflichtet und dem Bundesrat die Kompetenz einräumt, anstelle der Kantone zu handeln, wenn diese ihrer Aufgabe nicht „zeitgerecht“ nachkommen, sieht Art. 39 Abs. 2 KVG keine Sanktion für den Fall vor, dass die Kantone ihrer Koordinationspflicht nicht genügend nachkommen. Für eine bedarfsgerechte kantonale Spitalplanung ist es bedeutend, dass der Kanton die Patientenströme kennt und seine Kapazitäten mit den Nachbarkantonen koordinieren kann. Eine gut koordinierte Planung stellt auch eine qualitativ gute Versorgung der Patienten sicher. Insbesondere kleinere Kantone haben ein beschränkteres Leistungsangebot, weil sie aufgrund der Kantonsgrösse und der tiefen Einwohnerzahlen in einzelnen Disziplinen (z. B. Koronarchirurgie, Bariatrische Chirurgie) nur sehr wenige Eingriffe durchführen können. Dadurch erreichen sie die vom Kanton vorgeschriebenen Mindesteingriffszahl nicht und erhalten folglich keinen Leistungsauftrag in diesen Disziplinen (S. 76, Ziffer 7.3.3). Die Durchsetzung der Koordinationspflicht ist deshalb aus Qualitätsgründen sowohl für die Patienten als auch die kleineren Kantone wichtig.

8.3.21 Herausforderung: Qualitätsmessungen unter Berücksichtigung der gesamten Versorgungskette

Seit Inkrafttreten der neuen Spitalfinanzierung am 1. Januar 2009 müssen die Spitäler und die Kantone die nötigen Unterlagen liefern, damit schweizweit Betriebsvergleiche zur medizinischen Ergebnisqualität erstellt werden können (Art. 49 Abs. 8 KVG). Diese Betriebsvergleiche zur medizinischen Ergebnisqualität werden vom Bundesrat veröffentlicht. Das kann dazu führen, dass potenzielle Patienten schlecht bewertete Spitäler meiden und sich daraus eine Veränderung der Patientenströme ergibt. Die durch die neue Tarifstruktur SwissDRG angestrebte höhere Transparenz und Vergleichbarkeit kann demnach zu einem Qualitätswettbewerb unter den Spitälern und damit zu einer Verbesserung der Versorgungsqualität führen.

Es bleibt allerdings zu beachten, dass die vom BAG publizierten Qualitätsindikatoren die wichtigen Bereiche Rehabilitation und nachstationäre Versorgung (u. a. Hausärzte und Spitex) nicht enthält und damit insbesondere der wichtige Übergang stationär-ambulant nicht abgebildet wird. Durch die schnellere Verschiebung der Patientinnen und Patienten in den nachstationären Bereich erhöht sich die Bedeutung der Berücksichtigung der gesamten Versorgungskette (stationär – ambulant – häuslich – Langzeit) und es werden insbesondere auch Vergleiche zu medizinischer Ergebnisqualität, die nicht ausschliesslich den stationären Teil der Patientenversorgung abdecken, benötigt. Es braucht Erkenntnisse dazu, was sich mit dem Wechsel von der stationären zur ambulanten Versorgung der Patienten nach Einführung der neuen Tarifstruktur SwissDRG verändert (hat).

8.3.22 Handlungsempfehlung 12: Verbesserung der Datenlage

Die faire Verteilung der Ressourcen im Gesundheitswesen darf sich nicht auf ein Versorgungssetting beschränken. Da besonders verletzliche Patientengruppen von einer rascheren Verlegung vom stationären in den ambulanten Bereich stärker betroffen sein können als andere, benötigt die Schweiz insbesondere mehr Forschung zu sinnvoller Verteilung der Ressourcen über die gesamte Versorgungskette. Es besteht ein Mangel an Forschung zu einer zweckmässigen Verteilung der vorhandenen Mittel unter Berücksichtigung sämtlicher Versorgungssettings (stationär, spitalambulant, ambulant, häuslich, Langzeit).

8.3.23 Herausforderung: Einführung der Fallpauschale in der stationären Psychiatrie

Bei Dauerbehandlungen wie in der Psychiatrie kann nach Ansicht des Bundesrats trotz des Wechsels zu leistungsorientierten Fallkostenpauschalen die Anwendung von Tagespauschalen in gewissen Bereichen sinnvoll sein [393]. Momentan sind die Bereiche stationäre Psychiatrie und Rehabilitation (noch) nicht durch die SwissDRG-Tarifstruktur abgebildet. Weil das KVG eine einheitliche leistungsorientierte Tarifstruktur zur Abgeltung sämtlicher stationärer Leistungen in der Schweiz vorschreibt, müssen die Tarifentwicklungspartner [394] dem Bundesrat ein entsprechendes Tarifmodell für die Bereiche stationäre Psychiatrie und Rehabilitation vorlegen.

Im Jahr 2018 soll mit TARPSY ein schweizweit einheitliches, leistungsorientiertes Tarifsystem für die Psychiatrie eingeführt werden. Kritiker von TARPSY und Fachpersonen in der Schweiz sind der Meinung, dass TARPSY nicht das geeignete System ist, weil sich in der Psychiatrie trotz diagnostiziertem Krankheitsbild die Länge des Spitalaufenthalts in vielen Fällen nicht voraussagen lässt. Neben der Schwierigkeit, die Behandlungskosten von psychiatrischen Erkrankungen in Fallkostenpauschalen abzubilden, sehen sie auch die Gefahr von Fehlanreizen wie bspw. den Ausbau der stationären Psychiatrie oder das Risiko, zeitaufwändigere Gespräche durch eine Medikamentenabgabe zu ersetzen. In Deutschland wurde nach der Einführung von G-DRG in der Akutsomatik festgestellt, dass wegen fehlender Zeitressourcen eine adäquate psychosoziale Betreuung fehlt oder anstelle der Beobachtung verwirrter Patienten eine Fixation tritt (S. 40, Ziffer 5.5.2.2).

8.3.24 Handlungsempfehlung 13: Ergänzung des Basispreises durch aufwandabhängige Zuschläge

Rund zehn Jahre nach Einführung von G-DRG sollte im Jahr 2013 [395] in Deutschland die budgetneutrale Umstellung auf das neue leistungsorientierte Tarifsystem in der Psychiatrie (PEPP) [396] erfolgen [397]. Im Gegensatz zu G-DRG ist PEPP kein fallbezogenes, sondern ein *tagesbezogenes* pauschalisiertes Entgeltsystem. Aufgrund anhaltender und harscher Kritik von Verbänden, der Ärzteschaft und der Bundesärztekammer ist die für alle deutschen Krankenhäuser verbindliche PEPP-Einführung neu für das Jahr 2017 vorgesehen [398–404]. Gegenwärtig analysiert die IneK, inwiefern Anreize für zu frühe oder auch zu späte Entlassungen durch eine stärker tagesbasierte Berechnungsweise verkleinert werden können. Der Entscheid zur Erarbeitung einer solchen Analyse fiel in Deutschland, nachdem eine aktuelle Studie von *Klimke et al* (2014) die Möglichkeit zur Vermeidung finanzieller Fehlanreize durch eine Alternative zum PEPP-Grouper [405] aufgezeigt hatte [406].

Die anhaltende Kritik und die erhobenen Studienergebnisse in Deutschland sollten bei der weiteren Entwicklung von TARPSY in die Erwägungen der Tarifpartner („H+“ die Spitäler der Schweiz, die Krankenversicherer vertreten durch „santésuisse“, die Kantone vertreten durch die Gesundheitsdirektorenkonferenz GDK und die Ärzteschaft vertreten durch die FMH) Eingang finden, um der Gefahr von Fehlanreizen (stationär statt ambulant, Medikamentenabgabe statt Gesprächstherapie) entgegenzuwirken.

8.3.25 Herausforderung: Qualitätssicherung in der Patientenversorgung

Mit der Aufnahme oder Übernahme der Patienten verpflichten sich die Spitäler, diese angemessen zu versorgen. Da im Gegensatz zur Einzelleistungsvergütung, die tendenziell einen Anreiz zur Überversorgung bietet, bei den leistungsbezogenen Fallpauschalen eher das Risiko einer möglichen Minderversorgung [407] besteht, muss dem Aspekt der Qualitätssicherung in der Versorgung hohe Bedeutung beigemessen werden. Zur Frage, welchen Einfluss die Einführung von SwissDRG auf die Qualität der Patientenversorgung hat, wurden sowohl positive als auch negative Auswirkungen angeführt (zusammengefasst S. 57, Ziffer 6.3.8). Vereinzelt wurde von den Spitalexpertinnen und -experten [2] die Indikationsqualität als zusätzliches Kriterium für die Qualitätssicherung in der Patientenversorgung angesprochen.

> „Etwas was wir nicht realisieren ist, dass die Indikationsqualität, wo man definiert, was man macht, viel wichtiger ist als das Ganze nachher. Prozessqualität und Behandlungsqualität werden sich massiv beeinflussen lassen durch die Indikationsqualität … in der Regel haben die Spitäler die Behandlungsqualität nicht so schlecht im Griff, in der Regel ist es ein Indikationsfehler, oder besser, die Indikation war nicht gut genug, die Begleitdisziplinen nicht involviert. … es gibt ja immer wieder neue Indikationsfragen und die werden zu wenig strukturiert angegangen“ (Interview 12).

8.3.26 Handlungsempfehlung 14: Einführung der Indikationsqualität als Teil der Qualitätsmessungen

Bei der Messung der Indikationsqualität gibt es aus meiner Sicht mindestens drei Faktoren, die von Bedeutung sind. Erstens geht es um die Frage, ob eine Intervention aus medizinischen Gründen zu erfolgen hat oder nicht. Fällt der Entscheid zugunsten eines operativen Eingriffs aus, stellt sich die Frage nach den Begleiterkrankungen des Patienten (hat er Diabetes, ist er adipös usw.). Wobei es diesbezüglich nicht nur um die Frage des Überlebens, sondern auch um die Frage geht, *wie* der Patient überlebt. Beim dritten Faktor (nach dem Entscheid für einen Eingriff und der Feststellung des Risikoprofils) geht es darum, welche Disziplinen den Fall betreuen müssen. Das ist die entscheidende Frage in Bezug auf das Setting nach der Operationsphase. Insbesondere bei Patienten mit Risikoprofil müssen zwingend sämtliche begleitenden Spezialisten miteinbezogen werden. In der Schweiz existieren (noch) keine Messungen zur Indikationsqualität. Die transparente Darstellung der Indikation zu einem medizinischen Eingriff kann ein Schlüssel zur Mengensteuerung medizinischer Leistungen sein und damit auch zur Gewährleistung der Einsparung von Ressourcen, die für unnötige Therapien eingesetzt werden. Deshalb erscheint es sinnvoll, dass die Indikationsqualität als ein Teil der Qualitätsmessungen in der Schweiz eingeführt wird.

In Deutschland bestehen zum Teil Selektivverträge mit gesetzlichen Krankenkassen. Diese Pay-for-Performance-Verträge stellen die Mengensteuerung über ein Controlling der Indikation zu einem operativen Eingriff sicher [408].

8.4 Handlungsempfehlungen auf der Mesoebene

8.4.1 Einleitung

Auf der Ebene der institutionellen Leistungserbringung geht es um die Analyse von SwissDRG unter Alltagsbedingungen in den Spitälern sowie die Einschätzung und Bewertung der Auswirkungen der neuen Tarifstruktur. Mit Blick auf den Handlungsbedarf auf der Mesoebene stellt sich insbesondere die Frage, wie Spitäler dazu beitragen können, den Zugang besonders verletzlicher Patientengruppen zur Gesundheitsversorgung auch nach Einführung der neuen Tarifstruktur SwissDRG zu gewährleisten.

8.4.2 Herausforderung: Ungenügend differenzierte Tarifstruktur

Die Experteninterviews haben aufgezeigt, dass die Einführung von SwissDRG dann einen negativen Anreiz zur Minderversorgung vulnerabler Patientengruppen setzen kann, wenn diese Gruppe ungenügend differenziert in der Tarifstruktur abgebildet ist, das Spital gleichzeitig effizient arbeitet und trotzdem Geld mit dieser Patientengruppe verliert (S. 71 f., Ziffer 6.5.2). Obwohl sich die Spitalexperten primär dafür einsetzen, dass schlecht tarifierte Patientengruppen adäquat entschädigt werden, braucht es zum Schutz besonders verletzlicher Patientengruppen eine weitere Entwicklung der Tarifstruktur SwissDRG mit besonderem Augenmerk

- auf Spitäler mit einer grossen Anzahl von Patienten mit komplexen Beschwerdebildern,
- in Bezug auf den Umgang mit Innovationen und
- bezüglich den Umgang mit Hochkostenfällen.

Dazu werden gegebenenfalls zusätzliche DRG-Fallgruppen, spezialisierte Zusatzentgelte und/oder individuelle Lösungen für hochdefizitäre Behandlungen benötigt.

8.4.2.1 Umgang mit Innovationen

Mehrere Spitalexpertinnen und -experten sehen den derzeitigen Umgang mit Innovationen nach Einführung der neuen Tarifstruktur SwissDRG als grosse Herausforderung an. Sie befürchten, dass SwissDRG Innovationen hemmt, wenn diese nicht genügend differenziert in der Tarifstruktur abgebildet sind.

> „Wie schnell ist DRG fähig, sich mit neuen Konstellationen vor allem im Medizinaltechnik-Bereich auseinanderzusetzen? Das ist eine Herausforderung. Für die Schweiz ist es wichtig, dass auch innovative Techniken eingesetzt werden können. Wenn das nur bei den Zusatzversicherten gemacht werden kann, weil es nur dort bezahlt ist, ist einerseits die Menge zu klein, dass es die Firmen gar nicht mehr machen und andererseits würde es in Richtung Rationierung gehen" (Interview 8).

> „Die Zusatzvergütung, das deutsche System der DRGs, ist auf einer grossen Zahl dieser Zusatzvergütungen aufgebaut. Man kann nicht das deutsche System importieren, mit der Art, wie die Codes in die DRGs führen, ohne das System der Zusatzvergütungen einzuführen. In Deutschland, decken sie nämlich eine doch beträchtliche Zahl an Behandlungen, die mit neuen Methoden oder neuen Technologien auf der Ebene der Medikamente zu tun haben, über diese Zusatzvergütungen ab [409–412]. Und bei uns kommt das in die Pauschalen, also das könnte dazu führen, dass Innovationen in Schweizer Krankenhäusern abnehmen. Das ist wirklich eine grosse Sorge" (Interview 16).

> „... und da ist die Gefahr gross, wenn das nicht entgolten wird, dass das Tarifsystem ein Hemmnis oder ein Verhinderer von Innovationen wird, das wäre schlecht, da muss man sicher noch daran schrauben sprich eben Innovationsentgelte schaffen" (Interview 30).

> „Oder auch die langwierige Diskussion betreffend die Innovationsentgelte, die wurde ja schon vor mehreren Jahren begonnen und da gibt es auch Erfahrungswerte aus Deutschland und trotzdem ist man bei Beginn da noch nicht soweit, dass man das als Hoffnungsschimmer bezeichnen könnte, dass auch Innovationen gefördert werden unter DRG" (Interview 27).

Ebenfalls Anlass zur Sorge bereitet den Expertinnen und Experten die Dauer des Antragsverfahrens und die zeitliche Lücke zwischen Antragstellung und effektiver Vergütung der beantragten Leistung (Interview 40).

> „Wenn Innovationen in das System hereinkommen, weil das DRG-System basiert ja immer auf zwei Jahre alten Kostendaten, dann sind die Kosten der Innovation nicht im System. Und jetzt kann man wieder sagen, über die ganze Masse, weil es ja auch Innovationen gibt, die zu Vergünstigungen führen, hier muss es ein schnelles Prozedere geben, man kann ja nicht ein vierjähriges Bewilligungsprozedere haben, bis dann ist es ja kaum mehr eine Innovation, sondern es muss, damit auch die Forschung und die Entwicklung vorangehen kann, damit unser Gesundheitssystem nicht stehen bleibt, müssen die Innovationen berücksichtigt werden" (Interview 20).

Im Rahmen von Antragsverfahren können jedes Jahr Anträge zur Weiterentwicklung des SwissDRG-Fallpauschalensystems vom Spitalverband „H+" und von den FMH-Organisationen (Fachgesellschaften und Dachverbände) eingereicht werden. Problematisch ist, dass von der Antragstellung bis zur erstmaligen Vergütung der Leistung über die Fallpauschale auch bei einer jährlichen Weiterentwicklung der neuen Tarifstruktur eine mehrjährige zeitliche Lücke besteht. Beantragt ein Spital beispielsweise im Jahr 2014 einen neuen CHOP-Code, ist erstmals im Jahr 2016 die Kodierung und im Jahr 2018 die Vergütung der beantragten Leistung möglich. Zudem ist die Abbildungsgüte der SwissDRG Tarifstruktur direkt abhängig von der Qualität der Leistungs- und Kostendaten der Spitäler.

Vereinzelt wurde erwähnt, dass das Finden einer Lösung im Bereich Innovationen dem Machtspiel zwischen Krankenversicherungen und Kantonen unterliege. Es wurde ausgeführt, dass bei der Thematik Innovationen die Gefahr besteht, dass solche verpasst oder nicht mehr angeboten werden, dies stelle ein politisches Problem dar, „weil die Versicherungen nie mehr zahlen wollen, deshalb waren sie gegen ein Innovationsentgelt, die Kantone wollen Macht, die haben gesagt wir bezahlen, aber wir bestimmen welche Klinik wie viel erhält, es ist ein Machtspiel und sie sind auch auf die Zusatzentgelte nicht eingegangen" (Interview 30).

8.4.2.2 Umgang mit Hochkostenfällen

Die Entwicklungsstrategie 2013+ der SwissDRG AG [413] vom 21. November 2012 führt in Ziffer 1.2.1 (6) aus, dass „die Abgeltung von Hochkostenfällen (z. B. ab CHF 500'000) mit einseitigem Kostenrisiko bei den Spitälern gegebenenfalls ausserhalb der Tarifstruktur zu erarbeiten ist, wenn das Fallpauschalensystem nachweislich keine Differenzierung erlaubt (Abweichung zu den mittleren Kosten > CHF 50'000)". Die Spitalexpertinnen und -experten haben sich in den Interviews von Februar bis August 2012 [2] besorgt zur Problematik der Hochkostenfälle im Fallpauschalensystem geäussert. Aus Sicht der Experten sind Hochkostenfälle über Ausnahmeregelungen zu lösen. Dies deshalb, weil diese Fälle sehr individuell sind. Eine Möglichkeit wäre die Kostenabwicklung über einen Hochrisikopool, d. h. eine Individualabgeltung oder über Zusatzentgelte (Interview 20).

8.4.3 Handlungsempfehlung 15: Lösungsfindung als zwingendes Kriterium zur Annahme der SwissDRG Tarifstruktur-Version 5.0

Die Tarifstruktur SwissDRG ist ein lernendes System, das laufend weiter entwickelt und differenziert wird. Betreffend die Abgeltung von Innovationen sah die SwissDRG AG Entwicklungsstrategie 2013+ vom 21.11.2012 als eines der strategischen Ziele die schnellstmögliche Abbildung von innovativen Untersuchungs- und Behandlungsmethoden in die Tarifstruktur SwissDRG sowie für neu zugelassene Innovationen ab mindestens CHF 50'000 ein *beschleunigtes* Antragsverfahren vor. Gestützt auf die Stellungnahme der GDK vom 14. April 2014 ist die Entwicklung des beschleunigten Antragsverfahrens noch pendent. Die Version 4.0 enthält ebenfalls noch keine Antwort auf die Frage, wie mit der Konzentration von Fällen mit hohem Defizit in Spitälern mit breitem und spezialisiertem Leistungsspektrum zukünftig umgegangen werden soll [414]. Der Umgang mit Hochkostenfällen und Innovationen verlangt nach rascher Lösungsfindung. Dazu gibt aus meiner Sicht drei Möglichkeiten: *Erstens*, die Tarifpartner (Spitalverband „H+", „santésuisse", Kantone) definieren das Finden dieser Lösungen als zwingendes Annahmekriterium der SwissDRG Tarifstruktur Version 5.0. *Zweitens*, die Tarifpartner einigen sich nicht auf die Tarifstruktur. Dann hat der Bundesrat die Tarifstruktur festzusetzen (Art. 49 Abs. 2 Satz 6 KVG). *Drittens*, der Bundesrat genehmigt die Verträge über die Tarifstruktur nicht (Art. 49 Abs. 2 Satz 5 KVG). Diese Möglichkeit schliesse ich wegen der bis anhin wenig überzeugenden, zögerlichen Haltung des Bundesrats in Zusammenhang mit der Einführung der neuen Tarifstruktur SwissDRG und der damit zusammenhängenden Probleme (Datenübermittlung vom Spital an die Krankenversicherungen [415], Abgeltung der Anlagenutzungskosten [416]) aus.

8.4.4 Handlungsempfehlung 16: Sicherstellung der Kodierqualität

Es wurde oben ausgeführt, dass aus Expertensicht insbesondere dann die Gefahr einer Rationierung von medizinischen Leistungen bei bestimmten Patientengruppen besteht, wenn diese ungenügend differenziert in der Tarifstruktur abgebildet sind [417]. Konstellationen, in denen die Patientinnen und Patienten nicht mit ausreichender Sachgerechtigkeit eingruppiert sind, müssen entsprechend gut erfasst werden, was eine hohe Kodierqualität voraussetzt. Die Qualität der Kodierung ist damit eine der wesentlichen Voraussetzungen, um diese Fallkonstellationen im Rahmen der weiteren Entwicklung von SwissDRG zu identifizieren und allenfalls sachgerechter zuzuordnen.

8.4.5 Herausforderung: Vergütung von Wartepatienten

Solange eine Patientin oder ein Patient nach medizinischer Indikation der Behandlung und Pflege im Spital bedarf, findet die SwissDRG-Vergütung Anwendung (Art. 49 Abs. 4 KVG). Entfällt die genannte Akutspitalbedürftigkeit, wird in der Regel der Tarif nach Art. 50 (Tarif mit Pflegeheimen) verwendet. Davon gibt es eine wesentliche Ausnahme, auf die vor allem mit Blick auf Ziffer 2.2. der Regeln und Definitionen zur Fallabrechnung unter SwissDRG hinzuweisen ist.

Ziffer 2.2 regelt die Vergütung von Wartepatienten für Pflege und Rehabilitation wie folgt:

> Der Aufenthalt eines Wartepatienten wird nicht über die SwissDRG-Fallpauschale abgerechnet. Wird die Aufenthaltsdauer im Spital verlängert, weil der Patient auf einen Pflege- oder Rehabilitationsplatz wartet, darf der Fall für diese Dauer nicht als Ausreisser betrachtet und abgerechnet werden.

Aus meiner Sicht bietet Ziffer 2.2 der Regeln und Definitionen zur Fallabrechnung unter SwissDRG Raum für Fehlinterpretationen. Es ist richtig, dass sämtliche Leistungen bei Akutspitalbedürftigkeit eines Patienten oder einer Patientin über die Fallpauschale abgedeckt sind. Auch korrekt ist, dass wenn der Patient der Behandlung und Pflege im Spital nicht mehr bedarf, der Pflegeheimtarif zur Anwendung kommt. Hiervon gibt es aber wie oben erwähnt eine gewichtige Ausnahme. Das Bundesgericht hat in ständiger Rechtsprechung [418] eine kurze Übergangszeit von maximal dreissig Tagen als rechtens erachtet, in welcher trotz Wegfalls der Voraussetzung der Akutspitalbedürftigkeit die Leistungen weiterhin über die Akutspitaltaxe abgerechnet werden. In Fällen, wo die Patientin nicht mehr der bisherigen Spitalbehandlung bedarf, aber anderweitig stationär untergebracht werden muss, und für die im Hinblick auf die Umplatzierung erst noch entsprechende Dispositionen getroffen werden müssen, drängt sich die Einräumung einer Anpassungszeit auf. Dies trägt einerseits dem erwähnten Interesse der Patientin Rechnung und berücksichtigt anderseits den Umstand, dass die Krankenversicherungen für ein nicht (mehr) versichertes Risiko nicht aufkommen müssen und insbesondere nicht dafür einzustehen haben, wenn eine Umplatzierung mangels adäquater Unterbringungsmöglichkeiten scheitert oder sich hinauszögert [419]. Diese Regelung des Bundesgerichts hat sich in der Praxis bewährt, da die Suche und Planung eines geeigneten Pflegeheimplatzes häufig abschliessender und wichtiger Teil der Akutspitalbehandlung ist. Die Rechtsprechung des Bundesgerichts findet auch nach der Einführung der neuen Tarifstruktur SwissDRG Anwendung. Diese maximal 30-tägige Übergangsfrist für den Übertritt vom Spital ins Pflegeheim beginnt zu laufen, sobald aus medizinischer Sicht keine Akutspitalbedürftigkeit mehr gegeben ist und die gesundheitliche Situation den Übertritt in ein Pflegeheim zulässt. Wenn demnach in einem fiktiven Beispiel am 8. Januar Klarheit darüber besteht, dass die Akutspitalbedürftigkeit von Patientin Y. nicht mehr gegeben ist und die gesundheitliche Situation einen Übertritt der Patientin in eine Pflegeinstitution zulässt, sind die Kosten für die Behandlungsleistungen bis zum 8. Februar über die Fallpauschale abzurechnen. Ab dem 9. Februar kommt der Pflegeheimtarif zur Anwendung.

Dies hat in der Praxis vor allem dort eine grosse Bedeutung, wo die Krankenversicherer gezielt die High-Outlier (sog. Ausreisser) identifizieren (Risikoselektion, S. 68, Ziffer 6.4.12). High-Outlier bzw. Langlieger sind Patienten mit einer Aufenthaltsdauer oberhalb der oberen Grenzverweildauer [420]. Für diese Ausreisser müssen Zuschläge entrichtet werden. Die Krankenversicherungen haben aus Kostengründen ein Interesse daran, keine solchen Zuschläge für Langlieger entrichten zu müssen. Es ist folglich für die Versicherung von Vorteil, wenn ein Patient nicht als High-Outlier sondern als

Wartepatient im System erfasst wird. Dann kommt der Pflegeheimtarif zur Anwendung und die Krankenversicherung kann sich der High-Outlier-Zuschläge entledigen.

8.4.6 Handlungsempfehlung 17: Anpassung der Wartepatientenregelung

Bei der Festlegung der „Regeln und Definitionen zur Fallabrechnung unter SwissDRG“ soll die konstante bundesgerichtliche Rechtsprechung berücksichtigt und Ziffer 2.2, Abs. 2 der Regelung entsprechend ergänzt werden:

> Der Aufenthalt eines Wartepatienten wird nicht über die SwissDRG-Fallpauschale abgerechnet. Zur Anwendung gelangt der entsprechende Tarif. Mit anderen Worten: Wird die Aufenthaltsdauer im Spital verlängert, weil der Patient auf einen Pflege- oder Rehabilitationsplatz wartet, darf der Fall für diese Dauer nicht als Ausreisser betrachtet und abgerechnet werden. Soweit im Hinblick auf die Umplatzierung in ein Pflegeheim oder eine Pflegestation noch Dispositionen getroffen werden müssen, rechtfertigt sich ab dem Zeitpunkt des Wegfalls der Akutspitalbedürftigkeit eine Übergangsfrist von maximal 30 Tagen, die über die Akutspitaltaxe abgerechnet wird.

8.4.7 Herausforderung: Patienten mit Migrationshintergrund

Rund ein Viertel der Schweizer Bevölkerung weist einen Migrationshintergrund auf, und ein Teil der Migrationsbevölkerung ist erhöhten gesundheitlichen Risiken ausgesetzt, worauf das schweizerische Gesundheitssystem nicht immer ausreichend vorbereitet ist.

8.4.8 Handlungsempfehlung 18: Zertifizierung MFH

Zertifizierungen wie bspw. „Migrant Friendly Hospital“ (MFH) können dazu beitragen, den Zugang für diese vulnerable Patientengruppe sicherzustellen und das Versorgungangebot besser auf sie zuzuschneiden. Dabei ist es zentral, die Bedürfnisse der Patientinnen und Patienten wahrzunehmen. Dies ist das Ziel einer Gruppe ausgewählter Spitäler in der Schweiz (Universitätsspital Basel, Solothurner Spitäler AG & Kantonsspital Aarau, Kinderspital Zürich mit Universitäts-Kinderspital Basel & Ostschweizer Kinderspital St. Gallen, Centre Hospitalier Universitaire Vaudois, Hôpitaux Universitaires de Genève) in Zusammenarbeit mit dem Bundesamt für Gesundheit (BAG) und „H+“ im Rahmen des MFH-Projekts [421].

8.4.9 Handlungsempfehlung 19: Leitbilder und interne Standards

Befürchtet ein Krankenhaus, dass der Basispreis den zu erwartenden Behandlungsaufwand nicht oder nur unzureichend deckt, besteht die Gefahr, dass sich der Zugang zur akutstationären Versorgung für Patientengruppen mit chronischen oder komplexen Erkrankungen nach der Einführung von SwissDRG verschlechtert [422]. Dem kann entgegengewirkt werden durch ein spitalinternes Wertesystem, in welchem definiert wird, was ethisches Handeln im Spitalalltag konkret bedeutet. Beispielsweise dass keine Diskriminierung von Patienten und Mitarbeitenden geduldet wird, dass die Behandlungsprinzipien für alle Patienten gleich sind nach dem Stand der Wissenschaft und dass keine Indikationen aus wirtschaftlichen oder anderen, nicht medizinischen Gründen gestellt werden. Unterstützend wirken auch im Detail ausformulierte Empfehlungen, dass zum Beispiel keine Patientinnen und Patienten aus Kostengründen abgelehnt werden oder dass auf eine Behandlung verzichtet wird, weil diese für das Spital wirtschaftlich nicht einträglich ist. Solche konkreten Handlungsempfehlungen können im Spitalalltag dazu beitragen, mögliche Diskriminierungen von besonders verletzlichen Patientengruppen zu verhindern.

8.5 Handlungsempfehlungen auf der Mikroebene

8.5.1 Einleitung

Auf der Mikroebene geht es um individuelle Versorgungsinteraktionen. Im Mittelpunkt steht die Beziehung zwischen den Patienten, deren Angehörigen und den leistungserbringenden „Health Professionals". Die Handlungsempfehlungen sollen konkrete Möglichkeiten aufzeigen, die das Vertrauen in diese Beziehung stärken.

8.5.2 Herausforderung: Entscheidungskonflikte zwischen ärztlichen und wirtschaftlichen Zielsetzungen

Der Arzt trifft Entscheidungen zur Patientenversorgung aus medizinischen Gründen. Dennoch ist eine Beeinflussung aus ökonomischen Gründen möglich, weil die Spitäler mit Einführung des neuen Tarifsystems SwissDRG Analysen mittels Daten aus DRGs wie beispielsweise die Darstellung des Leistungsspektrums jeden Arztes und jeder Fachabteilung, die durchschnittliche Liegedauer in jeder Fachabteilung bzw. bei jedem Arzt, die Anzahl Patienten jeden Arztes und die Anzahl der Langlieger/Normallieger/Kurzlieger pro Arzt bzw. Fachabteilung vornehmen. Hier kann das medizinische Interesse des Arztes an einer umfassenden und qualitativ angemessenen Behandlung mit dem ökonomischen Interesse der Klinik nach Erlösmaximierung kollidieren. Wie vorne ausgeführt, kann durch das Tarifsystem SwissDRG nicht gesteuert werden, wie das Spital den entstandenen Kostendruck im Einzelfall umsetzt. Zur Gefahr für eine angemessene Patientenversorgung wird der Kostendruck dann, wenn er statt zu einer erwünschten Rationalisierung zu einer Rationierung führt, d. h. wenn den Patienten Massnahmen mit einem Nutzengewinn vorenthalten bleiben. Dadurch kann insbesondere die Ärzteschaft stark belastet werden, vor allem dann, wenn sie Zuteilungsentscheide ohne allgemein verbindliche Kriterien treffen müssen [423]. Für die Schweiz haben *Fässler et al* (2015) in ihrem Teilprojekt im Rahmen der SNF-Sinergia DRG-Begleitforschung [1] aufzeigen können, dass sich Ärzte in ihrer klinischen Tätigkeit gedrängt fühlen, ökonomische Belange stärker zu berücksichtigen als sie sich das – mit Blick auf ihre Verantwortung den individuellen Patienten gegenüber – wünschen würden [424]. *Reifferscheid et al* (2014) [195] haben im Rahmen einer qualitativ-quantitativen Studie in Deutschland festgestellt, dass die Krankenhausleitungen den wirtschaftlichen Druck an die Chefärzte weitergeben, woraus sich für 45 % der Chefärzte Entscheidungskonflikte zwischen ärztlichen und wirtschaftlichen Zielsetzungen ergeben.

8.5.3 Handlungsempfehlung 20: Abschläge, 18-Tage-Regelung und Leitlinien

Zwecks Vermeidung der Kollision des medizinischen Interesse des Arztes an einer umfassenden und qualitativ angemessenen Behandlung und der Berücksichtigung von ökonomischen Interessen (eigene oder jene des Spitals) nach Erlösmaximierung hat der Schweizer Gesetzgeber verschiedene Kontrollmechanismen eingeführt. Dem wirtschaftlichen Anreiz verfrühter Entlassungen wird gestützt auf die „Regelungen und Definitionen zur Fallabrechnung unter SwissDRG“ beispielsweise dadurch begegnet, dass die Spitäler einen Abschlag auf ihre Fallpauschale in Kauf nehmen müssen, falls der Patient kürzer als bei der vorliegenden Erkrankung üblich im Spital bleibt. Weiter erhalten sie keine zusätzliche Entschädigung, wenn ein Patient innerhalb von 18 Tagen seit seinem Austritt [425] wegen der gleichen Erkrankung oder Komplikationen wieder stationär aufgenommen werden muss. Oder anders formuliert: Die 18-Tage Regelung kann das ökonomische Interesse der Leistungserbringer so steuern, dass es mit dem medizinischen einhergeht.

Entscheidungsunterstützung zwecks expliziter Begründung von Kosten-Nutzen-Abwägungen bieten beispielsweise auch kostensensible Leitlinien [206, 426]. Die Beachtung von Leitlinien und institutionellen Standards sowie eine offene Gesprächskultur schaffen gegenseitiges Vertrauen und Verständnis für medizinische und ökonomische Abläufe im Spital. So kann ein nachhaltiges Miteinander entstehen mit dem gemeinsamen Ziel einer bedarf- und bedürfnisorientierten, qualitativ angemessenen Gesundheitsversorgung für die Schweizer Bevölkerung.

Im Ergebnis fördern rechtliche Bestimmungen und Leitlinien nicht nur den Schutz der Patienten, sondern sie schützen auch die Leistungserbringenden vor rein wirtschaftlich orientiertem Handeln nach der Einführung von SwissDRG.

8.5.4 Herausforderung: Informierte, aktive Patienten und Angehörige

In der heutigen Gesundheitsversorgung nehmen Patientinnen und Patienten sowie deren Angehörige eine aktivere Rolle ein als früher. Dies zeigt sich in vielen Bereichen und hat teilweise auch bereits Eingang gefunden in neuen gesetzlichen Bestimmungen (bspw. Art. 377 ff. ZGB, Vertretung bei medizinischen Massnahmen). Die aktivere Rolle der Patientenschaft und deren Angehörigen dient vor allem dem eigenen Interesse der Patienten, dennoch stellt sie die Ärzteschaft und die Pflege vor Herausforderungen, weil diese nach der Einführung von SwissDRG u. a. unter Zeitdruck stehen.

8.5.5 Handlungsempfehlung 21: Einbindung von Patienten und Angehörigen als Partner

Der professionelle Umgang mit Angehörigen ist zeitintensiv, dennoch ist ihre Einbindung in angemessener Form wesentlich, weil Patienten und Angehörige ebenfalls dazu beitragen, die Behandlungsqualität zu fördern. Sie tragen ferner einen Teil der Verantwortung zur Erreichung eines optimalen Behandlungsergebnisses. Auch mit Blick auf den Aspekt der Prioritätensetzung in der Medizin ist das aktive Mitentscheiden der Patienten und der Einbezug ihrer individuellen Prioritäten heute wichtiger als früher [427]. Dies vor allem auch vor dem Hintergrund, dass neue wissenschaftliche Erkenntnisse zu Diskussionen führen, die zu Verunsicherungen bei den Patienten führen (bspw. Pro und Kontra von Screeninguntersuchungen des Mammakarzinoms oder des Prostatakarzinoms) [428]. Hier ist wesentlich, den Patienten und seine Angehörigen so in den Behandlungsprozess einzubinden, dass sie sich aktiv an einem Entscheid beteiligen können. Dies ist nur möglich, wenn sie entsprechend aufgeklärt sind in Bezug auf die Behandlungsoptionen. Der aktive Entscheid ermöglicht dem Patienten und den Angehörigen auch, die damit einhergehende eigene Verantwortung stärker zu leben und zum Behandlungserfolg beizutragen.

8.5.6 Handlungsempfehlung 22: Berufsübergreifendes Arbeiten

Die Patienten bzw. den Patienten ins Zentrum der Gesundheitsversorgung zu stellen bedeutet, sich am Bedarf der Patienten und deren Angehörigen zu orientieren. Je nach Bedarf braucht es unterschiedliche Kompetenzen, weshalb die Berufsgruppen übergreifende Zusammenarbeit eine höhere Bedeutung haben soll als hierarchische Strukturen oder traditionelle Berufsbilder. Die interprofessionelle Zusammenarbeit kann auch das Behandlungsergebnis positiv beeinflussen [429]. Der gegenseitige Respekt für die jeweiligen Kompetenzen der anderen Berufsgruppen ermöglicht ein koordiniertes Zusammenwirken der Gesundheitsfachpersonen zugunsten des Patienten. Dabei entspricht die Verantwortungsübernahme den fachlichen Kompetenzen.

8.6 Übersicht konkrete Herausforderungen nach Einführung von SwissDRG und entsprechende Handlungsempfehlungen

Tab. 8.1. Übersicht Herausforderungen – Handlungsempfehlungen.

Herausforderungen	Handlungsempfehlungen
Strukturelle Unzulänglichkeiten und Mehrfachrolle der Kantone	Monistische Leistungsfinanzierung (1); Rückzug der Kantone als Spitaleigentümer (2)
Unterschiedliche Abgeltungsart der erbrachten Leistungen beeinflusst die Wahl der Therapieform	Einheitliches Abgeltungssystem für stationär, spital-ambulant und ambulant erbrachte Leistungen (2); Sektor übergreifende Versorgungsformen stärker fördern (3)
Umsetzung der neuen gesetzlichen Regelungen, insbesondere AüP	Weiterentwicklung der gesetzlichen Schutzbestimmung AüP (4); Patienten- und nutzerorientierte Versorgungsforschung (5)
Anlagenutzungskosten als Teil der Fallpauschale	Rasche Verbesserung der Datenqualität (6)
Neutraler Betriebskostenvergleich – Abgeltung von Investitionen – Berücksichtigung der Vorfinanzierung von zukünftigen Investitionen – Abgeltung der nicht-universitären Ausbildung	Korrekturzuschlag vor dem Benchmarking (7); Strukturelle Anpassung und einheitliches Abgeltungsmodell (8)
Identifikation vulnerabler Patientengruppen in sämtlichen Versorgungssettings	Verbesserung der Datenlage (9)
Umgang mit Mehrkosten von Spitälern mit Notfallaufnahme	Weiterentwicklung der Tarifstruktur (10)
Planungskoordination der Kantone	Erlass einer KVG-Bestimmung zwecks Durchsetzung der Koordinationspflicht (11)
Qualitätsmessungen unter Berücksichtigung der gesamten Versorgungskette	Verbesserung der Datenlage (12)
Einführung der Fallpauschale in der Psychiatrie	Ergänzung des Basispreises durch aufwandabhängige Zuschläge (13)
Qualitätssicherung in der Patientenversorgung	Einführung der Indikationsqualität als Teil der Qualitätsmessungen (14)

Herausforderungen	**Handlungsempfehlungen**
Ungenügend differenzierte Tarifstruktur SwissDRG (a) Umgang mit Innovationen (b) Umgang mit Hochkostenfällen	Lösungsfindung als zwingendes Kriterium zur Annahme der SwissDRG Tarifstruktur-Version 5.0 (15); Sicherstellung der Kodierqualität (16)
Vergütung von Wartepatienten	Anpassung der Wartepatientenregelung (17)
Patienten mit Migrationshintergrund	Zertifizierungen z. B. „Migrant Friendly Hospital" (18); Leitbilder und interne Standards (19)
Medizinische Entscheidungskonflikte zwischen ärztlichen und wirtschaftlichen Zielsetzungen	Abschläge, 18-Tage-Regelung und Leitlinien (20)
Informierte, aktive Patienten und Angehörige	Einbindung von Patienten und Angehörigen (21); Berufsübergreifendes Arbeiten (22)

9 SwissDRG, quo vadis?

Die Zukunft der Schweizer Gesundheitsversorgung ist bezogen auf die Versorgungsstrukturen aus meiner Sicht *ambulant* und mit Blick auf den Patienten *multimorbid.* Dabei bildet das *Bedürfnis* des Patienten das massgebliche Kriterium, wenn es darum geht zu definieren, wer im Behandlungsverlauf fallführend ist. Es geht nicht darum, auf Kosten des Patienten die Finanzen im Lot zu halten, indem rehabilitationsfähige Patienten aus Kostengründen länger als nötig im Akutspital liegen bleiben. Es geht auch nicht darum, den Patienten gestützt auf spitalinterne Berechnungen (real-time-Kodierung) frühzeitig zu entlassen. Sondern es geht in erster Linie darum, den Patienten aus medizinischer Sicht zur richtigen Zeit im richtigen Setting (stationär, ambulant, Langzeit, häuslich) zu behandeln. Dies dient gleichlaufend der Qualitätssicherung und der Effizienz in der sektorenübergreifenden Patientenversorgung.

Die Rahmenbedingungen für eine medizinisch adäquate und qualitativ angemessene Gesundheitsversorgung festzulegen ist Sache der Gesundheitspolitik. Diesbezüglich spielen die Finanzierungssysteme der unterschiedlichen Bereiche (stationär, ambulant, Langzeit, häuslich) eine wesentliche Rolle. Hier reicht meines Erachtens eine gute Nahtstellen-Koordination nicht. Benötigt wird ein proaktives Handeln der Gesundheitspolitiker mit dem Ziel, den Übergang auf ein monistisches Finanzierungssystem voranzutreiben. Wie beschrieben beeinflusst die unterschiedliche Finanzierungsart der stationär und ambulant erbrachten Leistungen die Wahl der Therapieform und schadet damit unter Umständen dem Wohl des Patienten. Es ist nun Sache des Parlaments, hier vom Bundesrat die Erledigung des Auftrags einzufordern und dafür zu sorgen, dass der Übergang zu einem monistischen Finanzierungssystem vorangetrieben wird.

Es ist ferner wesentlich, SwissDRG als das zu verstehen, was es ist, nämlich *eine* mögliche Art der Abgeltung von stationär erbrachten Spitalleistungen. Durch die Einführung des leistungsorientierten Fallpauschalensystems wollte der Gesetzgeber eine möglichst effiziente Verteilung der Ressourcen erreichen, um damit die Kostenentwicklung in der Schweizer Gesundheitsversorgung positiv zu beeinflussen. Ob dies dem Gesetzgeber gelungen ist und wie die Einführung von SwissDRG die Schweizer Gesundheitsversorgung als Ganzes beeinflusst, ist noch unzureichend erforscht. Hierzu braucht es zusätzliche sektorenübergreifende und interdisziplinäre Studien in der Schweiz. Die Ergebnisse aus der Versorgungs-Forschung dienen unter anderem als Grundlage versorgungspolitischer Entscheide und haben damit eine hohe Bedeutung. Die Analyse der ersten Ergebnisse aus der DRG-Begleitforschung Schweiz lässt den Schluss zu, dass das neue Tarifsystem SwissDRG kein unethisches System ist. Es ist auch kein weises oder ein dummes System, sondern schlicht ein lernendes. Damit sichergestellt ist, dass Behandlungsleistungen, die für besonders verletzliche Patienten erbracht werden, genügend differenziert im Tarifsystem abgebildet und entsprechend vergütet werden, muss das System vor allem *schnell* lernen und das

Finden von möglichen Lösungen darf dabei nicht zu einem Machtspiel zwischen den Krankenversicherungen und den Kantonen werden.

Rasch weiter entwickeln muss sich aber nicht nur das lernende Tarifsystem SwissDRG, sondern auch alle Akteure in der Schweizer Gesundheitsversorgung. Diesbezüglich spielt die Ausbildung eine zentrale Rolle. Auch hier braucht es in der Schweiz Forschung zu Versorgungsstrukturen und Patientenbedürfnissen. Beschäftigen wir uns mit den richtigen Gesundheitsberufen? Was können Gesundheitsberufe für die Gesundheitsversorgung in der Schweiz tun? Gesundheitsförderung und Prävention sind insbesondere mit Blick auf den Anstieg an dementiellen Erkrankungen wichtige Eckpfeiler. Dabei dürfen wir nicht übersehen, dass wir manchmal Personen in Bezug auf die Qualifikation zu hoch ausbilden oder in einem Bereich der Versorgung ausbilden, in welchem sie später nicht beschäftigt werden können, weil sie über- oder unterqualifiziert sind.

In jedem System existieren Verantwortlichkeiten auf unterschiedlichen Ebenen, so auch in der Gesundheitsversorgung Schweiz. Der Bund, die Kantone und die Gemeinden tragen Verantwortung, die ihnen von der Verfassung oder von Gesetzes wegen in unterschiedlichen Bereichen im Rahmen der Gesundheitsversorgung übertragen wurde. Diese Verantwortung müssen sie wahrnehmen. Wenn wir die Genannten de facto aus ihrer Verantwortung entlassen, müssten wir die dadurch entstehenden Lücken im System immer weiter stopfen, entweder mit der Einführung von zusätzlichen Sozialversicherungen oder privaten Versicherungen (Bsp. Pflegeversicherung). Aus meiner Sicht sollen Versicherungslösungen einzig dort Anwendung finden, wo der Gesetzgeber keine Verantwortlichkeiten definiert hat und nicht zur Entlastung der eigentlich Verantwortlichen in der Schweizer Gesundheitsversorgung, nämlich die Gemeinden, die Kantone und der Bund.

Da Multimorbidität oftmals einhergeht mit komplexen Versicherungssituationen, braucht der Patient diesbezüglich die Unterstützung von Fachpersonen. Nur wenn der Patienten versteht, welches das Ziel der Behandlung und der Therapie ist, kann er aktiv zu einem erfolgreichen und zeitlich effizienten Behandlungsabschluss beitragen und seine eigene Verantwortung wahrnehmen. Dies entlastet u. a. die Sozialversicherungen.

Letztlich kann der Weg mit dem Ziel einer patientenorientierten und finanziell auch in der Zukunft noch tragbaren Gesundheitsversorgung in der Schweiz nur ein gemeinsamer sein: Gesundheitspolitik, Bund, Kantone, Gemeinden, Leistungserbringende und Bezüger von Leistungen sind gleichermassen angesprochen, dazu beizutragen.

Literaturverzeichnis

[1] Das polydisziplinäre SNF-Sinergia Gesamtprojekt trägt den Titel „Assessing the Impact of Diagnosis Related Groups (DRGs) on patient care and professional practice“ und wurde von Januar 2011 bis Dezember 2013 in der Schweiz durchgeführt (SNF-Projektnummer CRSII3_132786/1). Eine Übersicht der Resultate und der Empfehlungen des Gesamtprojekts findet sich bei Wild et al: Assessing the impact of DRGs on patient care and professional practice in Switzerland (IDoc) – a potential model for monitoring and evaluating healthcare reform. *Swiss Med Wkly.* 2015 Feb 9; 145: w14034.

[2] Die Zielstichprobe von Teilprojekt B „DRGs in Switzerland: critical analysis of the legal aspects and their perception by experts and hospital managers“ umfasste Spitaldirektoren, Verantwortliche Qualitätsmanagement/Dienstleistungen/Recht/Unternehmensentwicklung, Verantwortliche für DRG/Kodierung sowie Verantwortliche Administration/Finanzen/Medizincontrolling ($n = 43$). Die Interviews wurden von Februar bis August 2012 in 24 Kantonen der Schweiz durchgeführt.

[3] In der Schweiz richtet sich die Unterscheidung zwischen stationärer und ambulanter Behandlung nach den Art. 3 und 5 der Verordnung über die Kostenermittlung und Leistungserfassung durch Spitäler, Geburtshäuser und Pflegeheime in der Krankenversicherung vom 3. Juli 2002 (VKL; SR 832.104). Die Erläuterungen zu den Abgrenzungen finden sich in den Regeln und Definitionen zur Fallabrechnung unter SwissDRG, Version Mai 2014, gültig ab 1.1.2015, http://swissdrg.org/assets/pdf/Tarifdokumente/SwissDRG_Falldefinitionen_Version_4.0_d_def.pdf.

[4] R. W. Foster (1985) Cost-shifting under cost reimbursement and prospective payment. *J Health Econ* 4(3), (1985), 261–271.

[5] K. P. Glynn: Diagnosis-related group system. Can we still earn a living caring for sick people? *Physician Exec* 22(8), (1996), 16–18.

[6] S. C. Goldberg, C. L. Estes: Medicare DRGs and post-hospital care for the elderly: does out of the hospital mean out of luck? *J Appl Gerontol* 9(1), (1990), 20–35.

[7] J. F. Fitzgerald: The Care of Elderly Patient with Hip Fracture: Changes since Implementation of the Prospective Payment System, *New Engl J Med* 319(21), (1988), 1392–1397.

[8] Medicare ist die öffentliche und bundesstaatliche Krankenversicherung innerhalb des Gesundheitssystems der USA für ältere oder körperlich oder geistig beeinträchtigte Bürger. Medicare wurde am 30. Juli 1965 durch Zusätze zum Social Security Act in das Sozialversicherungssystem der Vereinigten Staaten eingefügt und ist neben der Rentenversicherung die zweite bundesstaatliche Pflichtversicherung. Jeder Bürger ab dem Alter von 65 Jahren und unabhängig vom Lebensalter, jeder Bürger mit einer anerkannten Beeinträchtigung und jeder Bürger mit akutem Nierenversagen, die eine dauerhafte Dialyse oder eine Nierentransplantation erforderlich macht, können Medicare in Anspruch nehmen. http://www.cms.gov/Medicare/Medicare.html?redirect=/home/medicare.asp.

[9] R. B. Fetter, Y. Shin, J. L. Freeman, R. F. Averill, J. D. Thompson: Casemix definition by diagnosis-related groups. *Medical Care*, 18(2), (1980), 1–53.

[10] R. B. Fetter: *DRGs: Their Designs and Development.* Health Administration Press: Ann Arbor, MI, 1991

[11] M. Wiley: From the origins of DRGs to their implementation in Europe, in: R. Busse, A. Geissler, W. Quentin, M. Wiley (eds.). Diagnosis-Related Groups in Europe – Moving towards transparency, efficiency and quality in hospitals. Open University Press (S. 3–6, m. w. Literaturhinweisen S. 7), 2011.

[12] W. Fischer: Beobachtungen zur relativen klinischen Homogenität ausgewählter DRG-Systeme, abrufbar unter http://www.isesuisse.ch/fr/conferences/e_0511_fischer.pdf, 2005.

[13] W. Fischer: Von APDRG-CH zu G-DRG/SwissDRG. Ein Blick auf das „familiäre Umfeld" und auf einige Unterschiede, http://fischer-zim.ch/artikel-pdf/DRG-Entwicklung-0803-SMI.pdf, 2008.

[14] Die verfassungsrechtliche Verankerung der sozialen Krankenversicherung findet sich in Art. 117 der Bundesverfassung (BV; SR 101). Die soziale Krankenversicherung untersteht dem Bundesgesetz über die Krankenversicherung vom 18. März 1994 (KVG; SR 832.10) und umfasst die obligatorische Krankenpflegeversicherung (OKP) sowie die freiwillige Taggeldversicherung (Art. 1*a* Abs. 1 KVG). Der Bundesrat verzichtete aus referendumspolitischen Gründen auf die Einführung eines Versicherungsobligatoriums für die Krankentaggeldversicherung (BBl 1992 I 138). Vgl. A. Leu (2010) Unterstellung und Beiträge der Bezüger und Bezügerinnen von Taggeldern, in: R. Schaffhauser, U. Kieser (Hrsg.), Arbeitsunfähigkeit und Taggeld, St. Gallen, S. 145–196 mit dem Vorschlag zu einer Neukonzeption im Sinne einer Weiterentwicklung der freiwilligen zu einer obligatorischen Taggeldversicherung, S. 189.

[15] Bundesamt für Sozialversicherungen, Beiträge zur sozialen Sicherheit, Wirkungsanalyse KVG: Synthesebericht, Bern 2001.

[16] Dies gilt für den Zeitraum von 1996 bis 2001. Es bleibt zu ergänzen, dass der Anteil der Gesundheitsausgaben in Prozenten des Bruttoinlandprodukts (BIP) in den Jahren 2003 und 2010 gleich hoch geblieben ist (10,9 %) in den Jahren 2006 bis 2008 war eine leichte Abnahme erkennbar. Im Jahr 2013 betrugen die Ausgaben für die Gesundheitskosten in der Schweiz 68 Milliarden Franken (5,3 % mehr als im Vorjahr). Dies entspricht monatlichen Gesundheitsausgaben von 708 CHF pro Einwohnerin und Einwohner. Besonders ins Gewicht fällt dabei die Zunahme der Spitalkosten um 2,3 Milliarden Franken. Zu beachten ist hier allerdings der Systemwechsel auf SwissDRG, der die Dateninterpretation erschwert. Das Verhältnis der Gesundheitsausgaben zum Bruttoinlandprodukt (BIP) belief sich 2012 auf 10,9 %. Vgl. BFS, 2014, Kosten und Finanzierung des Gesundheitswesens, abrufbar unter http http://www.bfs.admin.ch/bfs/portal/de/index/themen/14/05/blank/key/ueberblick.html (besucht am 28.10.2014).

[17] Botschaft zum Bundesgesetz über die Neuordnung der Pflegefinanzierung vom 16. Februar 2005 (BBl 2005 2033, S. 2071).

[18] Vgl. alt Art. 50 Abs. 2 KVG.

[19] Details zu den qualitativen Interviews finden sich in [1] und [2].

[20] BBl 1992 I 124; RKUV 6/1998 Erw. II. 3.1 S. 537.

[21] BVGE 2010/15 E. 6.1.

[22] RKUV 6/1998 E. II. 4.2.2.2 S. 553; RKUV 3/1999 E. II. 3.4 S. 222 ff.

[23] BBl 1992 I 179.

[24] G. Eugster: Krankenversicherung, in: U. Meyer [Hrsg.], *Schweizerisches Bundesverwaltungsrecht, Bd. XIV, Soziale Sicherheit*, 2. Aufl., Basel, Genf, München, Rz. 848, 2007.

[25] T. Gächter, I. Vollenweider: *Gesundheitsrecht. Ein Kurzlehrbuch.* Helbing Lichtenhahn Verlag: Basel, Rz. 799, 2008.

[26] U. Saxer, W. Oggier: *Recht und Ökonomie der KVG-Tarifgestaltung. Forum Gesundheitsrecht Band 17.* Schulthess Verlag: Zürich, Basel, S. Genf 10, 2010.

[27] Art. 43 Abs. 6 KVG. Zu den allgemeinen Tarifgrundsätzen gehören auch die Wirtschaftlichkeit und Billigkeit der Tarife (Art. 46 Abs. 4 KVG), die betriebswirtschaftliche Bemessung und sachgerechte Struktur der Tarife (Art. 43 Abs. 4 KVG) sowie die Übereinstimmung der Tarife mit dem Gesetz (Art. 46 Abs. 4 KVG). Vgl. D. Staffelbach, Y. Endrass (2006) Der Ermessensspielraum der Behörden im Rahmen des Tariffestsetzungsverfahrens nach Art. 47 in

Verbindung mit Art. 53 Krankenversicherungsgesetz. Schulthess Verlag: Zürich, Basel, Genf, Rz. 79 f.

[28] G. Eugster: Krankenversicherung, in: U. Meyer [Hrsg.], *Schweizerisches Bundesverwaltungsrecht, Bd. XIV, Soziale Sicherheit*, 2. Aufl., Basel, Genf, München, Rz. 882 ff, 2007.

[29] U. Saxer, W. Oggier: Recht und Ökonomie der KVG-Tarifgestaltung. Forum Gesundheitsrecht Band 17. Schulthess Verlag: Zürich, Basel, Genf, S. 11 ff, 2010,

[30] In einem Pilotprojekt rechnete das Spital Männedorf im Kanton Zürich seit dem 1.7.2001 als erstes Krankenhaus in der Schweiz mit einer Krankenversicherung über das Schweizer AP-DRG-System ab. Am 1.1.2002 ist das Spital Uster zum Pilotprojekt gestossen, um ebenfalls über das AP-DRG System abzurechnen. In den Kantonen Waadt (seit 1.1.2001), in den Kantonen Tessin, Wallis, Zug, Uri, Schwyz, Bern, Neuenburg (alle nach 2002) sowie in den Kantonen Genf, Basel Stadt und Jura (seit 2006) wurde ebenfalls über AP-DRG abgerechnet.

[31] All Patient Diagnosis Related Groups.

[32] Botschaft betreffend Änderung des Bundesgesetzes über die Krankenversicherung (Spitalfinanzierung) vom 15. September 2004 (BBl 2004 5551, S. 5577).

[33] Wurden die vom Bundesrat festgelegten Auslastungsschwellenwerte in Bezug auf die Bettenbelegung unterschritten, lagen Überkapazitäten vor (RKUV 1997 KV 17 S. 375 E. 8.4).

[34] Soweit die effektiven Kosten bekannt waren, wurden diese gemäss Rechtsprechung des Bundesrats abgezogen, andernfalls wurden je nach Spitalgrösse und Spitaltyp abgestufte Abzüge zur Anwendung gebracht ([33] E. 8.2 und RKUV 1997 KV 16 S. 343 E. 8.2).

[35] Art. 49 Abs. 1 Satz 4 KVG (1994).

[36] BGE 127 V 422 E. 4; BGE 123 V 290 E. 7.

[37] BGE 127 V 398 E. 2b/dd.

[38] Art. 39 Abs. 1 KVG (Fassung gemäss Ziff. I des BG vom 21. Dez. 2007, Spitalfinanzierung).

[39] Art. 39 Abs. 2bis KVG.

[40] Durch die Einführung von leistungsbezogenen Fallpauschalen werden für Spitäler Anreize geschaffen, möglichst viele Fälle abzurechnen und diese möglichst effizient zu behandeln, was zu medizinisch nicht indizierten Behandlungen, zu stationären statt ambulanten Behandlungen und gegebenenfalls zu verfrühten Spitalentlassungen, welche Rehospitalisationen erfordern, führen kann, vgl. Empfehlungen der GDK zur Spitalplanung vom 27.4.2009, Empfehlung 4 mit Begründung, S. 7 f., http://www.gdk-cds.ch/fileadmin/pdf/Aktuelles/Empfehlungen/EM_Spitalplanung_20090514-d.pdf; RKUV 4/2002 E. II 8.2.6.

[41] SR 832.102.

[42] Damit sind Vertragsspitäler und ausserkantonale Spitäler gemeint. Bundesamt für Gesundheit, Verordnung vom 27. Juni 1995 über die Krankenversicherung (KVV), Änderungen per 1. Januar 2009, Änderungen und Kommentar im Wortlaut, BAG Kommentar zur KVV, S. 8 Art. 58*b* und S. 4 II.2.

[43] L. Rich: Die geplante Umsetzung der neuen Spitalfinanzierung im Kanton Zürich – eine kritische Betrachtung, in: *Jusletter* vom 19. Januar 2009, Rz. 3, 2009.

[44] G. Eugster: Bundesgesetz über die Krankenversicherung (KVG), Rechtsprechung des Bundesgerichts zum Sozialversicherungsrecht, in: E. Murer, H. U. Stauffer (Hrsg.), Zürich, Art. 39 Rz. 22, 2010.

[45] U. Kieser: Spitalliste und Spitalfinanzierung, Auswirkungen und Änderung des Krankenversicherungsgesetzes vom 21. Dezember 2007 (Spitalfinanzierung), in *AJP* 2010, S. 65, 2010.

[46] Art. 41 Abs. 1bis KVG. Die Vergütung entspricht höchstens dem Tarif in einem Listenspital des Kantons, eine allfällige Differenz ist durch die Versicherten zu übernehmen.

[47] Ebenso M. Moser: Analyse der rechtlichen Grundlagen der Spitalplanung gemäss revidiertem KVG (BG vom 21.12.2007), Bern, S. 8, 2010.

[48] Bundesamt für Gesundheit, Verordnung vom 27. Juni 1995 über die Krankenversicherung (KVV), Änderungen per 1. Januar 2009, Änderungen und Kommentar im Wortlaut, BAG Kommentar zur KVV, S.4, II.2
[49] Das BAG weist in Zusammenhang mit Art. 58*c* KVV darauf hin, dass sowohl die Pauschalen nach Art. 49 Abs. 1 KVG als auch die Planung nach Art. 58*c* KVV eine Abkehr vom Pflegetag erlauben sollen, BAG- Kommentar zu Art. 58*c* KVV, S. 8.
[50] Fassung gemäss Ziff. I 3 des BG vom 13. Juni 2008 über die Neuordnung der Pflegefinanzierung (AS 2009 3517 6847 Ziff. I; BBl 2005 2033).
[51] Botschaft betreffend die Änderung des Bundesgesetzes über die Krankenversicherung (Spitalfinanzierung) vom 15.9.2004 (BBl 2004 5551, S. 5555).
[52] BBl 2004 5551, S. 5579.
[53] AB 2005 S 684.
[54] Protokolle SGK Ständerat vom 21. November 2005, S. 22 sowie vom 23./24./25. Januar 2006, S. 53.
[55] „Die Tarifpartner setzen gemeinsam mit den Kantonen eine Organisation ein, die für die Erarbeitung und Weiterentwicklung sowie die Anpassung und Pflege der Strukturen zuständig ist", vgl. Satz 1 der genannten Bestimmung.
[56] Die von SwissDRG entwickelten Tarifstrukturen bedürfen nach Art. 49 Abs. 2 Satz 5 KVG der Genehmigung durch den Bundesrat. Bei Nichteinigung der Tarifpartner setzt der Bundesrat die Tarifstruktur selber fest, Art. 49 Abs. 2 Satz 6 KVG.
[57] Die im Jahr 2012 erstmals zur Anwendung gelangende SwissDRG-Version 1.0 wurde dem Bundesrat ebenfalls zur Genehmigung vorgelegt. Die Genehmigung durch den Bundesrat erfolgte am 6. Juli 2011.
[58] http://www.swissdrg.org/assets/pdf/System_02/01_Tarifstrukturvertrag_unterzeichnet.pdf.
[59] BAG-Kommentar zu Art. 59*d* Abs. 1 KVV, S. 10, vgl. [42].
[60] http://swissdrg.org/de/07_casemix_office/SwissDRG_System_30.asp.
[61] http://www.swissdrg.org/de/07_casemix_office/Tarifdokumente.asp.
[62] http://www.bfs.admin.ch/bfs/portal/de/index/infothek/nomenklaturen/blank/blank/codage/04/04_05.html.
[63] Zur veränderten Bedeutung des Austrittsberichts nach Einführung von SwissDRG, S. 93, Ziffer 7.5.3.
[64] Art. 49 Abs. 1 KVG.
[65] BBl 2004 5551, 5578.
[66] Die Spitäler und Kliniken vertreten durch „H+", die Krankenversicherer vertreten durch „santésuisse", die Kantone vertreten durch die Gesundheitsdirektorenkonferenz GDK und die Ärzteschaft vertreten durch die FMH.
[67] Neue Zürcher Zeitung vom 20. Oktober 2014: Die vermeintliche Optimierung, http://zeitungsarchiv.nzz.ch/neue-zuercher-zeitung-vom-20--10-2014-seite-11.html?hint=30075265.
[68] Das Sanatorium ist einer der 28 Datenzulieferer an die SwissDRG AG. Gestützt auf diese Daten soll das neue System TARPSY entwickelt werden.
[69] Vgl. dazu die Ausführungen und Verweise auf empirische Belege, S. 48, Ziffer 5.8 sowie die Handlungsempfehlungen auf S. 124, Ziffer 8.3.24.
[70] Die SwissDRG hat die bisherigen Projektträger „H+" und MTK (Medizinaltarif-Kommission UVG) mit der Weiterentwicklung betraut.
[71] Zu beachten bleiben hier die Übergangsbestimmungen bis 2017, im Kanton ZH bspw. wird der kantonale Anteil bis 2017 schrittweise auf 55 % erhöht.
[72] M. Moser: Analyse der rechtlichen Grundlagen der Spitalplanung gemäss revidiertem KVG (BG vom 21.12.2007), Bern, S. 10, 2010.

[73] AB 2007 S. 752 Votum Forster-Vannini sowie T. Gächter, I. Vollenweider (2008) Gesundheitsrecht. Ein Kurzlehrbuch. Helbing Lichtenhahn Verlag: Basel, Rz. 818.

[74] AS 2008 2049; BBl 2004 5551.

[75] Fassung gemäss Ziff. I des BG vom 21. Dez. 2007 (Spitalfinanzierung), in Kraft seit 1. Januar 2009.

[76] BBl 2004 5551, 5575.

[77] Empfehlungen der GDK zur Spitalplanung unter Berücksichtigung der KVG-Revision zur Spitalfinanzierung vom 21.12.2007, verabschiedet am 14. Mai 2009, S. 8 f. Vgl. http://www.gdk-cds.ch/fileadmin/pdf/Aktuelles/Empfehlungen/EM_Spitalplanung_20090514-d_01.pdf.

[78] BAG-Kommentar zu Art. 58*b* Abs. 2 und 3 KVV, S. 8, vgl. [42].

[79] Art. 41 Abs. 1bis KVG (freie Wahl von Spitälern auf der Spitalliste des Wohnkantons oder des Standortkantons, Listenspital).

[80] Der Bundesrat erlässt einheitliche Planungskriterien auf der Grundlage von Qualität und Wirtschaftlichkeit. Dazu hört er zuvor die Kantone, die Leistungserbringer und die Versicherer an.

[81] BBl 2004 5551, S. 5564.

[82] BGE 138 II 398 E. 3.5.2 sowie Rütsche Bernhard (2012) Spitalplanung und Spitalfinanzierung: Grundsatzurteil des Bundesgerichts, in: *hill* Zeitschrift für Recht und Gesundheit, Zürich, Nr. 50, https://hill.swisslex.ch.

[83] Zur normativen Versorgungsforschung D. Strech, G. Marckmann: Normative Versorgungsforschung. Eine orientierende Einführung in Themen, Methoden und Status quo in Deutschland. Gesundheits- und Sozialpolitik. *Zeitschrift für das gesamte Gesundheitswesen* 02, (2012), 8–15.

[84] Zu wichtigen Begründungsansätzen Düwell M., C. Hübenthal, M. H. Werner (Hrsg) *Handbuch Ethik.* J. B. Metzler: Stuttgart, 2006.

[85] D. Birnbacher: *Analytische Einführung in die Ethik.* Walter de Gruyter: Berlin. 2007.

[86] T. L. Beauchamp, J. F. Childress: *Principles of Biomedical Ethics.* New York, Oxford, Oxford University Press, 2013.

[87] Der Kohärentismus knüpft an die in einer bestimmten Gemeinschaft vorgefundenen moralischen Überzeugungen an und entwickelt daraus ein zusammenhängendes Rahmengerüst, vgl. J. Badura: Kohärentismus, in: M. Düwell, C. Hübenthal, M. H. Werner (Eds.) Handbuch Ethik. J. B. Metzler: Stuttgart, 2006.

[88] Zum methodischen Vorgehen in Zusammenhang mit Public Health Massnahmen G. Marckmann, D. Strech: Konzeptionelle Grundlagen einer Public Health Ethik. *Public Health Ethik.* LIT Verlag: Münster, S. 57 ff, 2010.

[89] BBl 2004 5551, S. 5555.

[90] Zu den Gründen für die Verteuerung der Spitalbehandlungen dieser marginalen Gruppe: T. Gächter, B. Elger (2010) DRG und die Gesundheitsversorgung marginaler Gruppen, in: V. Wild, E. Pfister, N. Biller-Andorno (Hrsg.), DRG und Ethik, Ethische Auswirkungen von ökonomischen Steuerungselementen im Gesundheitswesen, Basel.

[91] SC. Lim, V. Doshi, B. Castasus, JK. Lim, K. Mamun: Factors causing delay in discharge of elderly patients in an acute care hospital. *Ann Acad Med Singapore* 35(1), (2006)x, 27–32.

[92] SC. Goldberg, CL. Estes: Medicare DRGs and post-hospital care for the elderly: does out of the hospital mean out of luck? *J Appl Gerontol* 9(1), (1990), 20–35.

[93] B. Tobbe: DRGs, the elderly, and Medicare: a triangle of ethical dilemmas. *Plast Surg Nurs* 9(4), (1989), 166–167.

[94] MR. Meiners, RM. Coffey: Hospital DRGs and the need for long-term care services: an empirical analysis. *Health Serv Res* 20(3), (1985), 359–384.

[95] JH. Muldoon: Structure and performance of different DRG classification systems for neonatal medicine. *Pediatrics.* 103(1 Suppl E), (1999), 302–318.

[96] P. Phelan, K. Baxter, J. Bishop, D. Hindle, B. Catchlove: Diagnosis related groups, refined diagnosis related groups and pediatric modified diagnosis related groups in specialist children's hospitals. *Aust Health Rev* 13(3), (1990), 163–181.

[97] KP. Glynn: Diagnosis-related group system. Can we still earn a living caring for sick people? *Physician Exec.* 22(8), (1996), 16–18.

[98] D. Castiel, PH. Brechat: Social deprivation and public hospital: for a social DRG. *Presse Med* 38(1), (2009), 142–145.

[99] A. Frappier, L. Vigneault, S. Paquet: Mentally ill and criminalized: testimony of a dual marginalization. *Sante Ment Que.* 34(2), (2009), 21–30.

[100] D. Castiel, PH. Brechat, MC. Grenouilleau: Disadvantaged patients in public hospitals: need for additional funding. *Presse Med* 36(2 Pt 1), (2007), 187–188.

[101] Dazu Tab. 4.1: Kriterien zur ethischen und rechtlichen Beurteilung von Auswirkungen der Einführung von SwissDRG, S. 24.

[102] BBl 2004 5551, S. 5565.

[103] RW. Foster: Cost-shifting under cost reimbursement and prospective payment. *J Health Econ* 4(3), (1985), 261–271.

[104] CJ. Dougherthy: Cost containment, DRGs, and the ethics of health care. Ethical perspectives on prospective payment. *Hastings Cent Rep.* 19(1), (1989), 5–11.

[105] TARMED ist ein Einzelleistungstarif, der mit mehr als 4'600 Positionen nahezu sämtliche ärztlichen und arztnahen Leistungen in der Arztpraxis und im ambulanten Spitalbereich umfasst. Jeder Leistung ist je nach zeitlichem Aufwand, Schwierigkeit und erforderlicher Infrastruktur eine bestimmte Anzahl von Taxpunkten zugeordnet. www.tarmedsuisse.ch.

[106] Bei den Kosten der universitären Lehre und Forschung einschliesslich der ärztlichen Weiterbildung handelt es sich um gemeinwirtschaftliche Leistungen (GWL). Diese sind nicht Teil des Basispreises und müssen weiterhin alleine von den Kantonen getragen werden (Art. 49 Abs. 3 lit. b KVG in Verbindung mit Art. 7 VKL). Die Löhne der Assistenzärzte gelten wie bisher als Betriebskosten (anrechenbare Kosten) der Spitäler, vgl. Stellungnahme des Bundesrates vom 13.03.2009 zur Motion Cassis 08.3847.

[107] G. Bentzen, A. Harswik, BS. Brinchmann: „Values That Vanish into Thin Air“: Nurses' Experience of Ethical Values in their Daily Work. *Nurs Res Prac.* 939153, (2013).

[108] A. Gaudine, SM. LeFort, M. Lamb, L. Thorne: Ethical conflicts with hospitals: The perspective of nurses and physicians. *Nursing Ethics.* 18(6), (2011), 756–766.

[109] KE. Powderly, E. Smith: Cost containment, DRGs, and the ethics of health care. The impact of DRGs on health care workers and their clients. *Hastings Cent Rep.* 19(1), (1989), 16–18.

[110] Vgl. dazu LH. Aiken et al: Nurse staffing and education and hospital mortality in nine European countries: a retrospective observational study. *The Lancet.* Early Online Publication, 26 February 2014 doi:10.1016/S0140–6736(13)62631–62638. Diese europaweite Studie hat festgestellt, dass die Mortalität von Patienten nach chirurgischen Eingriffen steigt, wenn sie in Spitälern betreut werden, in denen das Pflegepersonal einer hohen Arbeitsbelastung ausgesetzt ist. Hingegen sinkt die Mortalität mit der Anzahl qualifizierter Pflegepersonen.

[111] Die berechneten Kostengewichte pro DRG sind aus dem sogenannten Fallpauschalenkatalog ersichtlich, http://swissdrg.org/assets/pdf/System_40/SwissDRG-Version_4.0_Fallpauschalenkatalog2015_d_mit_ANK_genehmigt.pdf, (besucht am 17.11.2014).

[112] Lang- und Kurzlieger werden als Ausreisser bezeichnet. Sie werden aufgrund der Abweichung von der Normalaufenthaltsdauer (Inlier) definiert. Für Langlieger wird pro zusätzlichem Aufenthaltstag ein Zuschlag auf dem Kostengewicht berechnet. Vgl. dazu „Regeln und Defi-

nitionen zur Fallabrechnung unter SwissDRG“, Ziffer 3.2.2. http://www.swissdrg.org/assets/pdf/Tarifdokumente/SwissDRG_Falldefinitionen_Version_4.0_d_def.pdf.

[113] R. Busse, T. Stargardt, J. Schreyogg: Determining the „Health Benefit Basket“ of the Statutory Health Insurance Scheme in Germany: methodologies and criteria. *Eur J Health Econ.* Suppl, (2005), 30–36.

[114] J. Langenbrunner, C. Cashin, S. O'Dougherty (eds.): *Designing and implementing health care provider payment systems. How-to Manual.* The World Bank. Washington DC. http://siteresources.worldbank.org/HEALTHNUTRITIONANDPOPULATION/Resources/Peer-Reviewed-Publications/ProviderPaymentHowTo.pdf (besucht am 4.11.2013), 2009.

[115] Zu expliziter Rationierung D. Strech, D. Freyer, K. Börchers, A. Neumann, J. Wasem, MG. Krukemeyer, G. Marckmann: Herausforderungen expliziter Leistungsbegrenzungen durch kostensensible Leitlinien. Ergebnisse einer qualitativen Interviewstudie mit leitenden Klinikärzten. *Gesundheitsökonomie & Qualitätsmanagement* 14, (2009), 38–43.

[116] G. Marckmann, U. Wiesing: Implizite Rationierung im Krankenhaus: Ethische Implikationen am Beispiel der DRG-Vergütung. Krankenhaus und soziale Gerechtigkeit. G. Marckmann, M. Krukemeyer, U. Wiesing (Hrsg.) Schattauer Verlag: Stuttgart, S. 72–89, 2005.

[117] G. Marckmann, D. Strech: Auswirkungen der DRG-Vergütung auf ärztliche Entscheidungen: Eine ethische Analyse, in: *Zeitschrift für medizinische Ethik*, 55, (2009), 15–27.

[118] D. Schopper, R. Baumann-Hölzle, M. Tanner (Hrsg.): Mittelverteilung im schweizerischen Gesundheitswesen. Befunde und Empfehlungen. Schweizerisches Tropeninstitut und Dialog Ethik, Basel/Zürich, 2001 (u. a. bestehen im stationären Bereich verdeckte Rationierung und Überversorgung nebeneinander).

[119] M. Schubert, B. Schaffert-Witvliet, T. Glass, S. De Geest: Effects of Rationing of Nursing Care in Switzerland on Patients' and Nurses' Outcomes. Basel: Institute of Nursing Science, 2004 (u. a. implizite Rationierungseffekte im Pflegebereich).

[120] S. Hurst, A. Slowther, R. Forde, R. Pegoraro, S. Reiter-Theil, A. Perrier, E. Garett-Mayer, M. Danis: Prevalence and Determinants of Physician Bedside Rationing: Data from Europe. *Journal of Internal Medicine*, 2006 (u. a. Verzicht auf Eingriffe im Interesse des Patienten aus Kostengründen).

[121] B. Santos-Eggimann: Is there evidence of implicit rationing in the Swiss health care system? Institut de Médecine Sociale et Préventive, Lausanne, 2005 (u. a. Zugangsprobleme von Patienten, insbesondere von älteren Patienten, Patienten mit fehlender Versicherungsdeckung oder mit sozialen Verletzlichkeiten bzw. psychisch kranke Patienten haben teilweise negative Auswirkungen auf die Gesundheit).

[122] Groupe de travail „Rationnement“: *Le rationnement au sein du système de santé suisse: analyse et recommandations.* Basel: SAMW/ASSM, 2007.

[123] G. Domenighetti, J. Maggi: Gesundheitspolitische Prioritäten und Rationierung: Meinungen der Bevölkerung, der Spitalverwaltungen und der kantonalen Gesundheitsdirektionen. *Soziale Sicherheit* 5, (2000), 270–274.

[124] BBl 2004 5551, S. 5552.

[125] U. Brügger: Impact of DRGs: Introducing a DRG reimbursement system: A literature review. Schriftenreihe der Schweizerischen Gesellschaft für Gesundheitspolitik, Nr. 98, Bern, 2010.

[126] A. Geissler, W. Qeuntin, D. Scheller-Kreinsen, R. Busse: Introduction to DRGs in Europe: Common objectives across different hospital systems, in: R. Busse, A. Geissler, W. Quentin, M. Wiley (eds.). Diagnosis-Related Groups in Europe – Moving towards transparency, efficiency and quality in hospitals. Open University Press, 2011 (S. 10, m. w. Literaturhinweisen S. 21).

[127] BBl 2004 5551, S. 5555.

[128] Der Patient, der täglich hohe Kosten verursacht, wird nur so lange wie nötig im Spital behandelt. Vgl. mehr zur Gefahr einer Minderversorgung hinten, S. 32, Ziffer 4.8.2 und S. 71, Ziffer 6.5.2 sowie zur Situation in Deutschland, S. 46, Ziffer 5.7.2.
[129] B. Bisig, F. Gutzwiller (eds.): Gesundheitswesen Schweiz: Gibt es Unter- oder Überversorgung? Die Bedeutung von Sozialschicht, Wohnregion, Nationalität, Geschlecht und Versicherungsstatus. Bd. 1: Gesamtübersicht. Rüegger Verlag: Zürich, 2004.
[130] M. Widmer, P. Matter, L. Staub, F. Schoeni-Affolter, A. Busato: Regional variation in orthopedic surgery in Switzerland. *Health Place*. 2009 Sep;15(3):761–768. doi: 10.1016, 2009.
[131] A. Leu, T. Gächter, B. Elger: SwissDRG: Missbrauchsgefahr bei der Datenweitergabe an Krankenversicherer? Erwartungen und Entwicklungen. *Jusletter* März 2014.
[132] International Classification of Diseases, 9. Revision und 10. Revision (ICD-10) sowie schweizerische Operationsklassifikation (CHOP). Ab 1. Januar 2015 ist für alle Spitäler und Kliniken (einschliesslich Psychiatrie-, Rehabilitations- und Spezialkliniken) in der Schweiz die ICD-10-GM 2014 obligatorisch. Weiterführende Informationen dazu unter http://www.bfs.admin.ch/bfs/portal/de/index/infothek/nomenklaturen/blank/blank/cim10/02/05.html (eingesehen am 17.11.2014).
[133] BBl 2004 5551, S. 5565.
[134] Art. 4 Abs. 2 Bundesgesetz über den Datenschutz (DSG) vom 19. Juni 1992 (SR 235.1).
[135] RKUV 2002 Nr. KV 195 S. 1; BGE 133 V 359 E. 6.5.
[136] G. Eugster, Krankenversicherung, in: Schweizerisches Bundesverwaltungsrecht [SBVR], Soziale Sicherheit, 2. Aufl., S. 625 Rz. 686.
[137] T. Poledna, B. Berger: Öffentliches Gesundheitsrecht, Stämpfli Verlag: Bern, S. 147 Fn. 496, S. 148 f, 2002.
[138] B. Baeriswyl: Entwicklungen und Perspektiven des Datenschutzes in öffentlich-rechtlichen Krankenhäusern – Erfahrungen aus dem Kanton Zürich, in: Barbara Hürlimann/Reto Jacobs/Tomas Poledna [Hrsg.], Datenschutz im Gesundheitswesen, Zürich, S. 49 ff., 62 f., 2001.
[139] JL. Duc: Quelques considérations sur le secret médical, la collecte des données relatives à la santé ainsi qu'à l'incapacité de travail et les médecins-conseils dans les assurances sociales, in: Jean-Louis Duc, Etudes de droit social, Genève, S. 61 ff., 64, 2001.
[140] T. Eichenberger: Löcher im Datenschutz der Krankenversicherer, *Schweizerische Ärztezeitung*, S. 505 f., 2006.
[141] I. Häner: Datenschutz in der Krankenversicherung, *digma*, S. 147, 2003.
[142] Zur Rechtslage nach Einführung von SwissDRG vgl. [131].
[143] Art. 13 BV und Art. 17 DSG.
[144] Der Versicherte muss vom Leistungserbringer (z. B. Spital) ausdrücklich darauf hingewiesen werden, dass er verlangen kann, medizinische Angaben nur an den Vertrauensarzt zu schicken. Vgl. G. Eugster, R. Luginbühl: Datenschutz in der obligatorischen Krankenpflegeversicherung, in: Barbara Hürlimann/Reto Jacobs/Tomas Poledna (Hrsg.), Datenschutz im Gesundheitswesen, Zürich, S. 99, 2001.
[145] BBl 1992 I 124; RKUV 6/1998 Erw. II. 3.1 S. 537.
[146] BAG-Kommentar zu Art. 59*d* Abs. 1 KVV, S. 10 [42].
[147] S. Pellegrini, T. Widmer, F. Weaver, T. Fritschi, J. Bennett: KVG-Revision Spitalfinanzierung: Machbarkeits- und Konzeptstudie zur Evaluation. Bericht zu Handen des Bundesamtes für Gesundheit. Berner Fachhochschule, Universität Zürich und Université de Genève im Auftrag des BAG, Bern, Genf, Zürich, 2010.
[148] R. Malk, T. Kampmann, P. Indra: DRG-Handbuch Schweiz, Verlag Hans Huber: Bern, S. 88, 2006.
[149] K. Wingenfeld: Die Entlassung aus dem Krankenhaus. Institutionelle Übergänge und gesundheitlich bedingte Transitionen. Verlag Hans Huber: Bern, 2005.

[150] Empfehlungen der GDK zur Spitalplanung vom 27.4.2009, Empfehlung 4 mit Begründung, S. 7 f., http://www.gdk-cds.ch/fileadmin/pdf/Aktuelles/Empfehlungen/EM_Spitalplanung_20090514-d.pdf; RKUV 4/2002 E. II 8.2.6.

[151] G. Marckmann: Kosteneffektivität als Allokationskriterium aus gesundheitsethischer Sicht, in: M. Zimmermann-Acklin/H. Halter (Hrsg.), Rationierung und Gerechtigkeit im Gesundheitswesen. Beiträge zur Debatte in der Schweiz, Basel 2007, S. 213–224.

[152] M. Breuer, R. Baumann-Hölzle, M. Abele, N. Blumenfeld: Vulnerable Gruppen und DRGs. Schlussbericht einer qualitativen Erhebung bei Hausärzten, Spitex und Heimen zur Situation von vulnerablen Patienten und den Auswirkungen der Einführung von Fallpauschalen, gfs-Zürich und Dialog Ethik, Zürich, 2011.

[153] Entwurf eines Gesetzes zur Einführung des diagnoseorientierten Fallpauschalen-Systems für Krankenhäuser (Fallpauschalengesetz-FPG), BT-Drs. 14/6893.

[154] Zur Ausgestaltung der Konvergenzphase vgl. das Zweite Gesetz zur Änderung der Vorschriften zum diagnoseorientierten Fallpauschalensystem für Krankenhäuser und zur Änderung anderer Vorschriften (2. Fallpauschalenänderungsgesetz – 2. FPÄndG) vom 15. Dezember 2004. Bundesgesetzblatt Teil I Nr. 69. Bonn; 2004. 3429–3444.

[155] Zu den unterschiedlichen Einführungsphasen G. Neubauer, F. Pfister: DRGs in Germany: introduction of a comprehensive, prospective DRG payment system by 2009, in: J. R. Kimberly, G. de Pouvourville, T. D'Aunno (eds.) The Globalization of Managerial Innovation in Health Care. Cambridge University Press: Cambridge, 2008.

[156] Die ursprünglich bis 2009 vorgesehene Konvergenzphase wurde am 17. März 2009 durch das Krankenhausfinanzierungsreformgesetz (KHRG) bis 31.12.2010 verlängert.

[157] Zu den Meilensteinen der G-DRG-Einführung/Entwicklung: G-DRG-Begleitforschung gemäss § 17b Abs. 8 KHG. Endbericht des dritten Forschungszyklus (2008–2010). Untersuchung im Auftrag des deutschen DRG-Instituts (InEK), Berlin 2013, S. 9.

[158] J. Flintrop, T. Gerst: *Dtsch Aerztebl* 110(13), (2013), A 591–594.

[159] A. Geissler, D. Scheller-Kreinsen, W. Quentin, R. Busse: Germany: Unterstanding G-DRGs, in: R. Busse, A. Geissler, W. Quentin, M. Wiley (eds.) Diagnosis-Related Groups in Europe – Moving towards transparency, efficiency and quality in hospitals. Open University Press, S. 266, 2011.

[160] Art. 49*a* Abs. 2 KVG. Es handelt sich dabei um gebundene Kosten mit der Folge, dass Leistungsvereinbarungen über die Finanzierung von stationären Leistungen der OKP entfallen – d. h. die Kantone haben entsprechend keinen Spielraum mehr. Dazu auch Moser Markus, Analyse der rechtlichen Grundlagen der Spitalplanung gemäss revidiertem KVG (BG vom 21.12.2007), Bern 2010, S. 10.

[161] Kommentar zum Gesetz zur wirtschaftlichen Sicherung der Krankenhäuser und zur Regelung der Krankenhauspflegesätze (KHG) vom 29. Juni 1972 (BGBl. I S. 1009).

[162] Gesetz zur Sicherung und Strukturverbesserung der gesetzlichen Krankenversicherung (Gesundheitsstrukturgesetz – GSG) vom 21. Dezember 1992 (BGBl. I S. 2266).

[163] Der Plan enthält neue Planungsvorgaben für die rund 400 Krankenhäuser in NRW, vgl. https://broschueren.nordrheinwestfalen-direkt.de/broschuerenservice/mgepa/krankenhausplan-nrw-2015/1617, besucht am 1.11.2013.

[164] Art. 39 Abs. 2ter KVG.

[165] Zur Bedeutung der bundesrechtlichen Planungskriterien, S. 9, Ziffer 3.2.1.

[166] Zu den Aufgaben und Kompetenzen der Akteure im Qualitätsumfeld, S. 75, Ziffer 7.3.1.

[167] SR 832.102.

[168] Art. 58*a* bis 58*e* KVV.

[169] Art. 58*a* KVV.

[170] Art. 58*b* Abs. 4 lit. *a-c* KVV.

[171] Spitalplanungs- und Finanzierungsgesetz (SPFG) Kanton Zürich vom 2. Mai 2011 (813.20).
[172] Fortsetzung der bisherigen Messungen, z. B. Outcome.
[173] Zehn Fälle pro Spital in dreissig Leistungsgruppen, wobei bei drei Leistungsgruppen höhere Mindestfallzahlen gelten (Koronarchirurgie= 100; Bariatrische Chirurgie= 50, bösartige Lungentumore= 30).
[174] Gesetz zur Sicherung und Strukturverbesserung der gesetzlichen Krankenversicherung (Gesundheitsstrukturgesetz, GSG) vom 21.12.1992 (BGBl. I S. 2266).
[175] P. Buhr, S. Klinke: Versorgungsqualität im DRG-Zeitalter. Erste Ergebnisse einer qualitativen Studie in vier Krankenhäusern. ZeS-Arbeitspapier 6, (2006).
[176] C. Lenk, N. Biller-Andorno, B. Alt-Epping et al, Ethik und Fallpauschalen. Welche Veränderungen in der Patientenversorgung sind zu erwarten? *Dtsch Med Wochenschr* 130, (2005), 1653–1655.
[177] Deutsche Krankenhausgesellschaft, GKV Spitzenverband (2009) DRG-Evaluation beginnt – Forschungsauftrag vergeben, online unter http://www.gkv-spitzenverband.de/presse/pressemitteilungen_und_statements/pressemitteilung_3153.jsp (besucht am 7.11.2013).
[178] Das Statistische Bundesamt erhob im gleichen Zeitraum eine Senkung der durchschnittlichen Verweildauer von 8,7 auf 7,9 Tage. Dieser Unterschied ist auf die Datenerhebung zurückzuführen: die Statistik des Bundesamtes berücksichtigt auch die Behandlungsfälle in psychiatrischen und psychotherapeutischen Einrichtungen. Diese sind in den G-DRG-Daten nicht enthalten, weil diese Einrichtungen von der Anwendung des G-DRG-Systems ausgenommen sind.
[179] IGES (2013) G-DRG-Begleitforschung gemäss § 17b Abs. 8 KHG. Endbericht des dritten Forschungszyklus 2008 bis 2010, S. 167.
[180] Zur Verkürzung der stationären Verweildauer in Deutschland nach Einführung von G-DRG auch T. Reinhold, K. Thierfelder, F. Müller-Riemenschneider, SN. Willich: Health economic effects after DRG-implementation – a systematic overview. *Gesundheitswesen*. 71(5), (May 2009), 306–312.
[181] B. Sens, P. Wenzlaff, G. Pommer, Von der Hardt H. (2009) Effekte der pauschalisierten Vergütung in der stationären Versorgung (DRG) auf die Gesundheitsversorgung: DRG-induzierte Veränderungen und ihre Auswirkungen auf die Organisationen, Professionals, Patienten und Qualität. Zentrum für Qualität und Management im Gesundheitswesen – Einrichtung der Ärztekammer Niedersachsen, Hannover.
[182] Verglichen wurden die Verweildauer und die Schwere der Behinderung bei Entlassungen in den Jahren 2004 und 2006 mit dem Jahr 2003, d. h. dem Jahr vor Einführung von G-DRG.
[183] M. Jauss, G. F. Hamann, D. Claus, B. Misselwitz, C. Kugler, A. Ferbert: Abrechnung mittels Fallpauschalen beim Hirninfarkt. Führte dies zu Entlassungen in klinisch schlechterem Zustand? *Nervenarzt* 81(2), (Feb. 2010), 218–225.
[184] RP. Finger, J. Köberlein-Neu, P. Gass, FG. Holz, B. Bertram: Entwicklung der stationären augenärztlichen Versorgung in Deutschland. *Der Ophthalmologe* 3 (2013).
[185] S. Bartholomeyczik: Erforderliche Pflege und die geplante Einführung der DRGs, in: S. Kolb, J. Härlein, K. Klein IPPNW (Hrsg.) Medizin und Gewissen. Wenn Würde ein Wert würde .... Mabuse-Verlag: Frankfurt a.M., S. 229–235, 2002.
[186] HM. Hasselhorn, HP. Müller: Arbeitsbelastung und -beanspruchung bei Pflegepersonal in Europa – Ergebnisse der NEXT-Studie, in: B. Badura, H. Schellschmidt, C. Vetter (Hrsg.): *Fehlzeiten-Report 2004*, Berlin/Heidelberg, 21–47, 2005.
[187] HM. Hasselhorn, P. Tackenberg, A. Büscher, S. Stelzig, A. Kümmerling, BH. Müller: Wunsch nach Berufsausstieg bei Pflegepersonal in Deutschland, in: HM. Hasselhorn, BH. Müller, P. Tackenberg et al (Hrsg.): *Berufsausstieg bei Pflegepersonal*, Dortmund/Berlin/Dresden, 2005, 135–146.

[188] Zum Zusammenhang zwischen der Zahl der Pflegekräfte und der Qualität der Patientenversorgung international vgl. A. Page (Hrsg): Keeping Patients Safe. Transforming the Work Environment of Nurses. The National Academies Press: Washington, D.C., S. 169 ff., 2004; J. Needleman, PI. Buerhaus, M. Stewart, K. Zelevinsky, S. Mattke: Nurse Stuffing in Hospitals: is there a business case for quality? *Health Affairs* 25, (2006), 204–211.

[189] B. Braun, S. Klinke, R. Müller, R. Rosenbrock: Einfluss der DRGs auf Arbeitsbedingungen und Versorgungsqualität von Pflegekräften im Krankenhaus – Ergebnisse einer bundesweiten schriftlichen Befragung repräsentativer Stichproben von Pflegekräften an Akutkrankenhäusern in den Jahren 2003, 2006 und 2008. artec-paper Nr. 173, Januar 2011, S. 75.

[190] Fünf Jahre vor und fünf Jahre nach Einführung von G-DRG wurde u. a. untersucht, ob die neue Tarifstruktur Einfluss auf die Arbeitsbedingungen der Pflegekräfte, die Qualität der Patientenversorgung und die Patientensicherheit hat.

[191] Data of the International Hospital Outcomes Study (1998/1999). Zu den Details der Studie T. Körner, M. Hoopmann, R. Busse: Erfolgsfaktor Organisation. *Gesundheit und Gesellschaft* 4(2), (2001), 16–17.

[192] W. Sermeus, LH. Aiken, K. Van den Heede, AM. Rafferty, P. Griffith, MT. Moreno-Casbas, R. Busse, R. Lindquist, AP. Scott, L. Brynell, T. Brzosteck, J. Kinnunen, M. Schubert, S. Schoonhofen, D. Zikos: Nurse forcasting in Europe: rationale, design and methodology. *BMC Nursing* 10(6), (2011).

[193] B. Zander, L. Dobler, R. Busse: The introduction of DRG funding and hospital nurses' changing perceptions of their practice environment, quality of care and satisfaction- Comparison of cross-sectional surveys over a 10-year period. *International Journal of Nursing Studies* 50 (2013) 219–229.

[194] M. Isfort, F. Weidner et al: Pflege-Thermometer 2009. Eine bundesweite Befragung von Pflegekräften zur Situation der Pflege und Patientenversorgung im Krankenhaus. Herausgegeben von: Deutsches Institut für angewandte Pflegeforschung e.V. (dip), Köln, 2010. Online verfügbar unter http://www.dip.de.

[195] A. Reifferscheid, N. Pomorin, J. Wasem: Umgang mit Mittelknappheit im Krankenhaus – Rationierung und Überversorgung medizinischer Leistungen im Krankenhaus? Executive Summary, Lehrstuhl für Medizinmanagement, Universität Duisburg-Essen, September 2014.

[196] D. Rühmkorf: Heilen im Minutentakt, in: Dr. med. Mabuse 153, (2005), 25–27.

[197] J. Wilmsen-Neumann: Stirbt die ganzheitliche Sicht des Menschen? Das deutsche DRG-System und die Palliativmedizin, in: *Klinikarzt* 34, (2005), 24–28.

[198] Zum getrennten Behandeln von unterschiedlichen Diagnosen bei einem Patienten und die damit einhergehende mögliche Verschlechterung der Versorgungsqualität multimorbider Patienten vgl. B. Braun, R. Müller: Versorgungsqualität im Krankenhaus aus der Perspektive der Patienten. Schriftenreihe zur Gesundheitsanalyse, (2006) S. 7.

[199] Mehr dazu bei F. Metzger: DRGs für Einsteiger: Lösungen für Kliniken im Wettbewerb, Wissenschaftliche Verlagsgesellschaft, 2004, S. 42. Die FPV ist abrufbar unter http://www.g-drg.de/cms/G-DRG-System_2014/Abrechnungsbestimmungen/FPV_2014.

[200] Die FPV ist abrufbar unter http://www.g-drg.de/cms/G-DRG-System_2014/Abrechnungsbestimmungen/FPV_2014.

[201] M. Müller, G. Hermicker, U. Jüptner, U. Wuellner, DC. Wirtz, A. Hirner, J. Standop: Inadäquate DRG-Vergütung chirurgischer Patienten mit Morbus Parkinson. *Zentralbl Chir.* 2011 Apr; 136(2), (2011), 168–171.

[202] Eiff von W., S. Schüring, B. Greitemann, M. Karoff (2011) REDIA-Impacts of DRG Introduction in the Acute Sector on Medical Rehabilitation. *Rehabilitation* 50, (2011), 214–221.

[203] D. Strech, M. Danis, M. Löb, G. Marckmann: Ausmass und Auswirkungen von Rationierung in deutschen Krankenhäusern. Ärztliche Einschätzungen aus einer repräsentativen Umfrage. *Dtsch. Med. Wschr.* 134, (2009), 1261–1266.

[204] Vgl. [189], S. 80 (maximale Steigerung um 8 Prozentpunkte). 16 % (2006) bzw. 14 % (2008) der Pflegekräfte bejahten eine Rationierung aus Kostengründen (S. 72).

[205] Eine Übersicht zu empirischen Studien, die sich mit den Auswirkungen der DRG-Vergütung, der Mittelverteilung und ärztlicher Rationierung befassen, bei D. Strech, M. Synofzik, G. Marckmann: How physicians allocate scarce resources at the bedside: a systematic review of qualitative studies. *The Journal of Medicine and Philosophy* 33 (2008) 80–99. Einen Vier-Länder-Vergleich (Norwegen, Italien, UK und Schweiz) bietet die Studie von S. Hurst et al: Prevalence and determinants of physician bedside rationing: data from Europe, in: *The Journal of General Internal Medicine*; 21(11), (2006), 1138–1143.

[206] D. Strech, K. Börchers, D. Freyer, A. Neumann, J. Wasem, G. Marckmann: Ärztliches Handeln bei Mittelknappheit. Ergebnisse einer qualitativen Interviewstudie, in: *Ethik in der Medizin* 20, (2008), 94–109.

[207] D. Strech, D. Freyer, K. Börchers, A. Neumann, J. Wasem, MG. Krukemeyer, G. Marckmann: Herausforderungen expliziter Leistungsbegrenzungen durch kostensensible Leitlinien. Ergebnisse einer qualitativen Interviewstudie mit leitenden Klinikärzten. *Gesundheitsökonomie & Qualitätsmanagement* 14, (2009), 38–43.

[208] H. Kühn, M. Simon: Anpassungsprozesse der Krankenhäuser an die prospektive Finanzierung (Budgets, Fallpauschalen) und ihre Auswirkungen auf die Patientenorientierung. Abschlussbericht. Berlin: Wissenschaftszentrum Berlin für Sozialforschung, 2001, S. 93.

[209] B. Hammann: Auswirkungen der Weiterentwicklung relevanter G-DRGs auf die medizinisch-ökonomische Basis eines Krankenhauses der Maximalversorgung – Analyse gastroenterologischer DRGs mit Gastroskopie oder Koloskopie 2005/2006, Universität des Saarlandes, Homburg/Saar, 2007.

[210] U. Beck, A. Becker, M. Frieling, B. Pfeuffer: Ist der alte Patient ein „Budgetkiller“?, in: *Das Krankenhaus* 08, (2008), 216–220 wonach es bei alten Patienten im aktuellen DRG-Vergütungssystem zu einer finanziellen Unterdeckung kommt, was wiederum das Krankenhausmanagements zu einer Risikoeinschätzung zwingt.

[211] A. Becker, U. Beck, B. Pfeuffer: Alter, Schweregrad und Fallkosten bei gastroenterologischen Erkrankungen, in: *Das Krankenhaus* 98, (2006), 293–301.

[212] E. Frantz, F. Scharfe: Fallpauschalensystem: Verzögerte Infarktbehandlung belohnt, in: *Deutsches Ärzteblatt* 102, (2005), A-1112.

[213] B. Qvick, V. Buehren, A. Woltmann: Ist ein Polytrauma heute noch bezahlbar? G-DRG-System vs. Tagessätze anhand 1030 polytraumatisierter Patienten. *Unfallchirurgie* 115, (2012), 892–896.

[214] [42], S. 10; [148], S. 88.

[215] Rheinisch-Westfälisches Institut für Wirtschaftsforschung: Mengenentwicklung und Mengensteuerung stationärer Leistungen, Endbericht, Forschungsprojekt im Auftrag des GKV-Spitzenverbandes, 2012, S. 35.

[216] K. Blum, M. Offermanns: Einflussfaktoren des Fallzahl-und Case Mix-Anstieges in deutschen Krankenhäusern. Gutachten des Deutschen Krankenhausinstituts (DKI) im Auftrag der Deutschen Krankenhausgesellschaft(DKG), 2012.

[217] D. h. vor der G-DRG-Einführung, während der Konvergenzphase sowie zum Ende der Verlängerung der Konvergenzphase, vgl. S. 34.

[218] Funktionsscores und Untersuchungsbefunde bildeten die Schwerpunkte der Erhebung zum Patientenzustand. Daneben wurden medizinische Daten und Informationen zum Betreuungsaufwand erfasst. Ein Vergleich von REDIA II (Untersuchungszeitraum 2005/2006) zu REDIA III

(2008/2009) zeigte bspw. eine Vervierfachung des Werts (von 5,8 % auf 23,4 %) noch nicht gezogener TEP Fäden bzw. Klammern bei Beginn der Rehabilitation.

[219] CC. Moreland, DM. Bloom: The DRG dilemma. *Physician Exec.*, 30, (2004), 40–46.

[220] S. Baller, K. Oestreich: Krankenhäuser: DRG-System prägt den Arbeitsalltag. *Dtsch Arztebl*, 102, (2005), A 3006–3009.

[221] G. Linczak, A. Tempka, N. Haas: Medizinische Dokumentation: Plädoyer für die Beseitigung arztfremder Kodiertätigkeit. *Dtsch Arztebl*, 101, (2004), A 2242–2243.

[222] T. Kraus, I. Farrenkopf: Erlössicherung durch optimale Kodierung. *Dtsch Arztebl* 102(11), (2005), A-722/B-612/C-570.

[223] W. Böcking, U. Ahrens, W. Kirch, M. Milakovic: First results of the introduction of DRGs in Germany and overview of experience from other DRG countries. *Journal of Public Health* 13, (2005), 128–137.

[224] M. Luengen, KW. Lauterbach: Upcoding – eine Gefahr für den Einsatz von Diagnosis-Related Groups (DRG)? *Dtsch. Med. Wschr.* 125(28/29), (2000), 852–856.

[225] Ausgeprägt war die Differenz der relativen VLBW-Zahlen vor und nach DRG-Implementierung direkt unterhalb der 1500 g-Gewichtsgrenze, es gab eine deutliche Zunahme an VLBW nach Einführung des DRG-Abrechnungssystems, vgl. S. Abler, P. Verde, H. Stannigel, E. Mayatepek, T. Hoehn (2011) Effect of the introduction of diagnosis related group systems on the distribution of admission weights in very low birthweight infants. *Arch Dis Child Fetal Neonatal Ed* 96(3), (Mai 2011), F186–189.

[226] C. Mueller, U. Weiss, C. von Schnakenburg, R. Hentschel: Bedeutung der DRG-Vergütung für die Neonatologie. *Monatsschrift Kinderheilkunde* 155, (2007), 947–953 führen aus, dass Neugeborenen mit sehr geringem Geburtsgewicht „eines der höchsten Relativgewichte der gesamten Pädiatrie" zu Teil wird, woran indirekt die Vergütung gekoppelt ist.

[227] TW. Hansen Changes in the utilization of diagnostic codes in neonatology following the introduction of activity-based financing. *Health Policy* 74(2), (2005), 218–223.

[228] L. Serdén, R. Lindqvist, M. Rosén: Have DRG-based prospective payment systems influenced the number of secondary diagnoses in health care administrative data? *Health Policy*; 65(2), (2003), 101–107.

[229] A. Leu, T. Gächter, B. Elger: 365 Tage SwissDRG – Anreize, Instrumente, Wirkungen in: *hill* Zeitschrift für Recht und Gesundheit, Zürich, Nr. 95, (2013).

[230] A. Leu, T. Gächter, B. Elger: Führt die Einführung von SwissDRG zu einer Minderversorgung vulnerabler Patientengruppen? *Pflegerecht – Pflegewissenschaft*, 01/2015, S.9–15, Stämpfli Verlag: Bern.

[231] Die klassische Trias dieser drei Qualitäten wurde bereits 1966 von A. Donabedian: Evaluating the quality of medical care. *Milbank Memorial Fund Quarterly* 44(3), (1966), 166–206 umschrieben.

[232] P. Halfon, Y. Eggli, I. Prêtre-Rohrbach, D. Meyland, A. Marazzi, B. Burnand: Validation of the potentially avoidable hospital readmisssion rate as a routine indicator of the quality of hospital care. *Medical Care* 44(11), (2006), 972–981.

[233] Vgl. zur 18-Tage-Regelung die Erläuterungen auf, S. 86, Ziffer 7.4.3.

[234] Vgl. dazu die Ausführungen auf S. 28, Ziffer 4.7.1 für die Situation in der Schweiz sowie S. 41, Ziffer 5.6.1 (Deutschland).

[235] Die Ausführungen der Expertinnen und Experten zum Begriff, S. 51, Ziffer 6.2.

[236] M. Zimmermann-Acklin, H. Halter: Rationierung und Gerechtigkeit im Gesundheitswesen. Beiträge zur Debatte in der Schweiz. EMH/FMH Schwabe: Basel, 2007.

[237] T. Gächter: Rationierung als Lösung des Problems der Kostenentwicklung? Kommentar eines Rechtswissenschaftlers, in: M. Zimmermann-Acklin, H. Halter (eds.) Rationierung

und Gerechtigkeit im Gesundheitswesen: Beiträge zur Debatte in der Schweiz. EMH/FMH Schwabe: Basel, S. 121–131, 2007.

[238] T. Gächter: Kritische Gedanken zu einer Raxtionierung der Medizin. Es gibt einen Rechtsanspruch auf Gesundheitsversorgung. *Soziale Medizin* 1, (2006), 30–39.

[239] P. Coullery: Der Grundrechtsanspruch auf medizinische Leistungen: ein verfassungsrechtlicher Diskussionsbeitrag zu Rationierungsdebatte im Gesundheitswesen. *AJP* 6, (2001), 632 ff.

[240] S. Schürch: Rationierung in der Medizin als Straftat. Helbing & Lichtenhahn: Basel, 2000.

[241] G. Steffen: Droit aux soins et rationnement. Approche d'une définition des soins nécessaires. Collection de l'Institut de droit de la santé IDS, vol. 6, Stämpfli Verlag: Bern, 2002.

[242] BBl 2004 5551, S. 5552, 5555, 5578, 5580, 5582 und 5587.

[243] Detaillierte Ausführungen S. 118, Ziffer 8.3.17.

[244] Teil 3, Handlungsempfehlungen sowie S. 76 ff., Ziffer 7.3.3, S. 82, Ziffer 7.3.7.2.

[245] Positionspapier der santésuisse zur Einführung der neuen Spitalfinanzierung per 1.1.2012, Ziffer 2.2, http://www.santesuisse.ch/de/dyn_output.html?{&}content.void=45825.

[246] A. Leu, T. Gächter, B. Elger: Der Zugang zur Gesundheitsversorgung vulnerabler Patientengruppen nach Einführung von SwissDRG im Fokus internationaler Schutznormen. *Schweizerische Zeitschrift für Sozialversicherung und berufliche Vorsorge (SZS)* (2015) (im Druck).

[247] T. Gächter: Grundstrukturen des schweizerischen Rechts der Sozialen Sicherheit. Charakterisierung des schweizerischen Modells, in: *Zeitschrift für Schweizerisches Recht (ZSR)* II, (2014), 5–111.

[248] BBl 2004 5551, S. 5564.

[249] Neben den hier vorgestellten und im KVG sowie in der KVV geregelten Aufgaben und Kompetenzen im Qualitätsumfeld gibt es weitere Bundesgesetze, die in Zusammenhang mit der Sicherung der Qualität im Gesundheitswesen wichtig sind: die Aus- und Weiterbildung der Gesundheitsberufe im Medizinalberufegesetz und im Psychologieberufegesetz (universitäre Gesundheitsberufe) sowie im Berufsbildungsgesetz und im Fachhochschulgesetz (nicht-universitäre Gesundheitsberufe); die Zulassung von Arzneimitteln und Medizinprodukten im Heilmittelgesetz; die Regelungen in der Transplantationsmedizin im Transplantationsgesetz; Schutz der Menschenwürde und Sicherstellung der Qualität genetischer Untersuchungen am Menschen im Bundesgesetz über genetische Untersuchungen am Menschen; Schutz vor übertragbaren Krankheiten im Epidemiengesetz und der Umgang mit ionisierenden Strahlen im Strahlenschutzgesetz.

[250] Mit dem Erlass von Art. 58 KVG zielte der Gesetzgeber in der Schweiz auf eine Verstärkung der Kosteneindämmung in der OKP, was sich deutlich in der systematischen Einordnung des Artikels in den Abschnitt „Kontrolle der Wirtschaftlichkeit und der Qualität der Leistungen" zeigt.

[251] Fortsetzung der bisherigen Messungen, z. B. Outcome.

[252] Zehn Fälle pro Spital in dreissig Leistungsgruppen, wobei bei drei Leistungsgruppen höhere Mindestfallzahlen gelten: Koronarchirurgie= 100; Bariatrische Chirurgie= 50, bösartige Lungentumore= 30.

[253] Zur internationalen Evaluation der Auswirkungen von Mindestmengenvorgaben K. De Cruppé, M. Malik, M. Geraedts: Umsetzung der Mindestmengenvorgabe – Analyse der Krankenhausqualitätsberichte: Eine retrospektive Studie der Jahre 2004–2010. *Dtsch Arztebl Int* 111(33–34), (2014), 549–555.

[254] M. Geraedts, W. de Cruppé, K. Blum, C. Ohmann: Distanzen zu Krankenhäusern mit Mindestmengen-relevanten Eingriffen 2004 bis 2006. *Das Gesundheitswesen* 72, (2009), 271–278.

[255] M. Geraedts, C. Kühnen, W. de Cruppé, K. Blum, C. Ohmann: Unterschreitungen der Mindestmengen 2004: Begründungen und Konsequenzen. *Gesundheitswesen* 70, (2008), 63–67.

[256] W. De Cruppé, C. Ohmann, K. Blum, M. Geraedts: Auswirkung der Mindestmengenvereinbarung auf die stationäre Versorgungsstruktur (Influence of minimum volumes on the structure of inpatient care). *Gesundheitswesen* 70, (2008), 9–17.

[257] W. De Cruppé, C. Ohmann, K. Blum, M. Geraedts: Evaluating compulsory minimum volume standards in Germany: how many hospitals were compliant in 2004? *BMC Health Serv Res* 7, (2007), 165.

[258] K. Blum, W. De Cruppé, C. Ohmann, M. Geraedts: Macht's die Menge? Mindestmengen im Krankenhaus: Zwischenergebnisse der wissenschaftlichen Begleitforschung, in: *Krankenhaus Umschau*, 7, (2007), 651–654.

[259] E. Simoes, S. Bauer, R. Jaeckel, P. Schwoerer, FW. Schmahl: Effekte von Mindestmengenregelungen auf die stationäre Versorgungslandschaft. *Arbeitsmed Sozialmed Umweltmed* 39, (2004), 410–417.

[260] H. S. Luft, J. P. Bunker, A. C. Enthoven: Should operations be regionalized? The empirical relation between surgical volume and mortality, in: *New Engl J Med* 301(25), (1979), 1364–1369.

[261] H. S. Luft: From Observing the Relationship Between Volume and Outcome to Making Policy Recommendations: Comments on Sheikh, in: *Medical Care*, 41(10), (2003), 1118–1122.

[262] K. M. Sheikh: Reliability of Provider Volume and Outcome Associations for Healthcare Policy, in: *Medical Care*, 41(10), (2003a), 1111–1117.

[263] K. M. Sheikh: Sheikh Responds to Provider Volume-Patient Outcome Association and Policy by Luft, in: *Medical Care*, 41(10), (2003b), 1123–1126.

[264] K. De Cruppé, M. Malik, M. Geraedts: Umsetzung der Mindestmengenvorgabe – Analyse der Krankenhausqualitätsberichte: Eine retrospektive Studie der Jahre 2004–2010. *Dtsch Arztebl Int* 111(33–34), (2014), 549–555.

[265] Evaluationen aus früheren Jahren aus Deutschland zeigen, dass es schwierig ist, Qualitätsveränderungen konkret für die Behandlungen zu belegen: Statistisches Bundesamt: Destatis Fachserie 12 Reihe 6.1.1. Gesundheit, Grunddaten der Krankenhäuser 2012. Stand 20.3.2014. Wiesbaden: Statistisches Bundesamt 2013.

[266] M. Geraedts, W de Cruppé, K. Blum, C. Ohmann: Implementation and effects of Germany's minimum volume regulations: results of the accompanying research. *Dtsch Arztebl Int* 105, (2008), 890–896.

[267] Zur Evaluation von Mindestmengen bei Ösophagus- und Pankreaseingriffen in den USA (PA. Learn, PB. Bach (2010) A decade of mortality reductions in major oncologic surgery: the impact of centralization and quality improvement. *Med Care* 2010; 48: 1041–1049) und in den Niederlanden (RF. De Wilde, MGH. Besselink, I. Van der Tweel, IHJT. De Hingh, CHJ. Van Eijck, CHC. Dejong (2012) Impact of nationwide centralization of pancreaticoduodenectomy on hospital mortality. *Br J Surg* 2012; 99: 404–410). In beiden Ländern sind unter Berücksichtigung der Beachtung von Mindestmengen Zentralisierungstendenzen erkennbar.

[268] Vgl. Auszug aus dem Protokoll des Regierungsrats des Kantons Zürich vom 9.7.2014, S. 5 ff. und S. 20.

[269] Zum Begriff Akutspitalbedürftigkeit vgl. u. a. BGE 124 V 362 S. 367: Es ist zu beachten, dass sich die Begriffe „akute Krankheit" und „Akutspitalbedürftigkeit" einerseits sowie „chronische Leiden" und „Langzeitpflegebedürftigkeit" anderseits nicht streng voneinander abgrenzen lassen (BBl 1992 I 167; Separatausgabe S. 75). Insbesondere wenn es darum geht, die Akutspitalbedürftigkeit von einer anschliessenden blossen Pflegebedürftigkeit abzugrenzen, ist dem behandelnden Arzt ein gewisser Ermessensspielraum zuzugestehen.

[270] Botschaft zum Bundesgesetz über die Neuordnung der Pflegefinanzierung vom 16. Februar 2005 (BBl 2005 2033).

[271] Der Spitex Verband Schweiz hat zusammen mit dem Krankenkassenverband „santésuisse" ein Übergangs-Meldeformular entwickelt, welches die Definition sowie die Kri-

terien für AüP beinhaltet: http://www.spitexzh.ch/doc/AUeP-Meldeformular.pdf. Vgl. dazu auch die Seite der Gesundheitsdirektion des Kantons Zürich, abrufbar unter http://www.gd.zh.ch/internet/gesundheitsdirektion/de/themen/behoerden/langzeitpflege_spitexversorgung/leistungsangebot.html{#}subtitle-content-internet-gesundheitsdirektion-de-themen-behoerden-langzeitpflege_spitexversorgung-leistungsangebot-jcr-content-contentPar-textimage_5 (besucht am 30.10.2014).

[272] Art. 25*a* Abs. 2 KVG hält dazu fest: „Die Leistungen der Akut- und Übergangspflege, welche sich im Anschluss an einen Spitalaufenthalt als notwendig erweisen und die im Spital ärztlich angeordnet werden, werden von der obligatorischen Krankenpflegeversicherung und vom Wohnkanton des Versicherten während längstens zwei Wochen nach den Regeln der Spitalfinanzierung (Art. 49*a* KVG Abgeltung der stationären Leistungen) vergütet. Versicherer und Leistungserbringer vereinbaren Pauschalen“.

[273] Motion 10.3271 zur gesetzeskonformen Umsetzung der Pflegefinanzierung vom 19. März 2010, http://www.parlament.ch/d/suche/seiten/geschaefte.aspx?gesch_id=20103271.

[274] § 2 der Verordnung über die Akut- und Übergangspflege (AüP) des Kantons Solothurn vom 29. Juni 2010 (832.15).

[275] Unter www.bag.admin.ch/qiss können die Indikatoren der einzelnen Akutspitäler abgerufen werden. Zudem besteht die Möglichkeit, drei Indikatoren und drei Spitäler einander gegenüber zu stellen.

[276] § 5 Abs. 1 lit. f i. V. m. § 6 Abs. 1 lit. c SPFG.

[277] Konzept Aus- und Weiterbildungsverpflichtung in nicht-universitären Gesundheitsberufen des Kantons Zürich vom 28.08.2012, S. 18, http://www.gd.zh.ch/internet/gesundheitsdirektion/de/themen/institutionen/spitaeler_kliniken/ ausbildungsverpflichtung.html.

[278] Gesundheitsgesetz (GesG) des Kantons Zürich vom 2. April 2007 (810.1).

[279] BGE 138 II 398 E. 8.3. Vgl. B. Rütsche (2012) Spitalplanung und Spitalfinanzierung: Grundsatzurteil des Bundesgerichts, in: *hill* Zeitschrift für Recht und Gesundheit, Zürich, Nr. 50.

[280] Art. 39 Abs. 1 lit. d KVG i. V. m. Art. 39 Abs. 2ter KVG.

[281] Auszug aus dem Protokoll des Regierungsrates des Kantons Zürich der Sitzung vom 21. September 2011, http://data.rrb.zh.ch/appl/rrbzhch.nsf/0/C12574C2002FAA1FC12579050058CA54/$file/1135.pdf?OpenElement.

[282] BGE 138 II 398 Erw. 5.3.

[283] Die kantonale gesetzliche Grundlage bildet § 21 SPFG. Informationen zur Beschwerdestelle http://www.aerzte-zh.ch/daten/doku/Informationen/Beschwerdestelle-Merkblatt.pdf.

[284] § 6 der Verordnung über die Spitalliste (SpiVo) des Kantons Solothurn vom 27. September 2011 (817.116).

[285] Spitalplanungs- und finanzierungsgesetz (SPFG) Kanton Zürich vom 2. Mai 2011 (813.20).

[286] Vgl. dazu die Ausführungen vorne auf S. 32, Ziffer 4.8.2 und S. 71, Ziffer 6.5.2 sowie zur Situation in Deutschland S. 46, Ziffer 5.7.2.

[287] BAG-Kommentar zu Art. 59*d* Abs. 1 KVV [42].

[288] Die Frist beginnt mit dem Austritt und dauert bis und mit dem 18. Kalendertag nach dem Austrittstag. Der Austrittstag wird demnach nicht in die Frist mit eingerechnet.

[289] Dazu die Klarstellungen und Fallbeispiele zu den Regeln und Definitionen zur Fallabrechnung unter SwissDRG vom 18. September 2014, http://www.swissdrg.org/assets/pdf/Tarifdokumente/140918_Klarstellungen_Abrechnungsregeln_Version_3.1_d_Aenderungen_angenommen.pdf.

[290] Regeln und Definitionen zur Fallabrechnung unter SwissDRG, Version Mai 2014, S. 11, Ziffer 3.3.1. Abrufbar unter http://www.swissdrg.org/assets/pdf/Tarifdokumente/SwissDRG_Falldefinitionen_Version_4.0_d_def.pdf.

[291] BBl 2004 5551, S. 5565.

[292] A. Leu, T. Gächter, B. Elger: SwissDRG: Missbrauchsgefahr bei der Datenweitergabe an Krankenversicherer? Erwartungen und Entwicklungen. *Jusletter*, März 2014.

[293] In Verbindung mit Art. 42 Abs. 3bis KVG. Gemäss den Übergangsbestimmungen zur Änderung der KVV vom 4. Juli 2012 muss jeder Versicherer bis zum 31.12.2013 über eine zertifizierte Datenannahmestelle nach Art. 59*a* Abs. 6 KVV verfügen. Solange der Versicherer über keine zertifizierte Datenannahmestelle verfügt, ist eine systematische Weitergabe nach Art. 59*a* Abs. 3 KVV von medizinischen Angaben nur möglich, wenn diese direkt an den Vertrauensarzt nach Art. 57 des KVG übermittelt werden.

[294] Die Leistungserbringer haben in ihren Rechnungen alle administrativen und medizinischen Angaben zu machen, die für die Überprüfung der Berechnung der Vergütung sowie der Wirtschaftlichkeit der Leistungen notwendig sind.

[295] Art. 4 Abs. 2 des Bundesgesetzes vom 19. Juni 1992 über den Datenschutz (DSG; SR 235.1).

[296] Urteil des Bundesgerichts K 34/01 vom 9. Oktober 2001, E. 4, publiziert in: RKUV 2002 Nr. KV 195, S. 1.

[297] G. Eugster: Krankenversicherung, in: Ulrich Meyer (Hrsg.), Schweizerisches Bundesverwaltungsrecht [SBVR], Soziale Sicherheit, 2. Aufl., Basel, Rz. 686, 2007.

[298] BGE 133 V 359, E. 6.5; BGE 131 II 413, E. 2.5; Urteil des Bundesgerichts K 90/01 vom 27. November 2001, E. 2c: Unter Berücksichtigung des Verhältnismässigkeitsprinzips kann sich die Auskunftspflicht sowohl im Lichte des Datenschutzrechts als auch unter Berücksichtigung der administrativen Belastung für den Leistungserbringer nur auf Angaben erstrecken, die objektiv erforderlich und geeignet sind, um die Wirtschaftlichkeit der Leistungen überprüfen zu können.

[299] Art. 59 Abs. 1bis und Abs. 2ter KVV, eingefügt durch Ziff. I der V vom 22. Okt. 2008, in Kraft seit 1. Januar 2009, per 1. Januar 2012 aufgehoben und inhaltlich abgelöst durch Art. 59*a*^{ter} KVV.

[300] Verordnung zum Bundesgesetz über den Datenschutz vom 14. Juni 1993 (SR 235.11).

[301] Art. 49 Abs. 1 KVG.

[302] Weitere Klassifikationsmerkmale sind Nebendiagnosen, Prozeduren, Alter, Geschlecht, Art des Spitalaustritts, Schweregrad, bei Neugeborenen das Geburtsgewicht und weitere Faktoren.

[303] „Die Tarifpartner setzen gemeinsam mit den Kantonen eine Organisation ein, die für die Erarbeitung und Weiterentwicklung sowie die Anpassung und Pflege der Strukturen zuständig ist".

[304] Bei Nichteinigung der Tarifpartner setzt der Bundesrat die Tarifstruktur selber fest, Art. 49 Abs. 2 Satz 6 KVG.

[305] Die im Jahr 2012 erstmals zur Anwendung gelangende SwissDRG-Version 1.0 wurde dem Bundesrat ebenfalls zur Genehmigung vorgelegt. Die Genehmigung durch den Bundesrat erfolgte am 6. Juli 2011.

[306] Am 1. Januar 2014 wurde die Version 2.0 nach entsprechender bundesrätlicher Genehmigung durch die weiterentwickelte Tarifstruktur SwissDRG Version 3.0 ersetzt. Ab 1. Januar 2015 tritt die Tarifstruktur SwissDRG Version 4.0 in Kraft.

[307] http://www.swissdrg.org/assets/pdf/System_02/01_Tarifstrukturvertrag_unterzeichnet.pdf.

[308] Die Anwendungsmodalitäten des Tarifs umfassen nach Art. 59*d* Abs. 1 KVV sämtliche Regeln zur Ermittlung des Tarifs und die Geltendmachung der Vergütungen. Insbesondere müssen die Anwendungsmodalitäten Regeln zur Vermeidung potenzieller negativer Anreize in Zusammenhang mit der Anwendung der Fallpauschalen enthalten. Genannt werden in diesem Zusammenhang beispielsweise die künstliche Erhöhung der Fallzahlen, durch verfrühte Spitalentlassungen bedingte Rehospitalisationen und ungerechtfertigte Leistungsverschie-

bungen zwischen stationärer und ambulanter Behandlung (BAG-Kommentar zu Art. 59*d* Abs. 1 KVV, S. 10 [42].

[309] http://www.swissdrg.org/assets/pdf/Tarifdokumente/SwissDRG_Reglement_Kodierrevision_3_0_d.pdf.

[310] http://www.swissdrg.org/assets/pdf/Antragsverfahren_2013/2013_05_23_Kriterien_Antragsbearbeitung_d_def.pdf.

[311] RF. Averill, JH. Muldoon, JC. Vertrees, NI. Goldfield, RL. Mullin, EC. Fineran, MZ. Zhang, B. Steinbeck, T. Grant: The Evolution of Case Mix Measurement Using Diagnosis Related Groups (DRGs). *3 M HIS Working Paper* (1998), 5–98.

[312] JJ. Baker: Medicare payment system for hospital inpatients: diagnosis-related groups. *J Health Care Finance* 28, (2002), 1–13.

[313] BBl 2004 5551, S. 5564.

[314] Dazu kommt der Anteil der Krankenversicherungen von 45 %.

[315] Vorbehältlich der Wirtschaftlichkeit nach Art. 56 KVG.

[316] Art. 43*a* BV wurde im Rahmen der Neugestaltung des Finanzausgleichs und der Aufgaben zwischen Bund und Kantonen (NFA) eingeführt und ist am 1.1.2008 in Kraft getreten. Vgl. dazu die Botschaft zur Neugestaltung des Finanzausgleichs und der Aufgaben zwischen Bund und Kantonen (NFA) vom 14. November 2001 (BBl 2002 2291).

[317] Vom Grundsatz der Konnexität („wer zahlt, befiehlt!") ist allerdings dann abzusehen, wenn eine Gleichbehandlung aller geboten ist beispielsweise aus Gründen der Wettbewerbsneutralität oder der allgemeinen Rechtsgleichheit. Dies falls braucht es mehr als nur das Festlegen allgemeiner Ziele und Grundsätze durch den Bund.

[318] Spitäler und Geburtshäuser müssen eine Infrastruktur aufweisen, welche die Erfüllung des Leistungsauftrags sicherstellt (lit. a), über genügende Untersuchungs- und Behandlungskapazitäten verfügen (lit. b), ein den Bundesvorgaben genügendes Qualitätssicherungskonzept nachweisen (lit. c), die Aufnahmebereitschaft nach den Vorgaben des KVG für Zürcher Patientinnen und Patienten gewährleisten, unabhängig von der voraussichtlichen Kostendeckung im konkreten Fall (lit. d), über ein auf die Schnittstellen zu vor- und nachgelagerten Leistungserbringern ausgerichtetes Patientenversorgungskonzept verfügen (lit. e), die Aus- und Weiterbildung einer im Verhältnis zum gesamtkantonalen Bedarf angemessenen Zahl von Angehörigen der Berufe des Gesundheitswesens sicherstellen (lit. f), eine Kostenrechnung führen, die eine sachgerechte Abgrenzung der Kosten der Leistungserbringung für die verschiedenen Versicherungsbereiche und weiterer Dienstleistungen ermöglicht (lit. g).

[319] BBl 2004 5551, S. 5558.

[320] In einem Expertengutachten von Prof. Robert E. Leu im Auftrag des Bundesamtes für Sozialversicherung wird die monistische Finanzierung auf S. 29 als „Finanzierungsmodell, in dem die formale Finanzierungsverantwortung (Zahllast) auschliesslich bei einem Akteur liegt" beschrieben, vgl. R. E. Leu (2004) Monistische Spitalfinanzierung, Bern.

[321] Dazu die Begriffsverwendung im Rahmen der Krankenhausfinanzierung in Deutschland bei B. Rürüp et al (2008) Die Umstellung auf eine monistische Finanzierung von Krankenhäusern, Berlin, wonach unter Monismus ein Finanzierungssystem für Krankenhäuser verstanden wird, in welchem die Betriebskosten und die Investitionskosten allein durch einen Kostenträger finanziert werden.

[322] Heute sind 61 private Krankenversicherer (Stand 8/2014) in der obligatorischen Krankenpflegeversicherung (OKP) tätig.

[323] Beim Postulat handelt es sich um einen parlamentarischen Vorstoss auf Gemeinde-, kantonaler oder eidgenössischer Ebene, der von der jeweiligen Exekutive die Prüfung verlangt, ob es in einem bestimmten Fall ein Gesetz, einen Beschluss oder eine Massnahme braucht. Ein Postulat kann auch die Ausarbeitung eines Berichts verlangen. Die Ausführungen dazu im

Parlamentswörterbuch http://www.parlament.ch/d/wissen/parlamentswoerterbuch/seiten/postulat.aspx.

[324] BBl 2004 5551, S. 5564 und S. 5583.

[325] Zur Problematik der Berücksichtigung der Vorfinanzierung zukünftiger Investitionen hinten S. 114, Ziffer 8.3.12.2.

[326] Beispiele: Übertragung der Spitalbauten des Universitätsspitals Zürich vom Kanton auf die Spitäler im Baurecht (Medienmitteilung vom 4. März 2014; RRB Nr. 235/2014). Bei einer Übertragung im Baurecht bleibt das Land im Eigentum des Kantons, dies sichert ihm die langfristige Einflussnahme auf die Nutzung des Areals. Auch der Kanton Schaffhausen prüft aktuell die Übertragung des Kantonsspital-Gebäudes an die Spitäler Schaffhausen im Baurecht.

[327] Wenn beispielsweise die Frage zu beantworten ist, ob ein Spitalstandort beibehalten oder gestärkt werden soll, entscheidet der Verwaltungsrat, ausser der Kanton als Alleinaktionär habe diese Frage mittels Statutenänderung in die Entscheidungszuständigkeit der Generalversammlung gestellt (Art. 716 Abs. 1 OR). Weiterführend dazu B. Rütsche (2014) Rechtsgutachten: Übereinstimmung der Berner Spitalstandortinitiative vom 21.1.2014 mit übergeordnetem Recht und kantonalem Gesetzesrecht zuhanden des Kantons Bern, Gesundheits- und Fürsorgedirektion (GEF) vom 11.6.2014, S. 29, Rz. 49.

[328] Jr. Jenkins, G. Douglas, A. Mitra, N. Gupta, JD. Shaw: Are financial incentives related to performance? A meta-analytic review of empirical reserach, in: *Journal of Applied Psychology*, 83(5), (1998), 777–787.

[329] S. Gobeli, B. Spiegel-Steinmann, O. Rack, A. Tschaut: Anreizmanagement in virtuellen Teams. Erfolgreiche Strategien zur Motivation von Mitarbeitenden. *Zeitschrift Führung + Organisation (zfo)* 81, (04/2012), S. 259–263.

[330] Eidgenössische Steuerverwaltung, Kreisschreiben Nr. 12 vom 8. Juli 1994 an die kantonalen Verwaltungen für die direkte Bundessteuer, Steuerbefreiung juristischer Personen, die öffentliche oder gemeinnützige Zwecke (Art. 56 lit. g DBG) oder Kulturzwecke (Art. 56 lit. h DBG) verfolgen; Abzugsfähigkeit von Zuwendungen (insb. Ziffer II 5). Abrufbar unter http://www.estv.admin.ch/bundessteuer/dokumentation/00242/00380/. Zu den Knackpunkten der Steuerbefreiung gemeinnütziger Aktiengesellschaften D. Schönenberger: Rechtliche Herausforderungen für Sozialunternehmen in der Schweiz, *npoR* Heft 1/2013.

[331] Die Gewinnerzielung ist auch bei der gemeinnützigen Aktiengesellschaft ein absolutes Recht, auf das die Aktionäre nur einstimmig verzichten können (Aufnahme des Verzichts in den Gründungsstatuten, Neuhaus/Blättler, in: Honsell/Vogt/Watter (Hrsg.), Basler Kommentar, Obligationenrecht II, Art. 530–1186 OR, 4. Aufl., 2012, Art. 660 Rn. 7). Das Recht auf Gewinnausschüttung ist hingegen ein relatives Recht, weshalb auf die Ausschüttung einer Dividende verzichtet werden kann.

[332] Mit einer von der Ärztegesellschaft des Kantons Bern unter Mitarbeit der FMH durchgeführten Studie über den ärztlichen Notfalldienst wurden die Zusammenhänge zwischen Nationalität, Geschlecht und Alter sowie die Nutzung der Gesundheitsdienstleistungen in der Notfallaufnahme am Inselspital Bern untersucht. Die Ergebnisse der Studie zeigten auf, dass immer mehr Menschen keinen Hausarzt mehr haben und insbesondere den ausländischen Personen das schweizerische Hausarztsystem nicht bekannt ist. 87 % der Patienten (Schweizer) und 97 % (Ausländer) der nicht dringlichen Notfälle haben direkt die Notfallaufnahme aufgesucht (Selbsteinlieferung), N. Clément, A. Businger, L. Martinolli, H. Zimmermann, A. Exadaktylos (2010) Referral practice among Swiss and non-Swiss walk-in patients in an urban surgical emergency department: Are there lessons to be learnt? *Swiss Med Wkly*. 2010; 140: w13089.

[333] AS. Backman, P. Blomqvist, M. Lagerlund, E. Carlsson-Holm, J. Adami: Characteristics of non-urgent patients. *Scand J Prim Health Care*. 26, (2008), 181–187.

[334] T. Lang, A. Davido, B. Diakite, E. Agay, JF. Viel, B. Flicoteaux: Using the hospital emergency department as a regular source of care. *Eur J Epidemiol*. 13, (1997), 223–228.

[335] Zur Bedeutung der initialen Triagierung P. Schütz et al: Optimizing triage and hospitalization in adult general medical emergency patients: the triage project. *BMC emergency medicine* 13, (2013c), 12 doi: 10.1186/1471–227X-13–12.

[336] Mehr dazu http://fmc.ch/fileadmin/redakteur/pdf/medienmitteilungen/Bericht_FamilyStart_beider_Basel-Betreuungsservice.pdf (besucht am 7. November 2014).

[337] D. Fields, E. Leshen, K. Patel: Driving Quality Gains and Cost Savings through Adoption of Medical Homes, in: *Health Affairs*, 29(5), (2010), 819–826.

[338] CM. Kilo, JH. Wasson: Practice Redesign and the patient-centred medical home: history, promises and challenges, in: *Health Affairs*, 29(5), (2010), 773–778.

[339] S. Conroy, T. Dowsing, J. Reid, R. Hsu: Understanding readmissions: an in-depth review of 50 patients readmitted back to an acute hospital within 30 days. *European Geriatric Medicine*, 4(1), (2013), 25–27.

[340] Zur Herausforderung der Vergütung von Wartepatienten hinten S. 129, Ziffer 8.4.5.

[341] Der SNF hat im September 2014 ein dreijähriges Forschungsprojekt „Inpatient-outpatient transitions in the era of DRG: the legal framework and current practice" (Projekt-Nr. CR13I1_156274/1, Antragsteller T. Gächter, B. Elger, A. Leu) bewilligt. Der Projektstart ist für Herbst 2015 geplant.

[342] H. Pfaff: Versorgungsforschung-Begriffsbestimmung, Gegenstand und Ausgaben, in: H. Pfaff, M. Schrappe, KW. Lauterbach, U. Halber (Hrsg.) Gesundheitsversorgung und Disease-Management. Grundlagen und Anwendungen der Versorgungsforschung. Hans Huber Verlag: Bern, 2003. Holger Pfaff definiert Versorgungsforschung als „eine grundlagen- und problemorientierte fachübergreifende Forschung, welche die Kranken- und Gesundheitsversorgung in ihren Rahmenbedingungen beschreibt, kausal erklärt und aufbauend darauf Versorgungskonzepte entwickelt, deren Umsetzung begleitend erforscht und/oder unter Alltagsbedingungen evaluiert".

[343] EDI, BAG, Direktionsbereich Kranken- und Unfallversicherung. Qualitätsstrategie des Bundes im Schweizerischen Gesundheitswesen vom 9. Oktober 2009, S. 61. Abrufbar unter http://www.bag.admin.ch/themen/krankenversicherung/14791/index.html?lang=de (besucht am 11.9.2014).

[344] J. Szecsenyi, T. Rosenmann, S. Joos, F. Peters-Klimm, A. Miksch: German Diabetes Disease Management Programs Are Appropriate for Restructuring Care According to the Chronic Care Model. An Evaluation with the Patient Assessment of Chronic Illness Care Instrument. *Diabetes Care* 31(6), (2008), 1150–1154. Ziel der Disease-Management-Programme in Deutschland ist die Verbesserung der Versorgung chronisch Kranker. Dazu wird die Versorgung einschliesslich Prozessindikatoren und klinischer Variablen strukturiert erfasst, der Anreiz erfolgt pro eingeschlossenen Patienten, nicht erfolgsabhängig.

[345] E. Kontopantelis, D. Reeves, JM. Valderas, S. Campell, T. Doran: Recorded quality of primary care for patients with diabetes in England before and after the introduction of a financial incentive scheme: a longitudinal observational study. *BMJ Quality & Safety* 22(1), (2013), 53–64.

[346] „Als Investitionen im Sinne von Artikel 49 Absatz 7 des Gesetzes gelten Mobilien, Immobilien und sonstige Anlagen, die zur Erfüllung des Leistungsauftrages nach Artikel 39 Absatz 1 Buchstabe e des Gesetzes notwendig sind (Art. 8 Abs. 1 VKL). Kaufgeschäften gleichgestellt sind Miet- und Abzahlungsgeschäfte. Kosten aus Miet- und Abzahlungsgeschäften werden als Anlagenutzungskosten separat ausgewiesen (Abs. 2)".

[347] AS 2008 5105.

[348] Verordnung über die Krankenversicherung vom 27. Juni 1995 (KVV), Schlussbestimmung zu den Änderungen vom 22. Oktober 2008, Abs. 4.

[349] Die Tarifautonomie gilt nicht uneingeschränkt sondern muss mit dem Gesetz in Übereinstimmung sein und den Geboten der Wirtschaftlichkeit und der Billigkeit genügen (vgl. 46 Abs. 4 KVG).

[350] Die Sachgerechtigkeit verlangt, dass nach einheitlicher Methodik erhobene Daten verglichen werden. Es sind nur Investitionskosten vergleichbar, die nach einheitlicher Methode in einer Kostenrechnung und einer Leistungsstatistik ermittelt und erfasst wurden (Art. 49 Abs. 7 KVG).

[351] Art. 43 Abs. 5bis KVG.

[352] AS 2012 4085; BBl 2011 7385 und BBl 2011 7393.

[353] Er werde lediglich so viel regeln, wie für das Bestehen einer Struktur notwendig sei, um den Vorrang der Tarifautonomie so weit wie möglich zu berücksichtigen, vgl. Inhalt und Kommentar zur Verordnung über die Anpassung von Tarifstrukturen in der Krankenversicherung, EDI, BAG, Direktionsbereich Kranken- und Unfallversicherung, Bern, 13. Juni 2014 (S. 4). Die Verordnung vom 20.6.2014 ist am 1.10.2014 in Kraft getreten. http://www.bag.admin.ch/themen/krankenversicherung/06492/06494/14853/index.html?lang=de.

[354] http://www.sonntagszeitung.ch/home/artikel-detailseite/?newsid=234295.

[355] Medienmitteilung der GD ZH vom 12.7.2013, https://www.zh.ch/internet/de/aktuell/news/medienmitteilungen/2013/179_fallkosten.html.

[356] Ein Spital hat ein wirtschaftliches Interesse daran, möglichst viele halbprivat- und privatversicherte Patienten bei sich aufzunehmen, da 1 % dieser Patientengruppe 1 Million CHF an Ertrag einbringt. Diese Zahlen sind in den einzelnen Spitälern unterschiedlich und beziehen sich vorliegend auf die gemeinnützige Aktiengesellschaft GZO AG, www.gzo.ch.

[357] Zur Problematik der Subventionierung durch die Kantone S. 115, Ziffer 8.3.13.

[358] Zur Problematik der sogenannten Einführungsphase S. 120 f., Ziffer 8.3.18.

[359] Urteil des Bundesverwaltungsgerichts vom 11.9.2014, C-2283/2013 und C-3617/2013, E. 6.1 bis E. 6.7.

[360] Version 1, abrufbar unter http://www.drgs.ch/fileadmin/user_upload/News/SwissDRG_Strategie_2013_.pdf.

[361] SwissDRG-Struktur neu mit Anlagenutzungskosten, H+, eflash 6/2014. Abrufbar unter http://www.hplus.ch/de/publikationen/eflash/archiv_eflash (besucht am 20.11.2014).

[362] Rekole® (= Revision der Kostenrechnung und der Leistungserfassung). Mehr dazu unter http://www.hplus.ch/de/dienstleistungen/betriebswirtschaft/rechnungswesen_spital/rekoler_handbuch/ sowie die Dokumentation zur SwissDRG Erhebung 2014, http://www.swissdrg.org/assets/pdf/Erhebung_2014/Dokumentation_zur_SwissDRG_Erhebung_2014.pdf.

[363] Gestützt auf die VKL müssen Spitäler zwecks Ermittlung der Kosten und Erfassung der Leistungen gewisse Anforderungen erfüllen (Art. 9 ff. VKL). Die Verordnung verlangt u. a. das Führen einer Finanz- und Lohnbuchhaltung, eine Kosten- und Leistungsrechnung sowie eine Anlagebuchhaltung zwecks Kostenermittlung der Anlagenutzung (Art. 10 Abs. 5 VKL).
Bei der VKL muss beachtet werden, dass sie für Abschreibungen den Anschaffungswert als Bewertungsbasis heranzieht, was insbesondere dann ein Problem darstellt, wenn die Anschaffung vor langer Zeit bspw. vor 20 Jahren getätigt wurde. In einem solchen Fall muss der Anschaffungswert oft geschätzt oder hergeleitet werden. Vgl. dazu die Ausführungen des Spitalverbands „H+“, der verschiedene Änderungen der VKL verlangt, u. a. dass für die Ermittlung der Abschreibungen der Wiederbeschaffungsansatz als Bewertungsbasis eingeführt wird (http://www.hplus.ch/fileadmin/user_upload/Medien/Medienkonferenzen/2013/JMK/Deutsch/Faktenblatt_SwissDRG_Spitalfinanzierung.pdf). Zudem besteht die Gefahr, dass die

Spitäler nicht wiederbeschaffen können, wenn die Preiskalkulation auf dem Anschaffungswert beruht. Dazu ein Praxisbeispiel: Ein im Jahr 1930 gebautes Spital muss ersetzt werden. Die Kalkulation des Investitionskostenzuschlags beruht auf dem Wert aus dem Jahr 1930. Damit ist der Investitionskostenzuschlag zu tief, weil die Inflation nicht berücksichtigt wird.

[364] http://www.swissdrg.org/assets/pdf/Organigramm/140828_SwissDRG_Kern_und_Arbeitsgruppen_D.pdf (besucht am 24.11.2014).

[365] „Als Netzwerkspital werden die Spitäler bezeichnet, die auf der Grundlage definierter Anforderungen, an der SwissDRG Erhebung der Fallkosten und medizinisch-administrativen Daten teilnehmen und sich zur Datenlieferung gegenüber der SwissDRG AG verpflichten", http://www.swissdrg.org/de/07_casemix_office/Wichtige_Begriffe.asp?navid=31. Zur Liste der Netzwerkspitäler 2013 (Datenjahr 2012) http://swissdrg.org/assets/pdf/Erhebung2013/Liste_Netzwerkspitaeler_2013_de.pdf.

[366] Beispielsweise Solothurn: Neubau Bürgerspital, 340 Millionen Franken der öffentlichen Hand; Basel-Stadt: Umbau und Erweiterung Universitätsspital, 50 Millionen Franken; Schaffhausen: örtlicher Zusammenzug und Neueinrichtung der stationären Versorgung, 300 Millionen Franken. Dazu die Interpellation 12.3453 zur unterschiedlichen Umsetzung der Prinzipien der neuen Spitalfinanzierung, Ständerätin Pascale Bruderer Wyss vom 7.6.2012, http://www.parlament.ch/d/suche/seiten/geschaefte.aspx?gesch_id=20123453. Mit der Interpellation können der National- und Ständerat (= Mitglieder der Bundesversammlung) Auskunft über wichtige Ereignisse oder Probleme der Aussen- oder Innenpolitik oder der Verwaltung verlangen.

[367] BBl 2004 5551, S. 5564.

[368] Andere Kantone verzichten auf ein solches Vorgehen und übertragen das Anlagevermögen zu einem symbolischen Preis an die Spitäler oder finanzieren grosse Bauinvestitionen aus Steuergeldern (z. B. Solothurn und Schaffhausen).

[369] Ziffer 8.3.10 oben. Bei diesen 9 % handelt es sich um einen rein theoretischen Teil der Baserate.

[370] Die Summe der Bauinvestitionen der Jahre 1994 bis 2011 in Relation zu den Hospitalisierungen im Jahr 2011 nach Kantonen bei A. Christen, P. Hänggi, C. Kraft, D. Künzi, M. Merki, J. Ruffner: Gesundheitswesen Schweiz 2013 – Der Spitalmarkt im Wandel. Credit Suisse Global Research, S. 35, Abb. 28, 2013.

[371] J. Kündig: Kapitalmarkt als Chance für die Spitäler und Kliniken, in: *Neue Zürcher Zeitung* 147, (2013), 21.

[372] Zur ethischen Verantwortung privatrechtlich organisierter Unternehmen die Ausführungen vorne Ziffer 8.3.3.

[373] P. Widmer, H. Telser: Spitalversorgung im Spannungsfeld der kantonalen Spitalpolitik, Studie vom 22. August 2013 im Auftrag von comparis.ch, 2013, http://www.polynomics.ch/dokumente/Polynomics_Spitalregulierung_Schlussbericht.pdf.

[374] Hier ist zu beachten, dass auch nicht OKP-pflichtige Kosten durch die Spitäler transparent ausgeschieden werden. Es muss feststellbar sein, mit welcher Methode und in welcher Höhe diese Kostenanteile abgegrenzt werden. Diese Pflicht zur Sicherstellung der Transparenz trifft neben den Spitälern auch die Festsetzungs- und Genehmigungsbehörden (BGVE 2014/3 E. 6.4).

[375] Das Erreichen der erwünschten Vergütungsgerechtigkeit gestaltet sich in der Schweiz nicht ganz einfach, weil diese durch zwei unterschiedliche Instrumente (Instrument 1 =Tarifstruktur SwissDRG und Instrument 2 =Preisbildung im Rahmen der Tarifverhandlung) gewährleistet werden muss und die Zuständigkeit für die Umsetzung der beiden Instrumente bei zwei unterschiedlichen Organisationen (Tarifstruktur SwissDRG = SwissDRG AG; Preisbildung = Krankenversicherung und Spitäler) liegt.

[376] Zur Ermittlung der Benchmarking-relevante Betriebskosten: Urteil des BVGE vom 11. September 2014, C-2283/2013 und C-3617/2013: „Es geht bei der Bestimmung der Benchmarking-relevanten Betriebskosten unter neuem Recht vor allem darum, die zur effizienten, günstigen und qualitätskonformen Leistung erforderlichen Kosten möglichst sachgerecht zu ermitteln", E. 16.1.6 auf S. 74 sowie generell zum Benchmarking E. 4.4 und 6.2 sowie BGVE 2014/3 E. 6.4.4.

[377] S. 83, Ziffer 7.3.7.3 sowie BGE 138 II 398 E. 8.3.

[378] OECD; WHO: OECD-Berichte über Gesundheitssysteme – Schweiz. Bern: Bundesamt für Gesundheit, 2006, 2011. https://www.bad.admin.ch/themen/internationales.

[379] M. Limb: OECD finds some countries are too restrictive about sharing personal data. *BMJ* 346, (201,3) f2116 doi:10.1016/j.ygyno.2013.01.026; OECD/WHO OECD Reviews of Health Systems: Switzerland 2011. OECD Publishing, 2011.

[380] Art. 39 Abs. 1 lit. e KVG i. V. m. Art. 58*e* Abs. 3 KVV.

[381] Das KVG und die KVV kennen daneben auch Fälle, bei denen die Vergütungspflicht für Notfallbehandlungen in Abweichung vom Listenprinzip besteht, vgl. dazu Art. 41 Abs. 2 und 3bis KVG zur Vergütungspflicht von Notfallbehandlungen in Spitälern, die nicht auf der Spitalliste des Wohnkantons aufgeführt sind sowie Art. 36 Abs. 2 KVV zur Kostenvergütung von Notfallbehandlungen im Ausland. Vgl. auch das REKOLE Handbuch auf S. 289, wonach die aus der Notfallbehandlung entstehenden Kosten zu den fallabhängigen Kosten gehören.

[382] § 17b Abs. 2 KHG.

[383] § 17b Abs. 1 KHG i. V. m. § 4 Abs. 6 KHEntgG. Die Höhe von Zu- und Abschlägen wird i. d. R. jährlich neu vereinbart.

[384] GDK, Empfehlungen zur Wirtschaftlichkeitsprüfung vom 12. Juli 2012, S. 8.

[385] Zur Berechnung des Zuschlags von CHF 20 vgl. die Ausführungen im Regierungsratsbeschluss des Kantons Zürich vom 13. März 2013 (RRB 278/2013).

[386] Urteil des Bundesverwaltungsgerichts vom 11.9.2014, C-2283/2013 und C-3617/2013, E. 21.4.1 und E. 21.5.

[387] Im Rahmen des Differenzbereinigungsverfahrens des Nationalrats zur neuen Spitalfinanzierung sprach Bundesrat Couchepin in der Session vom 4. Dezember 2007 von einer schweizweit einheitlichen Tarifstruktur, nicht jedoch von einem schweizweit einheitlichen Tarif (AB 2007 N 1773).

[388] Urteil des Bundesverwaltungsgerichts vom 11.9.2014, C-2283/2013 und C-3617/2013, E. 22.4.

[389] Medienmitteilung des BAG vom 28. November 2014 zur Genehmigung der neuen Tarifstruktur SwissDRG Version 4.0.

[390] Medienmitteilungen der SwissDRG AG vom 11.5.2012 und 14.12.2012.

[391] Art. 2ter der Schlussbestimmungen der Änderung vom 22. Oktober 2008 zur KVV (AS 2008 5097).

[392] Auf der Zürcher Spitalliste Akutsomatik 2012 (gültig ab Juli 2014) findet sich z. B. das Kantonsspital Schaffhausen (mit einem befristeten Leistungsauftrag bis 31.12.2014).

[393] BBl 2004 5551, 5578.

[394] Die Spitäler und Kliniken vertreten durch „H+" die Spitäler der Schweiz, die Krankenversicherer vertreten durch „santésuisse", die Kantone vertreten durch die Gesundheitsdirektorenkonferenz GDK und die Ärzteschaft vertreten durch die FMH.

[395] 2013 war das sogenannte Optionsjahr (Einführung nur für optierende Krankenhäuser). Die verbindliche Einführung für alle deutschen Krankenhäuser sollte per 2015 erfolgen, S. Schneider, W. Ventour, M. Noll-Hussong: Das pauschalierende Entgeltsystem für psychiatrische und psychosomatische Einrichtungen (PEPP) im ersten Optionsjahr 2013 – eine psychosomatische Sicht. *Gesundh ökon Qual manag* (2014). DOI: 10.1055/s-0034–1366646.

[396] Psych-Entgeltsystem in der Psychiatrie und Psychosomatik.

[397] § 17d KHG (Einführung eines pauschalierenden Entgeltsystems für psychiatrische und psychosomatische Einrichtungen), insbesondere Abs. 1, wonach für die Vergütung der allgemeinen Krankenhausleistungen von Fachkrankenhäusern und selbständigen, gebietsärztlich geleiteten Abteilungen an somatischen Krankenhäusern für die Fachgebiete Psychiatrie und Psychotherapie, Kinder- und Jugendpsychiatrie und -psychotherapie (psychiatrische Einrichtungen) sowie Psychosomatische Medizin und Psychotherapie (psychosomatische Einrichtungen) ist ein durchgängiges, leistungsorientiertes und pauschalierendes Vergütungssystem auf der Grundlage von tagesbezogenen Entgelten einzuführen ist.

[398] Ausführlich zu den bisherigen Entwicklungen der Einführung von PEPP einschliesslich des Zeitplans für die Reform: M. Meissner: DRG in der Psychiatrie: An den Bedürfnissen vorbei. *Dtsch Arztebl* 107(10), (2010), A-426/B-378/C-370.

[399] I. Hauth, F. Godemann, K.-H. Beine, H. Kunze: Aktueller Stand der Entwicklung des neuen Entgeltsystems für Psychiatrie und Psychosomatik. *Nervenarzt* 80(11), (2009), 1390–1393.

[400] A. Klimke, R. Engfer, M. Bauer: Ein neues Entgeltsystem für Psychiatrie und Psychosomatik – Chance auf gerechtere Vergütung oder Einstieg in den Ausstieg aus der regionalen Vollversorgung? *Psychiat Prax* 37(2), (2010), 92–98

[401] InEK (2013) Pauschalierendes Entgeltsystem Psychiatrie/Psychosomatik, Version 2013/2014. Institut für das Entgeltsystem im Krankenhaus GmbH (InEK), Siegburg.

[402] H. Kunze, R. Schepker, A. Heinz: Pauschalierende Entgelte für Psychiatrie und Psychosomatik: Wohin kann der Weg gehen? *Dtsch Ärztebl* 110(27–28), (2013), A-1366.

[403] M. Meissner: Psychiatrie-Entgeltgesetz: Proteste gegen neues Abrechnungssystem. *Dtsch Ärztebl* 109, (2012), A-2346/B-1914/C-1876.

[404] F. Godemann: Entgeltkatalog für Psychiatrie und Psychosomatik: Unverständnis und Empörung. *Dtsch Ärztebl* 109, (2012), A-2403/B-1959/C-1920.

[405] TEPP*konkret*-Grouper mit einer Basisvergütungsrate, ergänzt durch aufwandsabhängige tagegleiche Zusatzvergütungen.

[406] A. Klimke, R. Bader, R. Berton, M. Borrmann-Hassenbach, T. Brobeil, R. Nitschke, G. Reitel, M. Schillinger, F. Godemann: Vergütungssystem für Psychiatrie und Psychosomatik. *Nervenarzt* 85(1), (2014), 88–96.

[407] Der Patient, der täglich hohe Kosten verursacht, wird nur so lange wie nötig im Spital behandelt. Vgl. S. 32, Ziffer 4.8 und S. 71, Ziffer 6.5.2 zur Situation in der Schweiz sowie S. 46, Ziffer 5.7.2 zu den Erhebungen in Deutschland.

[408] A. Hildebrandt: Hochschulmedizin: Messung der Indikationsqualität, *Dtsch Ärztebl* 110(26), (2013), A-1321/B-1157/C-1144.

[409] Zur Entgeltsituation in Deutschland vgl. § 7 des KHG. Wichtig bei medizintechnischen Innovationen insbesondere die Abgrenzung von NUB (neue Untersuchungs- und Behandlungsmethoden) und ZE (Zusatzentgelte). Die ZE decken die in G-DRG nicht berücksichtigen Kostenausreisser in Einzelfällen ab und werden zusätzlich zur Fallpauschale über einen bundesweit einheitlichen Zuschlag abgegolten. Die Entrichtung eines NBU Entgelts erfolgt einzig dann, wenn eine teure innovative Leistung die Fallpauschale übersteigt und es noch keine andere Erstattungsmöglichkeit gibt (keine Dokumentation möglich wegen fehlender Anwendung der Leistung). Die NBU-Entgelte sind individuelle und zeitlich befristete Entgelte.

[410] C. Schlötelburg, T. Becks, A. C. Mühleberg: Identifizierung von Innovationshürden in der Medizintechnik. Berlin: Bundesministerium für Bildung und Forschung, 2008.

[411] U. Neumann, A. Hagen, M. Schönermark: Regulation der Aufnahme von innovativen nichtmedikamentösen Technologien in den Leistungskatalog solidarisch finanzierter Kostenträger. *Schriftenreihe Health Technology Assessment (64)*. DMDI: Köln, 2007.

[412] K. Blum, M. Offermanns: Anspruch und Realität von Budgetverhandlungen zur Umsetzung medizintechnischer Innovationen – Gutachten des Deutschen Krankenhausinstituts (DKI) im

Auftrag des Bundesverbandes Medizintechnologie (BVMed). Deutsches Krankenhausinstitut: Düsseldorf, 2009.

[413] Es handelt sich dabei um längerfristige Vorgaben in Bezug auf die technischen Arbeiten, Dienstleistungen und Produkte in Zusammenhang mit dem durch die SwissDRG AG betreuten Tarifsystem SwissDRG. Die strategischen Ziele wurden zusammen mit den Partnern auf der Basis ihrer schriftlichen Eingaben, einem Hearing vom 5. September 2012 und einer konsolidierenden Sitzung am 11. Oktober 2012 erarbeitet. Zudem wurden die konstituierenden Dokumente der AG und bisherige VR-Beschlüsse mitberücksichtigt. http://www.swissdrg.org/assets/pdf/SwissDRG_Strategie_2013_.pdf.

[414] Stellungnahme GDK vom 14.4.2014, http://www.gdk-cds.ch/fileadmin/docs/public/gdk/Aktuelles/Stellungn/SN_GDK_SwissDRG_v4_20140414_d.pdf (besucht am 30.9.2014).

[415] S. 68, Ziffer 6.4.12 sowie die Ausführungen zu den Schutzbestimmungen S. 87 f., Ziffer 7.4.4.

[416] S. 110, Ziffer 8.3.10.

[417] S. 62, Ziffer 6.4.7.

[418] BGE 124 V 362 E. 2c; K 20/06 vom 20.10.2006 E. 4.1; K 157/04 vom 14.4.2005, E. 2.3; K 44/05 vom 20.10.2005 E. 2.4; K 109/02 vom 16.1.2004 E. 3.3; RKUV 1991 Nr. K 853 S. 3; SVR 1998 KV Nr. 22 S. 73 f. E. 2.

[419] BGE 115 V 54 Erw. 3d, BGE 101 V 75 f. Erw. 5 in fine und Erw. 6; RKUV 1991 Nr. K 853 S. 5 Erw. l/2; K 175/05 vom 12.4.2006, E. 2.2.1; K 11/00 vom 27.12.2000, E. 3 in fine.

[420] Für jede DRG werden die normalen Aufenthaltsdauern für das gegebene Krankheitsbild durch die Grenzverweildauer definiert, basierend auf den Referenzdaten der Netzwerkspitäler. Als „Normallieger/Inlier" werden jene Fälle bezeichnet, deren Aufenthaltsdauer mindestens bei der unteren Grenzverweildauer und maximal bei der oberen Grenzverweildauer liegt. Im Gegensatz dazu gibt es Ausreisser, die Langlieger oder auch High-Outlier. http://www.swissdrg.org/de/07_casemix_office/Wichtige_Begriffe.asp?navid=31 (besucht am 30.9.2014).

[421] Die Ausführungen zum MFH-Projekt können abgerufen werden auf http://www.bag.admin.ch/themen/gesundheitspolitik/07685/12522/13674/index.html?lang=de.

[422] S. 28, Ziffer 4.7.1, S. 85 f., Ziffer 7.4.1 und 7.4.2.

[423] D. Strech, G. Persad, G. Marckmann, M. Danis: Are physicians willing to ration health care? Conflicting findings in a systematic review of survey research, in: *Health Policy*; 90(2–3), (2009), 113–124. Weitere Literaturhinweise [117, 205].

[424] M. Fässler, V. Wild, C. Clarinval, A. Tschopp, JA. Faehnrich, N. Biller-Andorno: Impact of the DRG-based reimbursement system on patient care and professional practice: perspectives of Swiss hospital physicians. *Swiss Med Wkly.* 2015; 145: w14080.

[425] „Innerhalb 18 Tage seit Austritt" bedeutet: Die Frist beginnt mit dem Austritt und dauert bis und mit dem 18. Kalendertag nach dem Austrittstag. Der Austrittstag wird demnach nicht in die Frist mit eingerechnet. Bestimmte Krankheitsbilder, bei denen eine regelmässige Wiederaufnahme medizinisch begründet ist, sind von dieser Regelung ausgenommen. Vgl. Regeln und Definitionen zur Fallabrechnung unter SwissDRG, Version Mai 2014, http://www.swissdrg.org/assets/pdf/Tarifdokumente/SwissDRG_Falldefinitionen_Version_4.0_d_def.pdf (besucht am 24.10.2014) sowie die Ausführungen vorne S. 86, Ziffer 7.4.3.

[426] D. Strech, D. Freyer, K. Börchers, A. Neumann, J. Wasem, MG. Krukemeyer, G. Marckmann: Herausforderungen expliziter Leistungsbegrenzungen durch kostensensible Leitlinien. Ergebnisse einer qualitativen Interviewstudie mit leitenden Klinikärzten. *Gesundheitsökonomie & Qualitätsmanagement* 14, (2009), 38–43.

[427] M. Barry: Shared Decision Making – The Pinnacle of Patient-Centered Care. *New Engl J Med* 366, (2012), 780–781.

[428] Positionspapier der Schweizerischen Akademie der Medizinischen Wissenschaften: Medizin und Ökonomie – wie weiter? Swiss Academies Communications 9(4), (2014), 27.

[429] JS. Martin, W. Ummenhofer, T. Manser, R. Spirig: Interprofessional collaboration among nurses and physicians: making a difference in patient outcome. *Swiss Med Wkly* 140, (2010), w13062.

Ausgewählte Gesetzes- und Verordnungsbestimmungen (KVG, KVV, VKL)

a) Gesetzesbestimmungen (KVG)

Art. 22*a* Daten der Leistungserbringer

[1]Die Leistungserbringer sind verpflichtet, den zuständigen Bundesbehörden die Daten bekannt zu geben, die benötigt werden, um die Anwendung der Bestimmungen dieses Gesetzes über die Wirtschaftlichkeit und Qualität der Leistungen zu überwachen. Namentlich sind folgende Angaben zu machen:

a. Art der Tätigkeit, Einrichtung und Ausstattung, Rechtsform;
b. Anzahl und Struktur der Beschäftigten und der Ausbildungsplätze;
c. Anzahl und Struktur der Patientinnen und Patienten in anonymisierter Form;
d. Art, Umfang und Kosten der erbrachten Leistungen;
e. Aufwand, Ertrag und finanzielles Betriebsergebnis;
f. medizinische Qualitätsindikatoren.

[2]Die befragten natürlichen und juristischen Personen sind zur Auskunft verpflichtet. Die Angaben sind kostenlos zur Verfügung zu stellen.

[3]Die Angaben werden vom Bundesamt für Statistik erhoben. Es stellt die Angaben nach Absatz 1 zur Durchführung dieses Gesetzes dem Bundesamt für Gesundheit, dem Eidgenössischen Preisüberwacher, dem Bundesamt für Justiz, den Kantonen und Versicherern sowie den in Artikel 84a aufgeführten Organen je Leistungserbringer zur Verfügung. Die Daten werden veröffentlicht.

[4]Der Bundesrat erlässt nähere Vorschriften zur Erhebung, Bearbeitung, Weitergabe und Veröffentlichung der Daten unter Wahrung des Verhältnismässigkeitsprinzips.

Art. 25*a* Pflegeleistungen bei Krankheit

[1]Die obligatorische Krankenpflegeversicherung leistet einen Beitrag an die Pflegeleistungen, welche aufgrund einer ärztlichen Anordnung und eines ausgewiesenen Pflegebedarfs ambulant, auch in Tages- oder Nachtstrukturen, oder im Pflegeheim erbracht werden.

[2]Die Leistungen der Akut- und Übergangspflege, welche sich im Anschluss an einen Spitalaufenthalt als notwendig erweisen und die im Spital ärztlich angeordnet werden, werden von der obligatorischen Krankenpflegeversicherung und vom Wohnkanton

des Versicherten während längstens zwei Wochen nach den Regeln der Spitalfinanzierung (Art. 49*a* Abgeltung der stationären Leistungen) vergütet. Versicherer und Leistungserbringer vereinbaren Pauschalen.

³Der Bundesrat bezeichnet die Pflegeleistungen und regelt das Verfahren der Bedarfsermittlung.

⁴Der Bundesrat setzt die Beiträge differenziert nach dem Pflegebedarf in Franken fest. Massgebend ist der Aufwand nach Pflegebedarf für Pflegeleistungen, die in der notwendigen Qualität, effizient und kostengünstig erbracht werden. Die Pflegeleistungen werden einer Qualitätskontrolle unterzogen. Der Bundesrat legt die Modalitäten fest.

⁵Der versicherten Person dürfen von den nicht von Sozialversicherungen gedeckten Pflegekosten höchstens 20 % des höchsten vom Bundesrat festgesetzten Pflegebeitrages überwälzt werden. Die Kantone regeln die Restfinanzierung.

Art. 39 Spitäler und andere Einrichtungen

¹ Anstalten oder deren Abteilungen, die der stationären Behandlung akuter Krankheiten oder der stationären Durchführung von Massnahmen der medizinischen Rehabilitation dienen (Spitäler), sind zugelassen, wenn sie:

a. ausreichende ärztliche Betreuung gewährleisten;
b. über das erforderliche Fachpersonal verfügen;
c. über zweckentsprechende medizinische Einrichtungen verfügen und eine zweckentsprechende pharmazeutische Versorgung gewährleisten;
d. der von einem oder mehreren Kantonen gemeinsam aufgestellten Planung für eine bedarfsgerechte Spitalversorgung entsprechen, wobei private Trägerschaften angemessen in die Planung einzubeziehen sind;
e. auf der nach Leistungsaufträgen in Kategorien gegliederten Spitalliste des Kantons aufgeführt sind.

²Die Kantone koordinieren ihre Planung.

²ᵇⁱˢIm Bereich der hochspezialisierten Medizin beschliessen die Kantone gemeinsam eine gesamtschweizerische Planung. Kommen sie dieser Aufgabe nicht zeitgerecht nach, so legt der Bundesrat fest, welche Spitäler für welche Leistungen auf den kantonalen Spitallisten aufzuführen sind.

²ᵗᵉʳDer Bundesrat erlässt einheitliche Planungskriterien auf der Grundlage von Qualität und Wirtschaftlichkeit. Er hört zuvor die Kantone, die Leistungserbringer und die Versicherer an.

³ Die Voraussetzungen nach Abs. 1 gelten sinngemäss für Geburtshäuser sowie für Anstalten, Einrichtungen oder ihre Abteilungen, die der Pflege und medizinischen

Betreuung sowie der Rehabilitation von Langzeitpatienten und -patientinnen dienen (Pflegeheim).

Art. 41*a* Aufnahmepflicht

[1]Im Rahmen ihrer Leistungsaufträge und ihrer Kapazitäten sind die Listenspitäler verpflichtet, für alle versicherten Personen mit Wohnsitz im Standortkanton des Listenspitals eine Aufnahmebereitschaft zu gewährleisten (Aufnahmepflicht).

[2]Für versicherte Personen mit Wohnsitz ausserhalb des Standortkantons des Listenspitals gilt die Aufnahmepflicht nur aufgrund von Leistungsaufträgen sowie in Notfällen.

[3]Die Kantone sorgen für die Einhaltung der Aufnahmepflicht.

Art. 42 Grundsatz

[1]Haben Versicherer und Leistungserbringer nichts anderes vereinbart, so schulden die Versicherten den Leistungserbringern die Vergütung der Leistung. Die Versicherten haben in diesem Fall gegenüber dem Versicherer einen Anspruch auf Rückerstattung (System des *Tiers garant*). In Abweichung von Art. 22 Abs. 1 ATSG[2] kann dieser Anspruch dem Leistungserbringer abgetreten werden.

[2]Versicherer und Leistungserbringer können vereinbaren, dass der Versicherer die Vergütung schuldet (System des *Tiers payant*). Im Falle der stationären Behandlung schuldet der Versicherer, in Abweichung von Abs. 1, den auf ihn entfallenden Anteil an der Vergütung.

[3]Der Leistungserbringer muss dem Schuldner eine detaillierte und verständliche Rechnung zustellen. Er muss ihm auch alle Angaben machen, die er benötigt, um die Berechnung der Vergütung und die Wirtschaftlichkeit der Leistung überprüfen zu können. Im System des *Tiers payant* erhält die versicherte Person eine Kopie der Rechnung, die an den Versicherer gegangen ist. Bei stationärer Behandlung weist das Spital die auf Kanton und Versicherer entfallenden Anteile je gesondert aus. Der Bundesrat regelt die Einzelheiten.

[3bis]Die Leistungserbringer haben auf der Rechnung nach Abs. 3 die Diagnosen und Prozeduren nach den Klassifikationen in den jeweiligen vom zuständigen Departement herausgegebenen schweizerischen Fassungen codiert aufzuführen. Der Bundesrat erlässt ausführende Bestimmungen zur Erhebung, Bearbeitung und Weitergabe der Daten unter Wahrung des Verhältnismässigkeitsprinzips.

[4]Der Versicherer kann zusätzliche Auskünfte medizinischer Natur verlangen.

[5]Der Leistungserbringer ist in begründeten Fällen berechtigt und auf Verlangen der versicherten Person in jedem Fall verpflichtet, medizinische Angaben nur dem Vertrauensarzt oder der Vertrauensärztin des Versicherers nach Art. 57 bekannt zu geben.

[6]In Abweichung von Art. 29 Abs. 2 ATSG ist für die Anmeldung von Leistungsansprüchen kein Formular nötig.

Art. 46 Tarifvertrag

[1]Parteien eines Tarifvertrages sind einzelne oder mehrere Leistungserbringer oder deren Verbände einerseits sowie einzelne oder mehrere Versicherer oder deren Verbände anderseits.

[2]Ist ein Verband Vertragspartei, so ist der Tarifvertrag für die Mitglieder des Verbandes nur verbindlich, wenn sie dem Vertrag beigetreten sind. Auch Nichtmitglieder, die im Vertragsgebiet tätig sind, können dem Vertrag beitreten. Der Vertrag kann vorsehen, dass diese einen angemessenen Beitrag an die Unkosten des Vertragsabschlusses und der Durchführung leisten müssen. Er regelt die Art und Weise der Beitritts- sowie der Rücktrittserklärung und ihre Bekanntgabe.

[3]Nicht zulässig und damit ungültig sind insbesondere folgende Massnahmen, ohne Rücksicht darauf, ob sie in einem Tarifvertrag oder in getrennten Vereinbarungen oder Regelungen enthalten sind:

a. Sondervertragsverbote zu Lasten von Verbandsmitgliedern;
b. Verpflichtung von Verbandsmitgliedern auf bestehende Verbandsverträge;
c. Konkurrenzverbote zu Lasten von Verbandsmitgliedern;
d. Exklusivitäts- und Meistbegünstigungsklauseln.

[4]Der Tarifvertrag bedarf der Genehmigung durch die zuständige Kantonsregierung oder, wenn er in der ganzen Schweiz gelten soll, durch den Bundesrat. Die Genehmigungsbehörde prüft, ob der Tarifvertrag mit dem Gesetz und dem Gebot der Wirtschaftlichkeit und Billigkeit in Einklang steht.

[5]Die Frist für die Kündigung eines Tarifvertrages und für die Rücktrittserklärung nach Absatz 2 beträgt mindestens sechs Monate.

Art. 49 Tarifverträge mit Spitälern

[1]Für die Vergütung der stationären Behandlung einschliesslich Aufenthalt und Pflegeleistungen in einem Spital (Art. 39 Abs. 1) oder einem Geburtshaus (Art. 29) vereinbaren die Vertragsparteien Pauschalen. In der Regel sind Fallpauschalen festzulegen. Die

Pauschalen sind leistungsbezogen und beruhen auf gesamtschweizerisch einheitlichen Strukturen. Die Vertragsparteien können vereinbaren, dass besondere diagnostische oder therapeutische Leistungen nicht in der Pauschale enthalten sind, sondern getrennt in Rechnung gestellt werden. Die Spitaltarife orientieren sich an der Entschädigung jener Spitäler, welche die tarifierte obligatorisch versicherte Leistung in der notwendigen Qualität effizient und günstig erbringen.

[2]Die Tarifpartner setzen gemeinsam mit den Kantonen eine Organisation ein, die für die Erarbeitung und Weiterentwicklung sowie die Anpassung und Pflege der Strukturen zuständig ist. Zur Finanzierung der Tätigkeiten kann ein kostendeckender Beitrag pro abgerechnetem Fall erhoben werden. Die Spitäler haben der Organisation die dazu notwendigen Kosten- und Leistungsdaten abzuliefern. Fehlt eine derartige Organisation, so wird sie vom Bundesrat für die Tarifpartner verpflichtend eingesetzt. Die von der Organisation erarbeiteten Strukturen sowie deren Anpassungen werden von den Tarifpartnern dem Bundesrat zur Genehmigung unterbreitet. Können sich diese nicht einigen, so legt der Bundesrat die Strukturen fest.

[3]Die Vergütungen nach Abs. 1 dürfen keine Kostenanteile für gemeinwirtschaftliche Leistungen enthalten. Dazu gehören insbesondere:

a. die Aufrechterhaltung von Spitalkapazitäten aus regionalpolitischen Gründen;
b. die Forschung und universitäre Lehre.

[4]Bei Spitalaufenthalten richtet sich die Vergütung nach dem Spitaltarif nach Abs. 1, solange der Patient oder die Patientin nach medizinischer Indikation der Behandlung und Pflege oder der medizinischen Rehabilitation im Spital bedarf. Ist diese Voraussetzung nicht mehr erfüllt, so kommt für den Spitalaufenthalt der Tarif nach Art. 50 zur Anwendung.

[5]Mit den Vergütungen nach den Abs. 1 und 4 sind alle Ansprüche des Spitals für die Leistungen nach diesem Gesetz abgegolten.

[6]Die Vertragsparteien vereinbaren die Vergütung bei ambulanter Behandlung.

[7]Die Spitäler verfügen über geeignete Führungsinstrumente; insbesondere führen sie nach einheitlicher Methode zur Ermittlung ihrer Betriebs- und Investitionskosten und zur Erfassung ihrer Leistungen eine Kostenrechnung und eine Leistungsstatistik. Diese beinhalten alle für die Beurteilung der Wirtschaftlichkeit, für Betriebsvergleiche, für die Tarifierung und für die Spitalplanung notwendigen Daten. Die Kantonsregierung und die Vertragsparteien können die Unterlagen einsehen.

[8]In Zusammenarbeit mit den Kantonen ordnet der Bundesrat schweizweit Betriebsvergleiche zwischen Spitälern an, insbesondere zu Kosten und medizinischer Ergebnisqualität. Die Spitäler und die Kantone müssen dafür die nötigen Unterlagen liefern. Der Bundesrat veröffentlicht die Betriebsvergleiche.

Art. 49*a* Abgeltung der stationären Leistungen

[1]Die Vergütungen nach Art. 49 Abs. 1 werden vom Kanton und den Versicherern anteilsmässig übernommen.

[2]Der Kanton setzt jeweils für das Kalenderjahr spätestens neun Monate vor dessen Beginn den für alle Kantonseinwohner geltenden kantonalen Anteil fest. Der kantonale Anteil beträgt mindestens 55 %.

[3]Der Wohnkanton entrichtet seinen Anteil direkt dem Spital. Die Modalitäten werden zwischen Spital und Kanton vereinbart. Versicherer und Kanton können vereinbaren, dass der Kanton seinen Anteil dem Versicherer leistet und dieser dem Spital beide Anteile überweist. Die Rechnungsstellung zwischen Spital und Versicherer richtet sich nach Art. 42.

[4]Mit Spitälern oder Geburtshäusern, welche nach Art. 39 nicht auf der Spitalliste stehen, aber die Voraussetzungen nach den Art. 38 und 39 Abs. 1 Buchst. a–c erfüllen, können die Versicherer Verträge über die Vergütung von Leistungen aus der obligatorischen Krankenpflegeversicherung abschliessen. Diese Vergütung darf nicht höher sein als der Anteil an den Vergütungen nach Abs. 2.

Art. 58 Qualitätssicherung

[1]Der Bundesrat kann nach Anhören der interessierten Organisationen systematische wissenschaftliche Kontrollen zur Sicherung der Qualität oder des zweckmässigen Einsatzes der von der obligatorischen Krankenpflegeversicherung übernommenen Leistungen vorsehen.

[2]Er kann die Durchführung der Kontrollen den Berufsverbänden oder anderen Einrichtungen übertragen.

[3]Er regelt, mit welchen Massnahmen die Qualität oder der zweckmässige Einsatz der Leistungen zu sichern oder wiederherzustellen ist. Er kann insbesondere vorsehen, dass:

a. vor der Durchführung bestimmter, namentlich besonders kostspieliger Diagnose- oder Behandlungsverfahren die Zustimmung des Vertrauensarztes oder der Vertrauensärztin eingeholt wird;
b. besonders kostspielige oder schwierige Untersuchungen oder Behandlungen von der obligatorischen Krankenpflegeversicherung nur vergütet werden, wenn sie von dafür qualifizierten Leistungserbringern durchgeführt werden. Er kann die Leistungserbringer näher bezeichnen.

Art. 59 Verletzung der Anforderungen bezüglich Wirtschaftlichkeit und Qualität der Leistungen

[1]Gegen Leistungserbringer, welche gegen die im Gesetz vorgesehenen Wirtschaftlichkeits- und Qualitätsanforderungen (Art. 56 und 58) oder gegen vertragliche Abmachungen verstossen, werden Sanktionen ergriffen. Diese umfassen:

a. die Verwarnung;
b. die gänzliche oder teilweise Rückerstattung der Honorare, welche für nicht angemessene Leistungen bezogen wurden;
c. eine Busse; oder
d. im Wiederholungsfall den vorübergehenden oder definitiven Ausschluss von der Tätigkeit zulasten der obligatorischen Krankenpflegeversicherung.

[2]Über Sanktionen entscheidet das Schiedsgericht nach Art. 89 auf Antrag eines Versicherers oder eines Verbandes der Versicherer.

[3]Verstösse gegen gesetzliche Anforderungen oder vertragliche Abmachungen nach Abs. 1 sind insbesondere:

a. die Nichtbeachtung des Wirtschaftlichkeitsgebotes nach Art. 56 Abs. 1;
b. die nicht erfolgte oder die mangelhafte Erfüllung der Informationspflicht nach Art. 57 Abs. 6;
c. die Weigerung, sich an Massnahmen der Qualitätssicherung nach Art. 58 zu beteiligen;
d. die Nichtbeachtung des Tarifschutzes nach Art. 44;
e. die unterlassene Weitergabe von Vergünstigungen nach Art. 56 Abs. 3;
f. die betrügerische Manipulation von Abrechnungen oder die Ausstellung von unwahren Bestätigungen

b) Verordnungsbestimmungen (KVV)

Art. 58*a* Grundsatz

[1]Die Planung für eine bedarfsgerechte Versorgung nach Art. 39 Abs. 1 Buchstabe d des Gesetzes umfasst die Sicherstellung der stationären Behandlung im Spital oder in einem Geburtshaus sowie der Behandlung in einem Pflegeheim für die Einwohnerinnen und Einwohner der Kantone, die die Planung erstellen.

[2]Die Kantone überprüfen ihre Planung periodisch.

Art. 58*b* Versorgungsplanung

[1]Die Kantone ermitteln den Bedarf in nachvollziehbaren Schritten. Sie stützen sich namentlich auf statistisch ausgewiesene Daten und Vergleiche.

[2]Sie ermitteln das Angebot, das in Einrichtungen beansprucht wird, die nicht auf der von ihnen erlassenen Liste aufgeführt sind.

[3]Sie bestimmen das Angebot, das durch die Aufführung von inner- und ausserkantonalen Einrichtungen auf der Liste nach Art. 58*e* zu sichern ist, damit die Versorgung gewährleistet ist. Dieses Angebot entspricht dem nach Abs. 1 ermittelten Versorgungsbedarf abzüglich des nach Abs. 2 ermittelten Angebots.

[4]Bei der Beurteilung und Auswahl des auf der Liste zu sichernden Angebotes berücksichtigen die Kantone insbesondere:

a. die Wirtschaftlichkeit und Qualität der Leistungserbringung;
b. den Zugang der Patientinnen und Patienten zur Behandlung innert nützlicher Frist;
c. die Bereitschaft und Fähigkeit der Einrichtung zur Erfüllung des Leistungsauftrages nach Art. 58*e*.

[5]Bei der Prüfung der Wirtschaftlichkeit und Qualität beachten die Kantone insbesondere:

a. die Effizienz der Leistungserbringung;
b. den Nachweis der notwendigen Qualität;
c. im Spitalbereich die Mindestfallzahlen und die Nutzung von Synergien.

Art. 58*c* Art der Planung

Die Planung erfolgt:

a. für die Versorgung der versicherten Personen in Spitälern zur Behandlung von akutsomatischen Krankheiten sowie in Geburtshäusern leistungsorientiert;
b. für die Versorgung der versicherten Personen in Spitälern zur rehabilitativen und zur psychiatrischen Behandlung leistungsorientiert oder kapazitätsbezogen;
c. für die Versorgung der versicherten Personen in Pflegeheimen kapazitätsbezogen.

Art. 58*d* Interkantonale Koordination der Planungen

Im Rahmen der Verpflichtung zur interkantonalen Koordination der Planungen nach Art. 39 Abs. 2 des Gesetzes müssen die Kantone insbesondere:

a. die nötigen Informationen über die Patientenströme auswerten und diese mit den betroffenen Kantonen austauschen;
b. die Planungsmassnahmen mit den davon in ihrer Versorgungssituation betroffenen Kantonen koordinieren.

Art. 58*e* Listen und Leistungsaufträge

[1]Die Kantone führen auf ihrer Liste nach Art. 39 Abs. 1 Buchst. e des Gesetzes die inner- und ausserkantonalen Einrichtungen auf, die notwendig sind, um das nach Art. 58*b* Abs. 3 bestimmte Angebot sicherzustellen.

[2]Auf den Listen wird für jedes Spital das dem Leistungsauftrag entsprechende Leistungsspektrum aufgeführt.

[3]Die Kantone erteilen jeder Einrichtung auf ihrer Liste einen Leistungsauftrag nach Art. 39 Abs. 1 Buchst. e des Gesetzes. Dieser kann insbesondere die Pflicht zum Notfalldienst beinhalten.

Art. 59 Rechnungsstellung im Allgemeinen

[1]Die Leistungserbringer haben in ihren Rechnungen alle administrativen und medizinischen Angaben zu machen, die für die Überprüfung der Berechnung der Vergütung sowie der Wirtschaftlichkeit der Leistungen nach Artikel 42 Absätze 3 und 3bis des Gesetzes notwendig sind. Insbesondere sind folgende Angaben zu machen:

a. Kalendarium der Behandlungen;
b. erbrachte Leistungen im Detaillierungsgrad, den der massgebliche Tarif vorsieht;
c. Diagnosen und Prozeduren, die zur Berechnung des anwendbaren Tarifs notwendig sind;
d. Kennnummer der Versichertenkarte nach Artikel 3 Absatz 1 Buchstabe f der Verordnung vom 14. Februar 2007[2] über die Versichertenkarte für die obligatorische Krankenpflegeversicherung;
e. Versichertennummer nach dem Bundesgesetz vom 20. Dezember 1946[3] über die Alters- und Hinterlassenenversicherung.

[2]Der Leistungserbringer muss für die von der obligatorischen Krankenpflegeversicherung übernommenen Leistungen und die anderen Leistungen zwei getrennte Rechnungen erstellen.

[3]Bei Analysen erfolgt die Rechnungsstellung an den Schuldner der Vergütung ausschliesslich durch das Laboratorium, das die Analyse durchgeführt hat. Pauschaltarife nach Artikel 49 des Gesetzes bleiben vorbehalten.

[4]Haben Versicherer und Leistungserbringer vereinbart, dass der Versicherer die Vergütung schuldet (System des Tiers payant), so hat der Leistungserbringer der versicherten Person die Kopie der Rechnung nach Artikel 42 Absatz 3 des Gesetzes zukommen zu lassen. Er kann mit dem Versicherer vereinbaren, dass dieser die Rechnungskopie zustellt.

Art. 59*d* Leistungsbezogene Pauschalen

[1] Die Tarifpartner müssen dem Bundesrat nach den Art. 46 Abs. 4 und 49 Abs. 2 des Gesetzes den Tarifvertrag zur Genehmigung unterbreiten. Der Tarifvertrag muss die einheitliche Tarifstruktur und die Anwendungsmodalitäten des Tarifs beinhalten. Zusammen mit dem Gesuch um Genehmigung müssen namentlich folgende Unterlagen eingereicht werden:

a. die Berechnungsgrundlagen und Berechnungsmethode;
b. die Instrumente und Mechanismen zur Gewährleistung der Qualität der Leistungen im Rahmen der Tarifanwendung;
c. die Schätzungen über die Auswirkungen der Anwendung des Tarifs auf das Leistungsvolumen und auf die Kosten für sämtliche nach Art. 49 Abs. 1 des Gesetzes geregelten Bereiche, einschliesslich der vor- und nachgelagerten Bereiche.

[2]Im Falle eines auf einem Patienten-Klassifikationssystem vom Typus DRG (*Diagnosis Related Groups*) basierenden leistungsbezogenen Vergütungsmodells muss der Tarifvertrag zusätzlich das Kodierungshandbuch sowie ein Konzept zur Kodierrevision enthalten. Dem Gesuch um Genehmigung beizulegen sind ergänzende Unterlagen über die Anforderungen, die die Spitäler erfüllen müssen, damit sie bei der Erarbeitung der Tarifstruktur einbezogen werden können.

[3]Die Tarifpartner müssen dem Bundesrat die Anpassungen des Tarifvertrags, namentlich jene der Tarifstruktur oder der Anwendungsmodalitäten, zur Genehmigung unterbreiten.

[4]Der Bezug zur Leistung, der nach Art. 49 Abs. 1 des Gesetzes herzustellen ist, muss eine Differenzierung des Tarifes nach Art und Intensität der Leistung erlauben.

Art. 77 Qualitätssicherung

[1]Die Leistungserbringer oder deren Verbände erarbeiten Konzepte und Programme über die Anforderungen an die Qualität der Leistungen und die Förderung der Qualität. Die Modalitäten der Durchführung (Kontrolle der Erfüllung und Folgen der Nichterfüllung der Qualitätsanforderungen sowie Finanzierung) werden in den Tarifverträgen oder in besonderen Qualitätssicherungsverträgen mit den Versicherern oder deren Verbänden vereinbart. Die Bestimmungen haben den allgemein anerkannten Standards zu entsprechen, unter Berücksichtigung der Wirtschaftlichkeit der Leistungen.

[2]Die Vertragsparteien sind verpflichtet, das BAG über die jeweils gültigen Vertragsbestimmungen zu informieren. Das BAG kann über die Durchführung der Qualitätssicherung eine Berichterstattung verlangen.

[3]In den Bereichen, in denen kein Vertrag abgeschlossen werden konnte oder dieser nicht den Anforderungen von Absatz 1 entspricht, erlässt der Bundesrat die erforderlichen Bestimmungen. Er hört zuvor die interessierten Organisationen an.

[4]Das Departement setzt nach Anhören der zuständigen Kommission die Massnahmen nach Artikel 58 Absatz 3 des Gesetzes fest.

c) Verordnungsbestimmungen (VKL)

Art. 3 Stationäre Behandlung

Als stationäre Behandlung nach Art. 49 Abs. 1 des Gesetzes gelten Aufenthalte zur Untersuchung, Behandlung und Pflege im Spital oder im Geburtshaus:

a. von mindestens 24 Stunden;
b. von weniger als 24 Stunden, bei denen während einer Nacht ein Bett belegt wird;
c. im Spital bei Überweisung in ein anderes Spital;
d. im Geburtshaus bei Überweisung in ein Spital;
e. bei Todesfällen.

Art. 5 Ambulante Behandlung

Als ambulante Behandlung nach Art. 49 Abs. 6 des Gesetzes gelten alle Behandlungen, die nicht stationäre Behandlungen sind. Wiederholte Aufenthalte in Tages- oder Nachtkliniken gelten ebenfalls als ambulante Behandlung.

Art. 7 Kosten für die universitäre Lehre und für die Forschung

[1]Als Kosten für die universitäre Lehre nach Art. 49 Abs. 3 Buchstabe b des Gesetzes gelten die Aufwendungen für:

a. die theoretische und praktische Ausbildung der Studierenden eines im Bundesgesetz vom 23. Juni 2006 über die Medizinalberufe geregelten Medizinalberufes bis zum Erwerb des eidgenössischen Diploms;
b. die Weiterbildung der Studierenden nach Buchstabe a bis zur Erlangung des eidgenössischen Weiterbildungstitels.

[2]Als Kosten für die Forschung nach Art. 49 Abs. 3 des Gesetzes gelten die Aufwendungen für systematische schöpferische Arbeiten und experimentelle Entwicklung zwecks Erweiterung des Kenntnisstandes sowie deren Verwendung mit dem Ziel, neue Anwendungsmöglichkeiten zu finden. Darunter fallen Projekte, die zur Gewinnung wissenschaftlicher Erkenntnisse sowie zur Verbesserung der Prävention, der Diagnostik und Behandlung von Krankheiten ausgeführt werden.

[3]Als Kosten für die universitäre Lehre und für die Forschung gelten auch die indirekten Kosten sowie die Aufwendungen, die durch von Dritten finanzierte Lehr- und Forschungstätigkeiten verursacht werden.

Stichwortverzeichnis

www.ingramcontent.com/pod-product-compliance
Lightning Source LLC
LaVergne TN
LVHW082342011026
849160LV00025B/1583